PLANÈTE VIE
PLANÈTE MORT

PLANÈTE VIE
PLANÈTE MORT

L'HEURE DES CHOIX

Préface par
MGR MARC STENGER

Avant-propos par
NICOLAS HULOT

LES ÉDITIONS DU CERF
www.editionsducerf.fr
PARIS
2005

« Les opinions exprimées par les auteurs de cet ouvrage ne reflètent pas nécessairement celles des organisations ou mouvements auxquels ils appartiennent. »

Imprimé en France

www.editionsducerf.fr
(29, boulevard La Tour-Maubourg
75340 Paris Cedex 07)

ISBN 2-204-07949-9

PRÉFACE

Ce que j'aimerais souligner au commencement de cet ouvrage, ce n'est pas simplement que son promoteur, l'antenne « Environnement et modes de vie » est une création de Pax Christi France, mouvement catholique pour la paix, et travaille en lien avec la Commission sociale de l'épiscopat, mais que le nom donné à cette antenne, groupe de travail rassemblant un certain nombre d'experts des questions de l'environnement, tous présents au titre de leur foi chrétienne, n'est pas anodin. « Environnement et modes de vie » : la créature n'est jamais loin de la création, et cette association de deux termes bien explicites et rendus plus explicites encore par les études qui suivent veut dire clairement combien notre « environnement », pour être au service de « modes de vie » dignes de l'homme, appelle des « modes de vie » qui respectent et préservent son épanouissement. Dans cette association de termes qui ne subordonne pas ces derniers l'un à l'autre mais les rend interdépendants pour la mise en œuvre de ce que nous appelons « le projet créateur de Dieu », nous disons ce qui est une bonne économie du déploiement de l'homme à l'image de Dieu au cœur d'une nature qui n'est pas son esclave, mais la compagne de son épanouissement.

Il n'y a pas là de discours nouveau par rapport aux textes fondateurs sur lesquels les chrétiens s'appuient ou devraient s'appuyer pour leurs modes de vie. Comment se fait-il alors que ce ne soit pas du tout l'image que beaucoup ont des relations entre les chrétiens et les questions de l'environnement ? Il y sera fait écho par ailleurs, le christianisme est quelquefois présenté comme ayant contribué – ou contribuant encore aujourd'hui – à une exploitation sans limite des ressources naturelles, l'homme pouvant disposer de la création à sa guise ! Un certain nombre de versets de la Genèse semblent l'y inviter expressément :

> Soyez féconds, multipliez, emplissez la terre et soumettez-la ; dominez sur les poissons de la mer [1]...

ou encore :

> Soyez la crainte et l'effroi de tous les animaux de la terre et de tous les oiseaux du ciel... ils sont livrés entre vos mains [2].

Chacun de ces versets, pour être bien compris, est à relire dans le contexte de l'époque de sa rédaction. L'analyse exégétique révèle que les messages qui s'en dégagent ne sont pas ceux qui apparaissent au premier abord. Il suffit, à titre d'exemple, de situer l'apostrophe « Croissez et multipliez ». Cette injonction du prophète est adressée au peuple d'Israël, alors qu'il est en exil à Babylone et se croit abandonné par son Dieu. La vie pour lui ne vaut plus la peine d'être vécue. C'est dans ce climat de désespoir qu'intervient le prophète pour redynamiser, redonner de l'élan au peuple abattu et lui insuffler du courage : « Croissez, multipliez... » Il fallait dynamiser leurs ressources d'hommes, de peuple que Dieu accompagne non pas contre la nature mais contre leur désespoir.

Il appartient aux chrétiens eux-mêmes de dissiper les malentendus qui se sont levés au sujet du message, du fait d'une lecture trop primaire du texte biblique. Diverses déclarations du Magistère, dont il est fait écho dans cet ouvrage, appellent à une attention très respectueuse à l'égard de l'environnement humain, soulignent les enjeux, pour l'avenir, de notre relation aux éléments de nature qui nous sont offerts, invitent à une prise de conscience sérieuse de notre responsabilité par rapport à ce que sera le monde de demain. Ce livre même, dans la diversité de ses chapitres, voudrait être un outil de pédagogie pour permettre aux chrétiens de découvrir « la beauté du monde comme une dimension essentielle de leur foi » (Jean Bastaire) et son instrumentalisation comme une trahison du projet créateur de Dieu. Et on pourra lire chemin faisant, de la part de l'Église, des invitations à l'action en

---

1. Gn 1, 28.
2. Gn 9, 1-2.

faveur d'ajustements bénéfiques de notre traitement de la nature. Autant de manières de tordre le cou aux interprétations déviantes du message biblique et aux pratiques destructrices de la nature dont l'épanouissement est au bénéfice de l'homme.

Le propos de ce livre n'est pas de dire ce qu'il faut faire. Tout discours idolâtre sur la nature serait vain parce qu'il aurait grand peine à affronter son contradictoire décliné en « tsunami » et autre catastrophe naturelle. Et il ne saurait rendre compte de ce qui est le cœur de ce que nous croyons, que l'homme est au plus central de la création, non pas pour réduire en esclavage la nature qui l'environne, mais pour être gérant d'une création qui doit tout entière rendre gloire à Dieu. Il s'agit plutôt dans ces pages de favoriser la réflexion personnelle et commune sur les questions de l'environnement, aujourd'hui souvent si cruciales, quand on se situe dans la perspective de l'avenir et d'en tirer quelques conséquences pratiques. Les chrétiens ne peuvent ni ne doivent être absents de cette construction du futur qui passe par un comportement plus ajusté à l'égard de ce qui nous environne, car elle est service, promotion, accomplissement de l'homme, créature à l'image de Dieu.

+ MARC STENGER,
évêque de Troyes,
président de Pax Christi France
et de son antenne « Environnement et modes de vie ».

AVANT-PROPOS

Avec des perspectives diverses, les religions ont toujours cherché à donner la clef de la relation de l'homme à la nature. De l'homme écrasé par les effets inattendus et souvent destructeurs de la nature environnante, serviteur, voire esclave de divinités dont l'assiette dépassait infiniment les possibilités de l'humain, à l'homme au centre de son environnement qui peut, en vertu de sa qualité particulière, en revendiquer la gestion ou s'en autoriser la domination, toutes les figures de la relation entre l'homme et la nature ont une source d'inspiration religieuse.

Le christianisme n'est pas en reste à cet égard et a eu sa part d'influence sur les à priori de perception et les orientations premières qui ont mis en forme les relations diverses et complexes que nous avons entretenues avec les autres êtres vivants et le milieu. Dans un article aujourd'hui célèbre, l'historien des sciences et techniques médiévales Lynn White (« The historical Roots of our Ecologic Crises », *Science*, 10 mars 1967) avait imputé à l'interprétation occidentale et médiévale du christianisme les « racines de notre crise écologique », la Bible enseignant, dans les premiers chapitres de la Genèse, une domination inconditionnée et esclavagiste de l'homme sur la nature. Il voyait cependant dans la spiritualité de saint François d'Assise, donc à l'intérieur même du christianisme, une alternative possible à cette dérive funeste. Il louait chez le Poverello une humilité profonde à l'égard du créé, laquelle instituait un esprit de « démocratie » égalitaire entre toutes les créatures animées et inanimées glorifiant ensemble de par leur être leur Créateur.

D'autres travaux ont depuis lors relativisé les analyses de Lynn White. Sans doute les chrétiens se sont-ils, à travers les siècles, rendus quelquefois complices ou coupables de mépris de la création, d'égocentrisme anthropologique conduisant à une exploitation sans frein des ressources naturelles. Mais la spiritualité franciscaine, comme le montrent les travaux récents de Jean Bastaire, est loin d'être un phénomène isolé et s'enracine dans la tradition biblique de la complémentarité entre l'homme et la nature et dans les recherches patristiques qui ont mis en valeur la communion entre la nature et l'homme.

En toute hypothèse je considère que les religions, et au premier chef le christianisme, demeurent aujourd'hui une source de sens importante en ce qui concerne l'avenir de nos relations à la nature. Cet ouvrage est bienvenu. Indépendamment de toute perspective croyante, dans un contexte d'accroissement du danger de destruction de la planète qui nous porte, il nous montre la nécessité et les enjeux du partenariat – les chrétiens diraient sans doute de la « nouvelle alliance » – entre l'homme et la nature pour assurer l'avenir. Pour des croyants, il apparaît bien à la lecture de ces pages qu'il s'agit de déjouer le piège de toutes les sacralisations excessives et de donner leur juste valeur aux protagonistes de cette nouvelle alliance. Prendre conscience que cette terre est le champ dans lequel l'homme est appelé à se déployer et qu'il n'en est pas d'autres, c'est donner des contours précis à ce « monde nouveau » auquel aspirent les chrétiens et c'est aussi, même s'il s'agit toujours de la croissance et de l'accomplissement de l'homme, articuler deux destins, celui de l'homme et celui de la création au sein de laquelle il occupe une place particulière. Pour l'homme, il n'y a « pas d'autre monde » que celui-ci et il ne peut grandir que si ce monde grandit avec lui.

L'accomplissement de l'homme dans la nature est lui aussi à resituer. Entre le sentiment d'avoir dans la maîtrise de la nature une tâche au-dessus de ses forces intellectuelles et morales et la tentation orgueilleuse du démiurge, il y a l'acquisition de la conscience que la maîtrise de l'homme sur la nature qui l'environne n'est ni un don ni une fatalité, mais une responsabilité. « Rien au-dessus de l'homme » dans le monde créé, c'est une lourde tâche pour l'homme à laquelle il n'a cependant pas le droit de se dérober, sauf à être taxé de lâcheté et d'irresponsabilité.

Je me suis souvent interrogé sur la finalité de l'homme et je me demande si une mission essentielle n'est pas d'accompagner l'évolution du vivant jusqu'à son terme et ensemble de cheminer vers l'enchantement.

Ce livre ouvre de nombreuses pistes. Je m'en réjouis. Je me réjouis aussi de ce qu'il rassemble des auteurs d'horizons divers. J'y vois le gage d'un renouveau de notre relation avec le reste du vivant. Convaincu que Culture et Nature n'ont d'autres choix que de faire cause commune, je suis heureux que ces pages nous le rappellent.

NICOLAS HULOT,
président de la Fondation Nicolas-Hulot
pour la nature et l'homme.

PREMIÈRE PARTIE
UNE PLANÈTE À RISQUES

INTRODUCTION

Il n'est pas nouveau que l'homme s'interroge sur les conséquences positives ou négatives de ses actions sur la Terre où il vit. Au XIXe siècle, l'Américain Marsh, à l'issue de voyages dans le bassin méditerranéen, mettait en garde ses concitoyens contre les effets désastreux d'une surexploitation de certaines ressources naturelles. Le président Theodore Roosevelt provoquait l'organisation d'une conférence mondiale sur cette question à l'aube du XXe siècle. Naissait peu à peu l'idée que des problèmes observés çà et là sur notre planète avaient une dimension internationale. Au fil du temps, il est ensuite apparu que s'instaurait « un problème écologique », « une crise écologique ».

En effet, la planète Terre dont les ressources ne sont pas illimitées connaît deux processus, à priori contradictoires avec l'idée d'un développement soutenable : l'augmentation de la population humaine et l'augmentation de besoins réels ou artificiels par tête d'habitant, notamment dans les pays dits développés. Il s'ensuit des tensions tant au niveau national qu'international pour l'accès à des ressources vitales (comme eau, sol, diversité biologique, matières premières, etc.) et les conséquences directes (épuisement) ou indirectes (pollutions) de leur utilisation. Cela pose la question des rapports de l'homme avec la création. Où est la gestion en « bon père de famille » lorsque certains usages conduisent à l'anéantissement d'une ressource ? L'économisme n'est-il pas finalement qu'une religion du profit et de la compétitivité à court terme, insoucieuse des générations futures et de la solidarité avec nos contemporains ?

Qu'en est-il de l'acquisition de nouvelles technologies (notamment les biotechnologies : clonage, organismes génétiquement modifiés) qui ouvrent des champs nouveaux dont on ne sait si la maîtrise sera possible ? L'on sent, en effet, un désir d'une partie de la communauté scientifique de vouloir non plus éclairer la révélation mais s'y substituer pour prolonger le vieux rêve prométhéen.

Sans vouloir donner dans le catastrophisme, il apparaît bien que le poids de notre espèce sur la Terre en fait une planète à risques. Cela ne veut pas dire qu'avant le développement de notre espèce, le monde vivant ne connaissait pas de crises. L'histoire de l'évolution montre que cataclysmes, changements climatiques et autres phénomènes naturels ont profondément modelé la vie. À plusieurs reprises d'innombrables espèces vivantes ont subi des phases d'extinctions massives et pourtant la vie s'est poursuivie. Mais aujourd'hui l'espèce humaine par son influence directe ou indirecte pèse, à elle seule, comme un des facteurs majeurs du maintien ou de la disparition de parts importantes du monde vivant. Elle peut faire de ce monde une planète où certains risques prennent de l'ampleur, rendent ou rendront plus difficile la vie de nos contemporains et de nos successeurs. Mais elle peut faire en sorte qu'il en aille autrement par respect pour elle-même et pour les autres, par souci de survie.

JEAN-PIERRE RAFFIN.

I

UN BIEN LONG CHEMIN
STOCKHOLM – RIO – JOHANNESBURG

Le problème, ce n'est pas le manque d'information ; c'est le manque d'inspiration.

ROBERT SWANN [1].

Les grands courants de pensée philosophiques ou religieux se sont de tout temps interrogés sur la relation qui existe entre l'homme et son environnement [2]. Il a fallu pourtant attendre les années 50 pour que les scientifiques commencent à se préoccuper des menaces qui pèsent sur la biosphère [3]. Ce mouvement a été relayé par une prise de conscience de l'opinion publique, puis suivi d'une réflexion des responsables politiques. Ainsi lors de la Conférence intergouvernementale d'experts sur les bases scientifiques de l'utilisation rationnelle et de la conservation des

---

1. Citation figurant dans l'exposition réalisée à Ubuntu Village lors du Sommet mondial pour le développement durable de Johannesburg, en 2002.

2. Voir notamment l'ouvrage de Joseph KI-ZERBO, *Compagnons du soleil – Anthologie de grands textes de l'humanité sur les rapports entre l'homme et la nature*, Éd. de la Découverte/Unesco, 681 p.

3. Dès 1951, l'UICN (Union internationale pour la conservation de la nature) publie le premier Rapport sur l'état de l'environnement dans le monde, rapport précurseur dans sa recherche de réconciliation entre économie et écologie. Les années 60 ayant été marquées par le constat que les activités économiques entraînent des atteintes à l'environnement, le Club de Rome dénonça en 1970 avec le rapport « Halte à la croissance », le danger que représente une croissance économique et démographique exponentielle du point de vue de l'épuisement des ressources (énergie, eau, sols), de la pollution et de la surexploitation des systèmes naturels.

ressources de la biosphère, réunie en septembre 1968, par l'Unesco à Paris, les fondements du développement soutenable commençaient-ils à être élaborés. À la suite de cette réunion, le programme MAB (Man and biosphere : l'Homme et la biosphère) était lancé en 1970. Les premières conventions internationales en matière d'environnement ont été élaborées et l'idée de tenir à Stockholm une grande conférence au niveau mondial s'est fait jour. Stockholm, Rio de Janeiro et Johannesburg : trois noms de villes désormais hautement symboliques, dans lesquelles se sont depuis périodiquement rassemblés les chefs d'État et de gouvernement de la plupart des pays de la communauté internationale pour se pencher sur le devenir de notre planète ; trois noms de villes qui ont ponctué ces trente dernières années les étapes essentielles de l'évolution du droit international de l'environnement et du développement durable.

La Conférence des Nations unies sur l'environnement, Stockholm, 5-16 juin 1972.

C'est dans un contexte de discussions de plus en plus intenses sur les problèmes écologiques liés à la croissance des sociétés qu'a été préparée depuis 1968 la Conférence des Nations unies sur l'environnement, tenue à Stockholm du 5 au 16 juin 1972. La Conférence a réuni cent treize États de la communauté internationale – pays développés et en développement. L'Union soviétique d'alors ainsi que la plupart des États socialistes n'ont cependant pas participé à la Conférence. Celle-ci a néanmoins représenté le premier jalon déterminant pour une mobilisation mondiale en faveur de l'environnement.

La Déclaration de la Conférence des Nations unies sur l'environnement.

Composée de vingt-six principes, la Déclaration de Stockholm proclame que l'homme est à la fois créature et créateur de son environnement, qui assure sa subsistance physique et lui offre la possibilité d'un développement intellectuel, moral, social et spirituel. Elle considère que l'homme a un droit fondamental à la liberté, à l'égalité et à des conditions de vie satisfaisantes, dans un environnement dont la qualité lui permette de vivre dans la dignité et le bien-être et qu'il a le devoir solennel de protéger et d'améliorer l'environnement pour les générations présentes et futures. La Déclaration place les questions écologiques au rang des préoccupations internationales et marque le début d'un dialogue entre pays industrialisés et pays en développement concernant le lien qui existe entre la croissance économique, la pollution des biens communs (air, eau douce et océans) et le bien-être des peuples dans le monde entier.

Le Plan d'action pour l'environnement.

Ce plan met en place les fondements des travaux menés par la communauté internationale en faveur de l'environnement avec le Programme mondial d'évaluation de l'environnement (Plan Vigie), les activités de gestion de l'environnement, ainsi que les mesures internationales visant à étayer les activités d'évaluation et de gestion menées sur les plans national et international. Cent neuf recommandations, qui sont d'ailleurs toujours d'une grande actualité, sont destinées à guider la conduite de la communauté internationale dans divers domaines : aménagement et gestion des établissements humains en vue d'assurer la qualité de l'environnement ; gestion des ressources naturelles du point de vue de l'environnement ; détermination des polluants d'importance internationale et lutte contre ces polluants ; aspects éducatifs, sociaux et culturels des problèmes de l'environnement et question de l'information ; développement et environnement.

La Résolution sur les dispositions institutionnelles et financières.

La Conférence est à l'origine du Programme des Nations unies pour l'environnement. Elle a en effet recommandé de créer, dans le cadre de l'Organisation des Nations unies, un petit secrétariat qui centraliserait l'action en matière d'environnement et réaliserait la coordination entre les organismes des Nations unies. Cet organe a été créé à la fin de l'année 1972 sous le nom de Programme des Nations unies pour l'environnement (PNUE), avec à sa tête un directeur exécutif ayant notamment pour tâche d'assurer la coordination des programmes relatifs à l'environnement des organismes des Nations unies et de favoriser la coopération des milieux scientifiques et d'autres milieux professionnels de toutes les régions du monde [1]. Toutes les agences spécialisées de la famille des Nations unies ont par ailleurs été invitées à ajouter une nouvelle dimension à leurs activités. Les pays en développement comme les pays développés ont été conduits à considérer le lien qui assemble protection de l'environnement et développement.

Trois autres résolutions ont été adoptées : résolutions sur la « Journée mondiale de l'environnement », sur les « Essais d'armes nucléaires » et sur la « Convocation d'une deuxième Conférence des Nations unies sur l'environnement ».

Une grande partie du droit national et international de l'environnement a été élaborée à la suite de la Conférence de Stockholm et le concept d'environnement a fait une entrée au niveau le plus élevé des priorités de nombreux pays du monde, des ministères de l'environnement étant mis en place. La Conférence a également attiré l'attention de la communauté internationale sur la question de la pollution transfrontalière, en soulignant que celle-ci ne connaît pas de frontières politiques ou géographiques mais atteint les pays, les régions et les peuples, quel que soit son point d'origine.

La Conférence des Nations unies sur l'environnement et le développement (CNUED), Rio de Janeiro, 3-14 juin 1992.

La Conférence des Nations unies sur l'environnement et le développement (CNUED), aussi connue sous le nom de « Sommet de la planète Terre », a été organisée à Rio de Janeiro du 3 au

1. Le PNUE a toujours pour mission d'encourager des partenariats dans la protection de l'environnement en inspirant, informant et aidant les nations et les peuples à améliorer la qualité de la vie sans compromettre celle des générations futures.

14 juin 1992. Tenue à l'occasion du vingtième anniversaire de la Conférence de Stockholm, elle a réuni des dirigeants politiques, diplomates, scientifiques, représentants des médias et des organisations non gouvernementales de 179 pays pour traiter de l'environnement en liaison avec le développement. Le Sommet a marqué une date dans l'histoire des Nations unies du fait qu'il a mobilisé des centaines de milliers de personnes de par le monde, qui ont pu faire part de leurs craintes quant au futur de la planète et donner aux dirigeants leur avis sur les mesures à prendre. Quelque 650 ONG accréditées ont participé à la Conférence afin de suivre les négociations et faire entendre leur voix. Dans le même temps, quelque 17 000 personnes, y compris 7 150 ONG de 165 pays, ont participé au Forum global des ONG qui a aussi eu lieu à Rio dans le parc de Flamengo.

La Déclaration de Rio sur l'environnement et le développement.

Cette déclaration énonce vingt-sept principes universellement applicables pour aider à orienter l'action internationale sur la base de la responsabilité environnementale et économique. La Déclaration a permis de faire progresser le concept des droits et des responsabilités des pays dans le domaine de l'environnement. Elle considère que les êtres humains sont au centre des préoccupations relatives au développement durable et qu'ils ont droit à une vie saine et productive en harmonie avec la nature. Il s'agit également de préserver les équilibres planétaires et les ressources environnementales pour un développement à long terme, en infléchissant les modes de développement et en éliminant les modes de production et de consommation non durables au profit de ceux qui seraient durables dont la diffusion doit être favorisée. La Déclaration fait état des mesures de précaution qui doivent être appliquées par les États selon leur capacité, formule l'intégration de la protection de l'environnement comme partie intégrante du processus de développement. Elle indique qu'il convient de développer les études d'impact et toutes mesures qui, sans constituer de barrières injustifiées au commerce, développent la responsabilité de ceux qui causent des dommages tout en évitant le transfert d'activités polluantes. Elle énonce la notion de responsabilité et la solidarité internationale : la protection de l'environnement et la lutte contre la pauvreté concernent tous les pays selon des responsabilités communes mais différenciées. La coopération entre les États devra être fondée sur la bonne foi sans nuire aux autres États, qu'il convient d'avertir de toute catastrophe ou activités dangereuses pouvant les affecter, sans remettre en cause le droit souverain de chaque nation à exploiter ses ressources. La Déclaration fait état du principe pollueur-payeur permettant d'internaliser les coûts environnementaux et ceux de la participation, en préconisant l'implication des citoyens dans les décisions, considérée indispensable dans le cadre de mesures législatives efficaces. Elle considère que les « groupes majeurs » ont un rôle particulier à jouer : les femmes, les jeunes, les communautés locales et autochtones. La Déclaration s'attache enfin à anticiper sur les risques liés aux conflits : la paix, le développement et la protection de l'environnement sont interdépendants et indissociables, les règles d'environnement doivent être respectées en temps de guerre et pour les populations occupées ou opprimées. Les différends concernant l'environnement doivent être résolus pacifiquement.

Action 21.

Action 21 est un audacieux et vaste programme devant être mis en œuvre par les gouvernements, les institutions du développement, les organismes des Nations unies et les groupes des secteurs indépendants dans tous les domaines où l'activité humaine affecte l'environnement. Vision à long terme et outil puissant pour améliorer l'état de la planète et de la vie de ses habitants, Action 21 est constitué de quarante chapitres, qui analysent la situation, exposent des stratégies et formulent près de 2 500 recommandations et solutions à mettre en œuvre. Ils décrivent les moyens nécessaires, notamment financiers et institutionnels, pour agir dans quatre domaines :

– le domaine économique et social du développement : lutte contre la pauvreté, modification des modes de consommation, dynamiques démographiques, promotion et protection de la santé, promotion d'un modèle viable d'établissement humain, intégration du processus de prise de décisions sur l'environnement et le développement ;

– la conservation et la gestion des ressources aux fins de développement : l'atmosphère, les terres, la lutte contre le déboisement, les écosystèmes fragiles, les espaces agricoles et ruraux, la diversité biologique, les océans et les mers, les eaux douces, en s'appuyant sur une gestion écologiquement rationnelle des biotechniques, des substances chimiques toxiques, des déchets solides et liquides, dangereux et radioactifs ;

– le renforcement du rôle des principaux groupes par leur participation à l'élaboration et à la mise en œuvre du développement, dans une dynamique de partenariat, de coopération, de mise en réseaux et d'implication de tous (femmes, enfants et jeunes, populations autochtones, organisations non gouvernementales, collectivités locales, travailleurs et syndicats, industrie et commerce, scientifiques, et agriculteurs) ;

– les moyens d'exécution : moyens de financement, transferts de technologies et création de capacités humaines et institutionnelles, développement de la science au service du développement durable, promotion de l'éducation, sensibilisation du public et de la formation ; arrangements institutionnels internationaux, mécanismes juridiques internationaux et information pour la prise de décision.

La Déclaration sur les principes,
non juridiquement contraignante mais faisant autorité,
pour un consensus mondial sur la gestion, la conservation
et l'exploitation écologiquement viable de tous les types de forêts.

Cette déclaration énonce quinze principes gouvernant la décision politique pour la protection, une utilisation et un usage plus durables des ressources forestières globales. Ces principes représentent le premier grand consensus international sur une utilisation et une protection meilleures de tous les types de forêts. Au début des négociations, les pays industrialisés souhaitaient un texte interdisant l'abattage des forêts tropicales ombrophiles tandis que les pays en développement, menés par la Malaisie, voulaient que le texte porte aussi sur les forêts des régions tempérées et boréales, notamment celles des États-Unis, du Canada et de l'ancienne Union soviétique, où beaucoup de forêts ont été abattues et où le déboisement s'accomplit à un rythme plus lent que sous les tropiques. Il n'a cependant pas été possible de faire le nécessaire pour rapprocher des positions aussi divergentes à temps pour la Conférence de Rio.

Autres conventions internationales.

À l'occasion de la Conférence, deux conventions internationales ont par ailleurs été ouvertes à la signature et signées par les représentants de plus de cent cinquante pays, dont de nombreux chefs d'État et de gouvernement :

– la Convention-cadre des Nations unies sur les changements climatiques : il s'agit d'un accord juridiquement contraignant ayant pour objectif ultime la stabilisation des concentrations de gaz à effet de serre dans l'atmosphère à un niveau qui empêche toute perturbation anthropique du système climatique [1] ;

– la Convention sur la diversité biologique. La Convention représente un pas important dans la protection de la diversité biologique, l'utilisation durable de ses composants, ainsi que le partage juste et équitable des bénéfices provenant de l'utilisation des ressources génétiques. Elle reconnaît pour la première fois que la conservation de la diversité biologique est « une préoccupation commune à l'humanité » et qu'elle fait partie intégrante du processus de développement. Elle fixe trois objectifs : la conservation de la diversité biologique, l'utilisation durable de ses éléments et le partage équitable des avantages découlant de l'exploitation de ses ressources génétiques [2].

---

1. En 1997, le Protocole de Kyoto a fixé des objectifs de réduction pour les pays industrialisés au-delà de l'an 2000 : 5,2 % sur la période 2008-2012 par rapport à 1990 pour les pays industrialisés, 8 % pour l'Union européenne, 0 % pour la France.

2. La Convention s'étend au domaine de la biotechnologie. Depuis 1995 des travaux spécifiques relatifs à la biosécurité ont permis l'adoption du Protocole de Carthagène sur la prévention des risques biotechnologiques : il instaure le consentement préalable informé (CPI) qui impose l'information des États importateurs et leur permet de manifester leur volonté d'accepter ou non les importa-

Le Sommet planète Terre a marqué l'histoire en attirant l'attention mondiale sur la notion, nouvelle pour l'époque, que les problèmes d'environnement de la planète sont intimement liés aux conditions économiques et aux problèmes de justice sociale. Il a montré que les besoins sociaux, d'environnement et économiques doivent être traités ensemble pour l'obtention de résultats tangibles sur le long terme. Il a aussi montré que les actions ou décisions locales, aussi mineures soient-elles, bonnes ou mauvaises, ont des répercussions dont la portée est potentiellement mondiale. Selon Maurice Strong, secrétaire général de la Conférence, ce fut un « moment historique pour l'humanité », où les gouvernements ont décidé d'intervenir pour assurer le développement durable de la planète. La Conférence a ainsi proclamé le concept du développement durable comme un objectif atteignable pour chacun de par le monde, que ce soit au niveau local, national, régional ou international [1].

La Conférence de Rio a également facilité la mise en place d'autres Accords multilatéraux sur l'environnement (AME) mondiaux et régionaux [2] et confirmé le rôle déterminant du Fonds

---

tions de produits agricoles contenant des OGM. Pour la première fois, une expression juridiquement contraignante du principe de précaution pour protéger le bien commun et les intérêts à long terme de la société est formulée à l'échelle internationale, notamment par l'obligation d'étiquetage des produits susceptibles de contenir des OGM lors de leur exportation.

1. L'expression « développement durable » avait été définie par la Commission mondiale sur l'environnement et le développement (la Commission Brundtland) en 1987, en tant que développement qui répond aux besoins du présent sans compromettre les possibilités des générations futures à satisfaire leurs propres besoins. Ce concept était destiné à répondre aux attentes des partisans du développement économique comme de ceux concernés en premier lieu par la conservation de l'environnement.

2. La Convention sur la lutte contre la désertification dans les pays gravement touchés par la sécheresse et/ou la désertification, en particulier en Afrique, a ainsi été adoptée à Paris en 1994 dans la lignée de la Conférence de Rio. Elle engage à long terme la communauté internationale à faire face à l'enjeu de la désertification, cela avec des stratégies différenciées selon la région concernée (Afrique, Asie, Amérique latine et Caraïbes, Méditerranée septentrionale), en affirmant néanmoins le caractère prioritaire des pays africains touchés. Ont notamment été également adoptés la Convention sur les stocks de poissons chevauchants et grands migrateurs (1995), l'Accord sur la procédure d'information et consente-

pour l'environnement mondial. Elle est enfin à l'origine de la création de la Commission des Nations unies sur le développement durable (CSD), effectivement instituée à la suite de la Conférence afin d'assurer son suivi, de renforcer la coopération internationale et de rationaliser la capacité intergouvernementale de prise de décision dans le sens d'une intégration des questions d'environnement et de développement et d'examiner les progrès réalisés dans l'application d'Action 21 sur les plans national, régional et international.

Les grandes conférences internationales du développement durable : les années charnières 1992-2002.

La période « entre deux sommets » (1992-2002) a été marquée par l'organisation d'une série de grandes conférences internationales des Nations unies qui ont permis d'éclairer diverses facettes du « développement durable » :

– la Conférence internationale sur la population et le développement (CIPD) tenue au Caire en 1994 a innové en affirmant que le développement doit se fonder sur les besoins des individus et non plus sur des considérations d'ordre démographique. Les objectifs suivants ont été fixés : l'accès universel à la planification familiale d'ici 2015, l'intégration des problèmes de développement dans les politiques visant un développement durable, le renforcement de l'autonomie des femmes, la prise en compte des facteurs sociodémographiques dans les politiques environnementales ;

– le Sommet mondial pour le développement social tenu à Copenhague en 1995, a vu l'adoption par cent vingt-huit chefs d'État et de gouvernement de la Déclaration sur le développement social, qui vise à faire face aux trois fléaux se développant dans tous les pays du monde : la pauvreté, le chômage et la désintégration sociale. Les États se sont engagés à faire de la lutte contre

---

ments préalables (PIC) relatif aux produits chimiques dangereux (1998), la Convention sur les polluants organiques persistants (POP) (2001)…

la pauvreté, de la réalisation du plein emploi et de l'instauration d'une société où régneront la stabilité, la sécurité et la justice, leur « objectif suprême » ;

– la quatrième Conférence mondiale sur les femmes tenue à Beijing, en 1995, a engagé la communauté internationale au service de la promotion de la femme. L'interdépendance entre la promotion de la femme et les progrès de la société a été réaffirmée, de même que la nécessité d'aborder tous les problèmes de société sous un angle sexo-spécifique. La participation des femmes a été considérée comme une condition essentielle à l'élimination de la pauvreté, d'une croissance économique soutenue, du développement social, de la protection de l'environnement et de la justice sociale ;

– la deuxième Conférence sur les établissements humains, à Istanbul (Habitat II, ou Sommet des villes, 1996), a constitué un tournant dans les efforts internationaux en faveur de la durabilité sociale et environnementale des villes. Il a été reconnu que des politiques, des stratégies et des actions plus intégrées et participatives sont nécessaires pour rendre les villes et les communautés du monde entier plus sûres, plus saines et plus justes. Par la Déclaration d'Istanbul, le droit au logement a été reconnu comme partie intégrante des droits de l'homme, ainsi que l'absolue nécessité d'un accès de tous aux systèmes nécessaires à une vie saine (eau potable, assainissement, évacuation des déchets, éducation, transports et autres infrastructures urbaines). Les États se sont engagés à atteindre deux objectifs : un logement convenable pour tous et le développement d'établissements humains viables en ce qui concerne l'environnement, les droits de l'homme, le développement social, les femmes et la population dans le contexte spécifique de l'urbanisation. Habitat II a intégré à ses délibérations des représentants des autorités locales, des organisations non gouvernementales, du secteur privé, des universités, et a favorisé la présentation de bonnes expériences réussies pour lancer un message d'espérance face aux défis de l'urbanisation ;

– le Sommet mondial de l'alimentation, tenu à Rome en 1996, a réaffirmé le droit de chaque être humain à une nourriture adéquate et à être à l'abri de la faim. Les États se sont engagés à éradiquer la faim dans le monde et, à échéance de 2015, à réduire de moitié le nombre de personnes en sous-alimentation chronique, notamment grâce à l'accroissement durable de la production alimentaire, une meilleure gestion du commerce pour la sécurité alimentaire, et à l'investissement dans les capacités de production durable ;

– le Sommet planète Terre + 5, tenu à New York en 1997, a fait le point sur l'application de la Conférence de Rio ;

– le Sommet du millénaire, organisé à New York en l'an 2000, a examiné l'avancement des travaux engagés à Copenhague et a adopté la Déclaration du millénaire, dans laquelle ont été réaffirmés les objectifs internationaux pour le développement (OID) issus des principales conférences des années 1990 ;

– l'année 2001 a été marquée par l'organisation de deux conférences mondiales concernant la dimension sociale du développement durable : la troisième Conférence des Nations unies sur les pays les moins avancés (Bruxelles) et la Conférence mondiale contre le racisme, la discrimination raciale, la xénophobie et l'intolérance qui y est associée (Durban) ;

– la Conférence sur le financement du développement, tenue à Monterrey en 2002, a permis d'aboutir à un consensus sur la question du financement du développement à l'échelon intergouvernemental.

Le Sommet mondial pour le développement durable, Johannesburg, 26 août-4 septembre 2002.

Le Sommet mondial pour le développement durable qui s'est tenu du 26 août au 4 septembre 2002 à Johannesburg, dix ans après la Conférence de Rio, a permis de faire le point sur la mise en œuvre d'Action 21 et des conventions internationales adoptées dans le domaine du développement durable. D'après le mandat que lui avait confié l'assemblée générale des Nations unies, sa mission consistait à faire le bilan des actions menées depuis la Conférence de Rio et à déterminer de nouvelles mesures pour les mettre en œuvre. Il appelait également à recenser les domaines dans lesquels il convient d'accentuer les efforts, ainsi que les nouveaux défis et opportunités. Le Sommet a permis à plus de quarante mille personnes représentant toutes les composantes de la société – dont plus de cent chefs d'État et de gouvernement, cinquante dirigeants d'entreprise, des représentants de plus de cinq cents entreprises et quatre cents syndicats, ainsi que de milliers d'ONG et de groupes de la société civile – de se rencontrer afin d'échanger des idées et des informations sur les moyens de parvenir au développement durable et de tisser des liens pour l'avenir. Les quatre différents événements qui se sont tenus lors du Sommet – réunion des chefs d'État et de gouvernement au centre de conférence de Standton, réunion des ONG à Nasrec et expositions à Ubuntu Village et au Waterdome – ont suscité de nombreux contacts et un échange de documents et d'informations. De très nombreux événements parallèles *(Side event)* ont par ailleurs été organisés.

Le Sommet a été ouvert par le secrétaire général des Nations unies, M. Kofi Annan et le président sud-africain, M. Thabo Mbeki, en présence de M. Nitin Desai, secrétaire général adjoint des Nations unies aux affaires économiques et sociales et secrétaire général du Sommet. Le Sommet a clos ses travaux en adoptant une Déclaration politique et un Plan de mise en œuvre des résultats du Sommet, dispositions qui portent sur un ensemble d'activités et de mesures à prendre afin d'aboutir à un développement qui tienne compte du respect de l'environnement.

La Déclaration politique. L'engagement de Johannesburg en faveur du développement durable.

Cette déclaration reconnaît les liens entre pauvreté, sécurité et développement durable. Elle recense aussi les défis et les opportunités en matière de développement durable qui découlent de la mondialisation et insiste sur le rôle des partenariats avec le secteur privé et la société civile. Les États s'engagent à appliquer les mesures concrètes détaillées dans le Plan d'action. Le cadre ainsi établi a pour objet de permettre d'atteindre les objectifs de Rio et de réaliser de nouveaux progrès sur la voie du développement durable.

Les chefs d'État et de gouvernement reconnaissent leur responsabilité commune de faire progresser et de renforcer aux niveaux local, national, régional et mondial la protection de l'environnement, le développement social et le développement économique qui sont les trois piliers indissociables du développement durable. Ils reconnaissent que l'élimination de la pauvreté, la modification des modes non durables de production et de consommation ainsi que la protection et la gestion des ressources naturelles sont des objectifs primordiaux du développement durable et ses conditions préalables. Ils se disent heureux que le Sommet de Johannesburg se soit concentré sur l'indivisibilité de la dignité humaine et se déclarent déterminés, par le biais d'objectifs, de calendriers et de partenariats, à accroître rapidement l'accès aux besoins fondamentaux que sont l'eau, l'assainissement, l'énergie, la santé, la sécurité alimentaire et la protection de la biodiversité. Ils reconnaissent aussi que le développement durable suppose une perspective à long terme et une participation large pour la formulation des politiques, et la prise et l'exécution des décisions à tous les niveaux. En tant que partenaires sociaux, ils indiquent qu'ils continueront à travailler à des partenariats stables avec tous les grands groupes. Ils s'engagent à renforcer et à améliorer la gouvernance à tous les niveaux dans le sens de la réalisation effective d'Action 21, des objectifs de développement de la Déclaration du millénaire et du Plan de mise en œuvre de Johannesburg. Pour réaliser ces objectifs, les chefs d'État et de gouvernement soulignent la nécessité pour les institutions internationales et multilatérales d'être plus efficaces, plus démocratiques et plus responsables.

Le Plan de mise en œuvre des résultats du Sommet mondial pour le développement durable.

Ce plan est composé de onze chapitres portant sur un ensemble d'activités et de mesures à prendre afin d'aboutir à un développement qui tienne compte du respect de l'environnement : Introduction ; Élimination de la pauvreté ; Modification des modes de consommation et de production non viables ; Protection et gestion des ressources naturelles aux fins du développement économique et social ; Le développement durable à l'ère de la mondialisation ; Santé et développement durable ; Développement durable des petits États insulaires en développement ; Initiatives en faveur du développement durable de l'Afrique ; Autres initiatives régionales ; Moyens d'exécution ; Cadre institutionnel du développement durable. Bien que le Plan reprenne bon nombre d'objectifs spécifiques déjà adoptés, son élaboration n'est pas allée de soi. Conscients des progrès modestes accomplis depuis le Sommet de Rio, beaucoup de pays ont hésité à accepter des objectifs – nouveaux ou non – qui risquaient de ne pas être atteints. Ils ont préféré se concentrer sur les modalités pratiques permettant de tenir les engagements existants et de faire en sorte que des politiques de développement durable puissent être mises en œuvre à l'avenir.

Le Plan de mise en œuvre comporte des dispositions concernant entre autres l'eau, l'énergie, la santé, l'agriculture et la diversité biologique. Dans le domaine de l'eau, le Plan encourage des partenariats entre les secteurs public et privé fondés sur des cadres réglementaires établis par les gouvernements. Pour ce qui est de l'énergie, la nécessité de diversifier l'approvisionnement énergétique est soulignée ainsi que celle de faire une place plus large aux sources d'énergie renouvelable dans l'offre énergétique mondiale. En matière de santé, les engagements pris dans la lutte contre le VIH/sida sont réaffirmés et l'accent est mis sur le droit des États d'interpréter l'Accord sur les aspects des droits de propriété intellectuelle touchant au commerce (ADPIC) de manière à promouvoir l'accès de tous aux médicaments. En ce qui concerne l'agriculture, des négociations globales sur l'Accord sur l'agriculture de l'OMC sont envisagées et celles-ci visent notamment l'accès aux marchés et la réduction des subventions à l'exportation. S'agissant de la biodiversité, le Plan de mise en œuvre préconise la mise en place d'un régime international pour assurer un partage juste et équitable des bénéfices découlant de l'utilisation des ressources génétiques. Le texte comprend des dispositions sur le Protocole de Kyoto quant à la réduction des gaz à effet de serre dans lesquelles les États qui l'ont ratifié engagent vivement ceux qui ne l'ont pas encore fait à le ratifier sans délai. Font également l'objet de dispositions, la création d'un fonds de solidarité mondiale pour l'élimination de la pauvreté et le lancement de programmes décennaux pour appuyer les initiatives régionales et nationales visant à accélérer le passage à des modes de production et de consommation viables.

Le Plan de mise en œuvre a été diversement accueilli par les participants au Sommet. « Nous n'avons pas été à la hauteur des défis », a par exemple déclaré le président du Venezuela, au nom du Groupe des 77 et la Chine, résumant ainsi un sentiment partagé par les représentants des ONG. Dans le même ordre d'idées, le représentant du Danemark, au nom de l'Union européenne, a proposé une initiative en matière d'énergie pour « aller plus loin » que les objectifs du Plan.

Les initiatives de Partenariats de type 2 [1].

Elles représentent des accords volontaires internationaux portant sur des initiatives concrètes et pouvant réunir des États et des collectivités territoriales, des ONG, le secteur privé et la société civile. En plus des 218 initiatives de partenariats soumises au Secrétariat du Sommet avant que celui-ci ne débute, environ une soixantaine d'autres ont été annoncées lors du Sommet. L'Union européenne a, par exemple, annoncé deux initiatives importantes dans les domaines de l'énergie et de l'eau pour lesquelles elle consacre respectivement 700 millions d'euros et 1,4 milliard d'euros. Les États-Unis ont annoncé cinq grandes initiatives, entre autres, en faveur des pauvres financées à hauteur de 970 millions de dollars et pour la lutte contre le VIH/sida, la tuberculose et la malaria financées à hauteur de 1,2 milliard de dollars pour 2003. C'est le domaine de l'énergie qui a suscité le plus de propositions dont celles d'augmenter à 15 %, d'ici à 2010, la part des énergies renouvelables dans la consommation énergétique mondiale. Ces partenariats s'appuient sur le constat du fait

1. Contrairement aux partenariats de type 1, négociés exclusivement entre gouvernements, les partenariats de type 2 montrent l'importance de la participation de tous à la mise en œuvre d'Action 21. Initiatives ouvertes aux organisations internationales et à la société civile, les partenariats de type 2 sont appelés à être les canaux d'intervention des neuf grands groupes identifiés dans Action 21, à savoir le monde du commerce et de l'industrie, les syndicats, la communauté scientifique et technique, les agriculteurs, les collectivités locales, les populations autochtones, les ONG, les femmes et les jeunes.

que, si les gouvernements sont responsables de la mise en œuvre des engagements négociés, ils n'ont néanmoins pas les moyens de faire tout ce qui doit être fait, alors que la mise en œuvre du développement durable requiert l'établissement de partenariats entre les différents secteurs de la société, tels que les entreprises et les organisations internationales.

Un débat a également eu lieu sur la question de l'accès à l'eau au cours duquel certains, considérant cet accès comme un droit de l'homme, ont préconisé la gratuité de ses services.

Conclusion.

Dix ans après le « Sommet de la Terre » de Rio, le réchauffement de la planète, la perte de biodiversité, la dégradation des sols, la pollution de l'air et de l'eau demeurent les maux d'une planète qui doit conserver sa capacité à abriter et nourrir ses six milliards d'habitants et les neuf milliards prévus pour 2040. À l'heure actuelle, 40 % de la population mondiale manque d'eau, le niveau des mers monte, de nombreuses espèces végétales et animales risquent de disparaître, 2,4 % des forêts mondiales sont détruites et trois millions de personnes meurent, chaque année, victimes de la pollution atmosphérique. L'urgence de la situation, que rappellent les Nations unies dans le récent rapport « Défi mondial, opportunité mondiale », justifie une prise en compte des problèmes sérieuse et résolue de la communauté internationale.

Particulièrement critiqué, le Sommet de Johannesburg n'a bien sûr pas satisfait à toutes les attentes. Les opposants à la mondialisation réclamaient un instrument international juridiquement contraignant pour réguler l'activité des multinationales, tandis que les dirigeants d'entreprise cherchaient à faire reconnaître leur rôle de partenaires constructifs au sein de la société. Fruits de nombreux compromis, les textes adoptés ne répondent pas à toutes les ambitions.

Se voulant le « Sommet de l'action » destiné à passer des théories à l'action, souhaitant attirer l'attention sur la nécessité de concilier intérêts économiques et préoccupations sociales et environnementales, le Sommet de Johannesburg a cependant permis de donner une nouvelle impulsion à l'engagement mondial en faveur du développement durable. Plusieurs pays ont saisi cette tribune pour annoncer la ratification de différents accords multilatéraux relatifs à l'environnement ou au développement durable. Lors de la séance de clôture, M. Nitin Desai a estimé qu'il serait possible, grâce à ses résultats, d'atteindre les objectifs définis pour 2015 et même voir plus loin. « La population qui vivra encore en 2050 est déjà là et c'est vers elle qu'il faut se tourner », a-t-il déclaré.

Il est effectivement à souhaiter que Johannesburg + 15, qui devrait être organisé en 2017, puisse faire état de progrès substantiels dans les différents domaines jugés prioritaires. Stockholm, Rio et Johannesburg n'étaient pas des fins en soi mais des étapes d'un long processus non achevé devant conduire l'humanité à avancer vers un avenir viable, permettant aux hommes de satisfaire leurs besoins sans pour autant détruire l'environnement qui les abrite.

MAGUELONNE DEJEANT-PONS.

II

DÉMOGRAPHIE ET DÉVELOPPEMENT

L'importance des facteurs démographiques, dans la question du développement, apparaît bien comme une évidence. On peut signaler, par exemple, la densité de population dans un espace donné : est-elle trop élevée par rapport aux ressources disponibles ou, au contraire, insuffisante pour une pleine mise en valeur des potentialités ? La répartition de la population par tranches d'âges est lourde de conséquences, elle aussi. Les difficultés d'un pays vieillissant, comme le nôtre, ne sont pas celles d'un État qui doit faire face aux aspirations et aux besoins d'une jeunesse représentant parfois plus de la moitié de la population totale. Et que dire des mouvements migratoires, dont on perçoit combien ils imprègnent la vie des habitants, tant dans les pays de départ, que dans ceux qui accueillent des immigrants ? On peut, enfin, rappeler les conséquences de toutes natures de la répartition d'une population entre citadins et ruraux.

L'étude de chacun de ces facteurs aurait pleinement sa place dans cet ouvrage. Toutefois, il nous a semblé plus judicieux de privilégier la mise en évidence des relations existant entre le taux de croissance d'une population et son développement économique et social.

Croissance démographique et développement.

Pendant plusieurs décennies, l'importance des relations à établir entre la pauvreté matérielle des peuples du tiers-monde et le taux de croissance de leur population a donné lieu à des débats passionnés, tant parmi les experts du développement qu'au sein des ONG.

Simultanément, les affrontements entre les États étaient souvent vifs lors des conférences internationales qui traitaient de ce sujet. L'existence des deux blocs antagonistes, l'Est et l'Ouest, ne favorisait pas, tant s'en faut, la sérénité des débats. Les préoccupations géopolitiques l'emportaient souvent sur toute autre considération.

Aujourd'hui, un réel consensus existe entre la quasi-totalité des États et parmi les experts. Il s'est manifesté lors de la Conférence du Caire sur Population et développement, en 1994, où le texte final a été accepté par les 179 pays présents. Cela n'avait été le cas ni vingt ans plus tôt à Bucarest, ni en 1984 à Mexico.

Cependant un autre contentieux – mais de nature éthique celui-là – est apparu au cours de la Conférence et s'est même amplifié depuis quelques années. Il est à l'origine des réserves (et non de l'opposition) que le Saint-Siège a tenu à faire connaître sur le contenu du rapport final de la Conférence du Caire. Il explique aussi le désaccord du Vatican avec certains des programmes, actuellement en cours de réalisation, émanant du FNUAP, de l'UNICEF et même parfois aussi de l'OMS.

Au Caire, le Saint-Siège a été rejoint, sur certains points, par des États musulmans faisant explicitement référence à la *charia* et par des pays, notamment d'Amérique latine, qui disaient clairement leur accord avec la vision de l'Église catholique sur ces sujets.

La chute du mur de Berlin et la dislocation du bloc de l'Est qui l'a rapidement suivie, en modifiant considérablement la donne des relations internationales, expliquent bien sûr très largement ce passage de l'affrontement au consensus.

Simultanément, la croissance de la population s'est ralentie, d'une manière inégale il est vrai, partout dans le monde, et cela plus rapidement que prévu. Les prévisions apocalyptiques que le Club de Rome avait émises en 1972, dans sa publication, *Halte à la croissance*, n'ont pas été vérifiées par les faits. Il est vrai que le problème était bien réel à la fin des années 60. En effet, à cette période, la population mondiale croissait au rythme de 2 % par an au moins – ce qui provoquait un doublement de la population en trente-six ans. Dans les pays en voie de développement, elle atteignait 3 % ; ce pourcentage fut même sensiblement dépassé dans la plupart des pays économiquement les plus pauvres.

Aujourd'hui, la population de la planète est de 6 milliards 200 millions d'habitants et sa croissance annuelle est de l'ordre de 1,3 %. Les experts de l'ONU révisent régulièrement à la baisse leurs prévisions pour 2025 et 2050. Dans tous les pays en voie de développement, on assiste à une réduction sensible du nombre moyen d'enfants par femme, même en Afrique sub-saharienne où le processus a été à la fois plus tardif et moins accentué.

Il est encore trop tôt pour évaluer correctement ce que seront, demain, les effets du sida sur la population mondiale. Mais il est d'ores et déjà certain qu'ils seront sensibles dans les pays les plus touchés, en Afrique subsaharienne notamment, car le sida, d'une part, accentue la mortalité et, d'autre part, freine la natalité, tant sont atteints des jeunes hommes et des jeunes femmes en âge de procréer.

Signalons, en passant, que dans les pays économiquement riches le problème démographique est inverse de celui des pays en voie de développement puisqu'ils souffrent d'un déficit de naissances. Cette question concerne aussi bien les pays de forte influence catholique que ceux où prévalent le protestantisme et l'orthodoxie. Même les très catholiques Pologne et Irlande sont à leur tour concernées. Quant à l'Italie, elle voit depuis quelques années le nombre de décès excéder celui des naissances.

Croissance démographique et développement : des thèses contradictoires.

Pour certains, le ralentissement de la croissance démographique, qui implique une réelle limitation des naissances, est une exigence impérative sans laquelle aucune politique de développement ne peut être efficace. En France, René Dumont, premier candidat écologiste à des élections présidentielles (c'était en 1974), fut le vulgarisateur le plus emblématique de cette thèse. On a qualifié fort justement ses adeptes de néo-malthusiens, car ils reprenaient, en les actualisant, en les adaptant au monde d'aujourd'hui, quelques-unes des idées fortes que Malthus avait publiées en Angleterre, en 1798, dans un ouvrage célèbre : *Essai sur le principe de population*.

À l'opposé, les natalistes ou populationnistes assuraient que la forte croissance démographique, non seulement n'est pas un obstacle au développement, mais qu'elle constitue, au contraire, un véritable stimulant. En effet, selon eux, elle élargit le marché potentiel en multipliant les consommateurs ; elle encourage la créativité et accélère la diffusion des progrès techniques – toutes choses éminemment favorables au développement économique et social.

Une troisième thèse énonçait, elle, que si la forte croissance démographique est bien un problème qu'il faut traiter, elle n'est pas la cause de la pauvreté, mais sa conséquence. « Ce n'est pas parce qu'ils font beaucoup d'enfants qu'ils sont pauvres ; c'est parce qu'ils sont pauvres qu'ils font beaucoup d'enfants. » Aussi convient-il, avant toute autre initiative, de lutter contre toutes les formes de pauvreté, la question démographique se résolvant d'elle-même au fur et à mesure que s'estompe la misère. Pour eux, la vision que les couples ont de l'enfant et de la dimension souhaitable de la famille change, en effet, au fur et à mesure que disparaît la grande précarité.

La plupart des ONG catholiques, explicitement ou non, se référaient à cette vision des liens à établir entre croissance démographique et développement.

Il convient de rappeler que de nombreux financeurs de projets de développement, tant parmi les institutions financières internationales que parmi les États, adhéraient à la thèse néo-malthusienne et n'acceptaient de financer des initiatives que dans la mesure où elles comprenaient un volet de contrôle des naissances. Cette contrainte a souvent été analysée par les dirigeants des pays du tiers-monde comme une insupportable forme d'impérialisme ; elle a été aussi vivement critiquée par le Saint-Siège.

Les termes du consensus actuel.

Comme cela a été dit précédemment, lors de la dernière Conférence mondiale sur Population et développement, qui s'est tenue au Caire à l'automne 1994, un réel consensus s'est dégagé parmi les États présents.

Aujourd'hui, nul ne conteste que, non dans tous, mais dans la plupart des pays en voie de développement, la forte croissance démographique constitue un authentique problème qu'il convient de ne pas sous-estimer, même si le ralentissement s'est manifesté partout dans le monde. Mais en même temps, aujourd'hui, on dit tout aussi nettement que les programmes visant à obtenir une limitation des naissances ne peuvent être efficaces quand ils s'adressent à des populations vivant en extrême pauvreté.

Ce double constat conduit à conclure que les nécessaires politiques démographiques, visant à ralentir le taux de croissance de la population, doivent être considérées comme une composante d'une politique sociale globale. En tout premier lieu, il convient de développer la scolarisation des petites filles, si possible jusqu'à la fin de l'enseignement secondaire. On a en effet constaté, dans tous les pays, que les jeunes filles, scolarisées au-delà de l'enseignement primaire, se marient plus tard et ont, par le fait même, leur premier enfant à un âge sensiblement plus avancé que celles qui n'ont jamais fréquenté l'école, ou qui n'ont été scolarisées que quelques années. De plus, une scolarisation prolongée encourage les jeunes filles à considérer que leur vie peut être féconde par tous ses aspects et non par leurs seules maternités.

Dans cet esprit, la promotion de la femme et des femmes, c'est-à-dire leur accès effectif de plus en plus large à des responsabilités de toutes sortes – associatives, politiques, économiques, ecclésiales –, fait qu'elles seront enclines à évaluer la réussite de leur vie en prenant en considération toutes leurs potentialités et pas seulement leur capacité à procréer.

Dans de nombreux pays en voie de développement, et pour l'immense majorité de la population, la famille est la seule protection sociale existante. C'est elle qui fait face à l'insécurité résultant de la maladic, de l'invalidité, de la vieillesse, du veuvage. Un nombre élevé d'enfants, c'est donc la garantie d'être correctement couvert face aux aléas de la vie. C'est pourquoi la mise en place d'un système de protection sociale, ne laissant pas aux seules familles cette charge, constitue aussi un élément important d'une politique, à la fois démographique et sociale.

Il faut enfin signaler que l'hypothèse de limiter les naissances est absolument inenvisageable pour les familles tant que la mortalité infantile reste forte. L'appel de la vie apparaît comme une exigence absolue tant qu'on a en mémoire cette tragique réalité : de nombreux enfants, mis au monde, disparaîtront avant d'avoir atteint l'âge adulte. C'est pourquoi on peut dire, d'une manière certes paradoxale, que les initiatives visant à faire baisser la mortalité infantile constituent bien le premier élément d'une politique visant à diminuer la natalité.

Des divergences fortes, de nature éthique.

Si la nécessité de proposer, dans la plupart des pays du tiers monde, une limitation volontaire des naissances fait aujourd'hui l'unanimité, en revanche de nouvelles divergences sont apparues à la Conférence du Caire, puis, un peu plus tard, à celle de Pekin. Elles sont, cette fois, de nature éthique. En effet, quand on parle de limitation des naissances, se pose, *ipso facto*, le problème des méthodes à utiliser pour obtenir les résultats escomptés.

Au Caire, il a été affirmé fermement qu'en aucun cas l'avortement ne peut être considéré comme un moyen de contraception. Cependant, la grande majorité des pays présents pensaient qu'il fallait traiter la question de l'avortement au moins comme problème de santé publique, car, selon les statistiques, il y aurait chaque année entre 30 et 55 millions d'avortements dans le monde, dont la moitié d'illégaux – ce qui entraîne le décès de 60 000 à 200 000 femmes, selon les sources.

La délégation du Saint-Siège s'est montrée inflexible, affirmant que débattre de l'avortement dans ce type de conférences internationales, c'est en accepter le principe et ouvrir ainsi la porte à de graves transgressions morales. Le Vatican craignait que l'interruption d'une vie soit, de fait, ainsi banalisée. Le différend explique les réserves formulées par la délégation du Saint-Siège sur la partie du texte final qui traitait de l'avortement.

Mais c'est, sans aucun doute, la question des méthodes de limitation des naissances, hors avortement et stérilisation unanimement condamnés, qui a le plus troublé le monde catholique. Pour le Saint-Siège, seules les méthodes dites *naturelles* sont compatibles avec l'éthique chrétienne. Cette position, les papes successifs l'ont régulièrement rappelée depuis la publication par Paul VI de l'encyclique *Humanae vitae* en 1968. Jean-Paul II a réaffirmé régulièrement cette exigence morale.

Les catholiques sont très divisés à ce sujet. Nombre de théologiens ne reconnaissent pas comme pertinents les fondements théologiques et philosophiques avancés par Rome. Plus d'un évêque – pas seulement en Europe – et de nombreux prêtres et religieuses disent clairement qu'ils ne veulent pas perturber les couples qu'ils rencontrent à ce sujet dans leur pastorale, car cette question ne leur paraît pas essentielle. D'autres insistent sur le fait que les méthodes naturelles, certes efficaces quand elles sont bien utilisées, se révèlent tellement contraignantes qu'elles ne peuvent être accessibles qu'à un nombre trop limité de personnes pour qu'il en résulte des modifications significatives du taux de natalité.

Le débat fut vif au Caire, d'autant plus que le Saint-Siège fut rejoint, sur ce point, par des États dans lesquels l'islam est une référence forte : Iran, Égypte, Libye, Yémen, Algérie, Koweït, mais aussi par des pays d'Amérique latine et d'Afrique subsaharienne à l'écoute du Vatican.

Plusieurs organismes spécialisés de l'ONU, le FNUAP et l'UNICEF notamment, mettent en application des programmes dans lesquels la contraception non naturelle est proposée – pilule, stérilet, préservatif, diaphragme. Le Saint-Siège exprime fermement et régulièrement son désaccord ; il ne veut pas cautionner par son silence des actions qui lui paraissent moralement inacceptables.

Éthique sexuelle, éthique familiale, éthique sociale.

En guise de conclusion, peut-être serait-il utile de rappeler que l'accueil d'un enfant dans une famille pose des problèmes éthiques de différents niveaux : d'éthique sexuelle, d'éthique familiale, d'éthique sociale.

D'éthique sexuelle bien sûr, car la naissance d'un enfant, c'est, à l'origine, une relation sexuelle dans laquelle la perspective de procréation a été soit souhaitée, soit envisagée, soit au minimum acceptée. Or, chez l'être humain, femme et homme, l'union des corps n'est pas un acte banal. Non seulement il est source de plaisir, mais il acquiert une dignité et une grandeur spécifiques, car il est l'expression privilégiée d'un amour. Il n'en est ainsi que chez l'humain, à l'exclusion de toutes les autres créatures. Enfin, comme il peut être à l'origine d'une vie, pour un croyant il participe à l'œuvre de création de Dieu. C'est donc tout à la fois un acte de jouissance, d'amour et de vie. Quelle grandeur !

D'éthique familiale, aussi, car l'attente et l'arrivée d'un enfant modifient sensiblement la vie des parents, celle de la mère surtout bien sûr, mais aussi celle du père. Elles changent également la nature et la vie de toute la famille, si elle a déjà accueilli un ou plusieurs autres enfants. Le concept de parentalité responsable est très beau et tout à fait pertinent pour inviter le couple à ne pas agir à la légère en la matière.

« À quoi bon multiplier les enfants si cela conduit les parents à les vendre, à les abandonner, à les prostituer, à les exténuer de travail », dit Justice et Paix-France dans son document *Réflexions sur la maîtrise de la fécondité mondiale*. De même, comment ne pas être attentif aux conséquences sur la santé de la mère des grossesses survenues chez des femmes trop jeunes ou trop âgées, ou encore des grossesses trop nombreuses et insuffisamment espacées : anémie grave, malnutrition, vieillissement prématuré, séquelles d'accouchements non ou mal assistés. Selon l'OMS, chaque année 500 000 femmes environ meurent en couches et plusieurs centaines de milliers d'autres garderont à vie des infirmités graves ou des traumatismes psychologiques profonds, dus à des grossesses et accouchements vécus dans des conditions de grandes difficultés.

D'éthique sociale, enfin, car on ne peut, aujourd'hui, esquiver la question de la maîtrise de la fécondité mondiale.

« Croissez et multipliez-vous, soumettez la Terre et dominez-la », nous dit la Genèse. Ce texte a été écrit au VIIe siècle av. J.-C., alors que la planète n'était habitée que par quelques centaines de millions d'habitants. Le taux de mortalité infantile était si élevé, et les techniques disponibles pour maîtriser la nature si peu efficaces, que de nombreuses naissances étaient effectivement nécessaires pour pouvoir soumettre la Terre et la dominer.

En ce début de XXIe siècle, avec une population mondiale de plus de 6 milliards d'habitants, la maîtrise de la Terre par l'homme et sa soumission se posent en termes radicalement différents. L'accueil de la vie ne peut esquiver cette question [1].

RENÉ VALETTE.

1. Pour en savoir plus : Martine SEVEGRAND, *Les Enfants du Bon Dieu. Les catholiques français et la procréation au XXe siècle*, Paris, Albin Michel, 1995 ; René VALETTE, *Le Catholicisme et la Démographie. Église, population mondiale, contrôle des naissances*, Paris, Les Éditions de l'Atelier, 1996 ; Jacques VALLIN, *La Démographie*, Paris, La Découverte, 2000 ; ID., *La Population mondiale*, Paris, La Découverte, 1995 ; Jacques VERON, *Le Monde des femmes. Inégalité des sexes, inégalités des sociétés*, Paris, Éd. du Seuil, 1997.

III

LA BIODIVERSITÉ, HÉRITAGE POUR LE FUTUR

Avant que nature meure : ce fut le titre que Jean Dorst, professeur au Muséum national d'histoire naturelle, donna en 1965 à un ouvrage qui a été une référence internationale pour les protecteurs de la nature. La sauvegarde des espèces et des milieux naturels est effectivement devenue une préoccupation croissante, à partir des années 60, avec la prise de conscience des effets, de plus en plus inquiétants, des activités humaines sur l'environnement.

En réalité, dès le XIXe siècle, des cris d'alarme avaient retenti, et la première moitié du XXe siècle a vu s'organiser un vaste mouvement international en faveur de la protection de la nature. En 1923, par exemple, le Muséum national d'histoire naturelle accueillait le Premier Congrès international pour la protection de la nature, auxquels participèrent non seulement des scientifiques, mais aussi des représentants d'associations et de milieux professionnels concernés par le devenir des espèces et des milieux. Le directeur du Muséum, Louis Mangin, qui présidait le Congrès, stigmatisa l'exploitation irréfléchie des richesses naturelles, citant par exemple les éléphants africains, scandaleusement massacrés pour l'ivoire, le trafic des chimpanzés, une « honte pour la civilisation », ou encore l'exploitation « barbare » des forêts tropicales. Il exprimait ainsi des inquiétudes qui n'ont fait que s'amplifier dans des milieux particulièrement avertis, sans atteindre ni les politiques ni le public, et il en a été ainsi pendant longtemps.

S'inscrivant dans la suite de grandes réunions internationales, notamment de la Conférence de Stockholm (1972), consacrée au développement et à l'environnement par l'Organisation des Nations unies, le Sommet de la Terre, tenu à Rio de Janeiro en

1992, a été marqué par l'irruption, sur la scène politique et sur la place publique, de la question du devenir de la « biodiversité », terme qui se substitue de plus en plus à celui de « nature » dans les travaux scientifiques, dans les débats politiques et dans les médias.

Le mot *Biodiversity* a été inventé à l'occasion d'un congrès national nord-américain, organisé en 1986 à Washington. Les scientifiques, philosophes, et représentants de divers secteurs d'activité alors réunis dans la capitale des États-Unis ont refait les constats du Congrès de Paris – et de bien d'autres –, dans un contexte rendu plus dramatique par les intenses transformations subies par notre planète depuis la Seconde Guerre mondiale. Ils étaient particulièrement sensibilisés par la destruction accélérée des forêts tropicales, dont on ne cessait de découvrir, parallèlement, les extraordinaires richesses en espèces de toutes sortes. C'est pourquoi a été mise en avant, pour évoquer ces richesses, la notion de « diversité biologique ».

La nature pourrait n'être qu'un vaste système écologique produisant, grâce à un petit nombre d'espèces bactériennes, végétales et animales, les matières premières organiques dont les hommes ont besoin. Mais elle est bien plus que cela, puisque composée d'une immense variété d'espèces différant par leurs caractéristiques morphologiques et leurs modes de vie. D'un endroit à l'autre de la planète, des régions froides aux régions tropicales, des hautes altitudes aux profondeurs océaniques, ces espèces se répartissent en communautés diversement composées, formant autant d'écosystèmes différents : à la diversité des espèces, ou « diversité spécifique », se surajoute ainsi une « diversité écologique » que l'on découvre au travers de la variété des paysages. En outre, les individus qui composent chaque espèce ne sont que rarement identiques : bien au contraire, ils sont presque toujours quelque peu différents du point de vue génétique. La diversité des espèces est ainsi en quelque sorte démultipliée par la « diversité génétique » de chacune d'entre elles.

La diversité écologique est assez bien connue, car les biogéographes et les écologistes décrivent depuis longtemps les grands ensembles écologiques distribués à la surface des continents, dans les mers et les océans. L'inventaire s'affine au fur et mesure que les écosystèmes sont étudiés avec davantage de précision, mais la découverte d'écosystèmes radicalement nouveaux est chose rare. L'une des toutes dernières surprises remonte à une trentaine d'années, lorsqu'un engin d'exploration sous-marine, œuvrant le long d'un « rift » océanique (grande cassure où la montée du magma écarte peu à peu les continents les uns des autres), éclaira soudain des animaux inconnus, formant dans l'obscurité comme d'étranges oasis associées à des jaillissements d'eaux chaudes. On imagine l'émotion des chercheurs…

En revanche, l'inventaire des espèces est loin d'être achevé, et la description d'espèces nouvelles se poursuit sans relâche. Œuvre en quelque sorte banale, même si une nouvelle espèce est toujours source d'émotion pour celui qui la découvre. Officiellement, l'inventaire scientifique commence en 1758, avec la publication du *Systema Naturae* du naturaliste suédois Linné, qui stabilisa la nomenclature des espèces. Peu avant 1995, de l'ordre de 1 740 000 espèces microbiennes, végétales et animales avaient été décrites, soit plus de 7 000 par an en moyenne. Plus de la moitié des espèces (de l'ordre de 950 000) appartient à l'immense groupe des Insectes. Environ 40 000 espèces d'Araignées ont été identifiées. Les Vertébrés connus sont un peu plus nombreux – en gros 45 000 espèces –, dont près de 20 000 espèces de Poissons, moins de 10 000 espèces d'Oiseaux, un peu plus de 6 000 Reptiles, de 4 000 Amphibiens et de 4 000 espèces de Mammifères, dont l'espèce humaine. On a dénombré près de 70 000 espèces de Champignons et plus de 40 000 espèces d'Algues. Les Phanérogames – les végétaux à fleurs – comptent approximativement 250 000 espèces, dont quelques 50 000 espèces d'arbres dans les forêts tropicales humides.

Depuis la formation des premiers êtres vivants, il y a quelques 3,6 milliards d'années, des millions d'espèces se sont différenciées qui sont aujourd'hui disparues. Au fil du temps, en effet, ont joué à la fois des processus de diversification des espèces et des processus d'extinction, avec des rythmes et des intensités variables. L'évolution est ainsi un phénomène continuel de transformation des êtres vivants, donc de changement de la biodiversité, en interaction avec la transformation géologique et climatique de la Terre. L'étude des fossiles a permis de repérer des « crises de la biodiversité », c'est-à-dire des périodes de peu de millions d'années, courtes à l'échelle de l'histoire de la vie, pendant lesquelles un grand nombre d'espèces se sont éteintes. L'évolution n'a pour autant jamais été interrompue, des lignées se diversifiant tour à tour, tels les Mammifères après l'extinction des Dinosaures, d'autres lignées se perpétuant sans guère de changement, comme celle du Cœlacanthe (un poisson découvert dans l'océan Indien en 1938, dont la lignée, connue par des fossiles, était croyait-on éteinte depuis plus de 60 millions d'années). À tout instant dans la longue histoire de la vie, la biodiversité existante est ainsi à la fois la résultante de l'évolution passée et le « matériau » de l'évolution à venir. Ce qui subsiste de la biodiversité aujourd'hui est donc tout ce qui nous reste pour assurer la continuité de la vie face aux changements de la planète.

Aujourd'hui, les activités humaines transforment la planète à une vitesse inédite. Depuis quelques siècles, et surtout depuis une cinquantaine d'années, des espèces ont été exterminées, d'autres sont menées au bord de l'extinction, soit du fait de prélèvements excessifs, soit, de façon plus insidieuse, par la destruction de leurs habitats, ou par les pesticides répandus à l'excès et dont certains se concentrent le long des chaînes alimentaires.

L'Éléphant d'Afrique, dont Louis Mangin évoquait déjà la situation préoccupante il y a quatre-vingts ans, fait partie des espèces en danger « exemplaires » : elle bénéficie d'un solide capital de sympathie dans le public, mais elle est avant tout l'objet d'enjeux internationaux considérables, donnant lieu à de rudes joutes entre pays aux points de vue opposés, le tout sur fond de trafic de l'ivoire. Nulle espèce d'insecte de forêt tropicale n'a vocation à un rôle aussi emblématique. Pourtant, la déforestation en met en danger sans doute un grand nombre. Risquons-nous donc de perdre une proportion réellement alarmante des espèces existant encore aujourd'hui ?

Le nombre total des espèces existant aujourd'hui est inconnu. Des scientifiques ont tenté divers raisonnements pour en cerner l'ordre de grandeur. Ainsi, à partir du comptage des différentes espèces d'Insectes trouvées sur des arbres de différentes espèces dans différentes régions de l'Amazonie, un chercheur a effectué il y a quelques années de complexes calculs qui l'ont conduit à estimer à 30 millions le nombre des espèces d'Insectes vivant dans les forêts tropicales du monde. Depuis, certains parlent d'un total de 80, voire de 100 millions d'espèces.

Évidemment, de tels chiffres prêtent à discussion, et les scientifiques les plus prudents évoquent une biodiversité globale se situant entre 5 et 15 millions d'espèces. À supposer que l'inventaire du monde vivant se poursuive au rythme des deux siècles précédents, il faudrait encore au moins cinq cents ans pour l'achever… à moins que l'essentiel n'ait été détruit bien avant. Cela n'est pas impossible, car beaucoup d'espèces des forêts tropicales pourraient n'exister que sur de petites étendues, de sorte que la destruction massive de ces forêts en ferait nécessairement disparaître définitivement un grand nombre.

S'alarmer parce que, globalement, une grande proportion d'espèces disparaîtrait de notre fait ne peut en toute rigueur être justifié par des données chiffrées indiscutables. En revanche, pour les groupes zoologiques les mieux connus, les organismes internationaux spécialisés publient régulièrement des informations qui mettent en évidence, de façon incontestable, un nombre croissant d'espèces en situation préoccupante, sinon désespérée. Cela concerne par exemple les faunes des îles, qui comportent souvent des espèces strictement endémiques, c'est-à-dire inféodées chacune à une île particulière. Partout dans le monde, nombre de Mammifères sont en danger, parmi lesquels beaucoup de Primates et, parmi ceux-ci, les espèces les plus proches de l'espèce humaine.

Est-ce grave ? En d'autres termes, toutes les espèces sont-elles utiles ? L'Homme peut-il se passer des Vers de terre, des Papillons, des Oiseaux de paradis, de la Baleine bleue, de l'Éléphant, du Tigre, du Gorille, du Chimpanzé ? Inévitables questions, derrière lesquelles se profile celle de la valeur de la nature et de chacune des espèces qui la composent : ont-elles en elles-mêmes une valeur, indépendamment de l'existence de l'homme, ou seulement parce que celui-ci la leur confère ? Les philosophes débattent de cet immense problème de nos relations à la nature, problème qui, en vérité, est profondément de nature éthique.

L'espèce humaine, comme toutes les autres, végétales et animales, s'inscrit dans le processus de l'évolution ; elle est un élément de la biodiversité. Chaque humain est fait des mêmes matériaux de base et fonctionne selon les mêmes processus physico-chimiques fondamentaux que les autres organismes vivants, de la bactérie à l'éléphant, en passant par le champignon de Paris. Nous avons de nombreux gènes en commun avec des espèces qui nous semblent fort éloignées, comme la souris ou la mouche du vinaigre ; et, du point de vue des gènes, nos différences avec le chimpanzé sont bien ténues. Comme les autres animaux, nous avons besoin d'oxygène et d'eau, et d'aliments provenant d'autres organismes vivants. Pourtant, l'un des grands rêves de l'humanité est bien de se rendre indépendante de la nature, ou du moins d'en maîtriser totalement les seuls processus qui nous seraient utiles, en nous débarrassant de tous ceux qui nous gênent, voire nous nuisent. Nous avons ainsi domestiqué quelques espèces animales et végétales ; nous avons su, par de patientes sélections, utiliser leur diversité génétique pour composer des races et des variétés nouvelles, répondant précisément à la diversité de nos besoins. D'un autre côté, nous multiplions les moyens d'éradication de ces « nuisibles » et de ces « pestes » qui rendent trop aléatoires les rendements de nos élevages et de nos cultures. Ce faisant, nous cherchons à cantonner le monde sauvage au-delà d'une véritable barrière chimique, espérant en outre qu'il gardera pour lui tous les déchets que nous lui injectons.

Aujourd'hui, notre maîtrise croissante du matériel génétique permet de nous affranchir de la lenteur des techniques traditionnelles de sélection pour installer directement dans une variété d'une espèce un gène issu d'une autre variété, voire d'une autre espèce. Ces possibilités nouvelles, paradoxalement, conduisent à accorder de l'importance à la biodiversité sauvage : toutes ces espèces encore inconnues, dans les forêts comme dans les mers, pourraient être des sources de gènes commandant les synthèses de molécules exploitables, par exemple en pharmacologie. On envisage donc de breveter les gènes ; des enjeux économiques se font jour, d'autant plus difficiles que « l'argent est au Nord et la biodiversité au Sud » ; des sociétés multinationales investissent dans l'exploration systématique des flores tropicales à la recherche de gènes « intéressants », tandis que l'on commence à s'intéresser à la diversité des molécules synthétisées par les espèces du plancton marin, une part de la biodiversité encore largement inexplorée. On comprend ainsi pourquoi, au Sommet de Rio de Janeiro, les débats provoqués par la Convention sur la diversité biologique ont été âpres davantage en raison d'enjeux économiques liés aux « ressources génétiques » qu'en raison de considérations sur les charmes d'un monde diversifié.

Toutefois, l'on mise aussi sur les flux économiques que peut générer la diversité écologique : le développement du tourisme, rebaptisé pour l'occasion écotourisme, trouve ainsi de nouvelles justifications, chaque pays, chaque région pouvant faire valoir sa différence en matière de paysages, de flores et de faunes. Au-delà de considérations économiques, qui peuvent chagriner certains, il y a là un aspect important de nos rapports à la biodiversité : la contemplation. N'est-il pas essentiel, en effet, pour l'épanouissement de l'être humain, qu'il puisse avoir avec des paysages, avec des animaux, des plantes, des relations purement émotionnelles ? Bien des protecteurs de la nature, et parmi les tout premiers, se sont battus pour que ne soient pas stupidement détruit ce que Louis Mangin a élégamment appelé un « patrimoine de beauté ».

Dans un autre registre, il s'opère aujourd'hui un renversement de perspective. Les humains, qui voulaient s'extraire de la nature, commencent à comprendre qu'ils restent dépendants, pour leur confort et leur santé, d'un fonctionnement satisfaisant des écosystèmes naturels. L'on parle maintenant des « services rendus par les écosystèmes », par exemple l'épuration des eaux, la réduction de l'érosion, voire le stockage des gaz à effet de serre, et l'on cherche à en évaluer les incidences économiques. La question est alors de savoir si le « bon fonctionnement » d'un écosystème dépend de la diversité des espèces qui le composent, ou si cet écosystème peut « rendre les services » que l'on attend de lui avec une structure réduite à quelques espèces fondamentales, les autres pouvant alors être le cas échéant perdues sans regret. Ce problème est redoutablement difficile, et les recherches en écologie sont loin encore de lui apporter des réponses ; les hypothèses ne manquent pas, mais aucune n'est solidement étayée par des données concrètes indiscutables.

Les connaissances sont insuffisantes, les incertitudes sont grandes. Il en sera vraisemblablement toujours ainsi. Il est alors tentant de faire du principe de précaution une règle absolue, et de plaider pour une stricte conservation de la biodiversité. En même temps, une évidence s'impose. Les sociétés humaines, partout, depuis longtemps, même au plus profond des forêts tropicales, manipulent la nature. Elles sont devenues intrinsèquement facteurs de transformation de leurs environnement locaux et, depuis peu, de l'environnement planétaire global. La biodiversité – écologique, spécifique, génétique – dont les humains disposent aujourd'hui est l'héritage de l'évolution, mais pas d'une évolution dont ils auraient été absents : d'un côté, ils ont indiscutablement amoindri cet héritage, de l'autre ils l'ont entretenu ; ils l'ont aussi recomposé en écosystèmes qui sont autant d'innovations, et ils l'ont enrichi par la création de variétés domestiques végétales, animales et microbiennes aux caractéristiques nouvelles. Idéal d'une conception conservationniste qui, poussée à l'extrême, serait fixiste, la nature pure, vierge, n'existe pas.

Mais il ne faut pas oublier que la biodiversité actuelle est l'unique matériau disponible pour l'évolution. La diminuer ne serait-il pas irresponsable vis-à-vis de l'avenir ?

La vie est paradoxe : fondamentalement conservatrice par les mécanismes intimes de la reproduction, c'est en même temps au cœur de ceux-ci que la diversité prend sa source, du fait des mutations qui s'y produisent spontanément, comme autant d'erreurs du processus de reproduction. C'est grâce à cela que la vie a perduré, en ayant la possibilité de se transformer au sein d'un environnement changeant, qu'elle-même, en se développant, n'a cessé de contribuer à changer. Il n'est donc pas étonnant que les humains soient confrontés à ce paradoxe, et tiraillés entre le désir de conserver un patrimoine fragile et la dynamique du changement. Faut-il, si cela est possible, tout conserver ? Peut-on au contraire accepter de perdre une partie de la biodiversité, et si oui, laquelle ?

En réalité, ne s'agit-il pas, pour chaque société humaine, là où elle vit, de se demander avec quelle biodiversité elle veut être en compagnonnage ? C'est alors un autre regard qui s'impose : la biodiversité ne devrait-elle pas être partie des projets des humains ? Il s'agirait alors moins de sauvegarder pour sauvegarder, que de choisir la biodiversité compagne, la nature convive, avec laquelle les humains coévolueraient vers un devenir désiré.

La France abrite de nombreuses espèces végétales et animales appartenant à quatre des six zones biogéographiques présentes en Europe de l'Ouest : atlantique, continentale, montagnarde et méditerranéenne. Cela lui confère une responsabilité particulière en matière de protection du patrimoine naturel européen.

– 107 espèces de plantes sont endémiques (c'est-à-dire n'existent qu'en France) en particulier dans la région méditerranéenne, sur les 4 700 espèces que compte la flore française (40 % de la flore européenne).

– Pour ce qui concerne la faune, le nombre d'espèces d'invertébrés est encore imprécis (par exemple environ 39 000 insectes et 400 mollusques dont 82 endémiques). Les vertébrés (poissons, amphibiens, reptiles, oiseaux et mammifères sont mieux connus. Certains ont atteint des niveaux de population tellement bas que leur survie n'est pas assurée, par exemple :

– Insectes : Cuivré de la bistorte, Damier du frêne, Grand Capricorne ;
– Poissons : Esturgeon, Truite de Corse ;
– Reptiles : Tortue d'Hermann, Lézard ocellé ;
– Amphibiens : Salamandre noire, Pelobate brun ;
– Oiseaux : Outarde canepetière, Râle des genêts, Pie-grièche à poitrine rose ;
– Mammifères : Ours brun, Vison d'Europe, Grand Hamster.

Des mesures de protection des espèces (contrôle des prélèvements, renforcements et/ou réintroductions, etc.) et des espaces qui les abritent (espaces naturels protégés, gestion agricole et forestière appropriée, etc.) peuvent, lorsqu'elles sont appliquées à temps, maintenir, voire restaurer, la diversité biologique.

PATRICK BLANDIN.

IV

LES TERRITOIRES AU RISQUE DE L'URBANISATION

Selon l'INSEE, 44 millions de Français vivent dans une aire urbaine, et 48 millions dans des espaces à dominante urbaine. Les Français sont ainsi majoritairement des « urbains ». Mais le territoire français est également fortement marqué par les activités humaines : l'Institut français de l'environnement (IFEN) [1] indique que 8 % du territoire national est couvert par les espaces « artificiels ». Il y a aussi une tendance incontestable : la France s'urbanise à un rythme accéléré et la pression sur le milieu naturel s'accroît.

L'urbanisme est une discipline qui fait notamment appel à l'ensemble des connaissances en environnement : pollution des eaux, de l'air, changement climatique, bruit, déchets, etc. Développer une ville n'est pas un acte neutre pour l'environnement. Peut-on envisager de développer les zones urbanisées dans l'esprit du développement durable ? Sans doute les acteurs politiques et économiques ont-ils une influence, mais nos exigences en matière de confort ne sont-elles pas également à questionner ? Ce texte, dans une approche sommaire, tente d'apporter des éléments de réponse.

---

1. *Les Données de l'environnement*, janvier-février 2003, nº 80.

Les faits : un étalement urbain de plus en plus important.

Une consommation d'espace qui s'accélère, conséquence de l'urbanisation.

Les chiffres sont éloquents : selon l'IFEN, les espaces artificialisés ont crû de 12 % entre 1992 et 2000. La croissance de la consommation d'espace est même plus importante dans les années 90 que dans les années 80 soit 1,6 % par an contre 1,2 % dans la période 1981-1992 !

Un autre élément doit être mis en parallèle pour bien comprendre le problème : en France, la tendance est dans la poursuite de l'urbanisation diffuse (sous forme d'habitat individuel et souvent de plus en plus éloigné des centres-villes, qu'on appellera ici « périurbanisation »). La proportion de maisons individuelles construites a recommencé à augmenter depuis une légère baisse au début des années 90. Plus de 62 % des habitations construites de 1997 à 2001 sont des maisons individuelles. La consommation accrue d'espace au détriment des espaces naturels est liée à la périurbanisation : la surface des espaces artificiels non bâtis [1] a crû de 17 % dans les années 90 ! Et c'est sans parler des espaces de stationnement des véhicules qui – eux aussi – croissent de manière préoccupante…

Évolution paradoxale ? Alors que les discours politiques et techniques ont martelé la nécessité de limiter le développement spatial des agglomérations, on s'aperçoit que celles-ci débordent de plus en plus et que la France « urbaine » au sens de l'INSEE s'étend encore plus loin chaque année.

---

1. Sont comptabilisés dans la définition des « espaces artificiels non bâtis » de l'IFEN les jardins et pelouses, les décharges, les espaces vagues urbains, chantiers et carrières. Les jardins et pelouses représentent les superficies les plus importantes de cette catégorie. Cette catégorie exclut également les parkings et autres voies de circulation.

Montagne et littoral : des zones sensibles où la croissance de l'urbanisation est préoccupante.

Le développement de l'urbanisation (habitations principales ou secondaires) touche la totalité du territoire, en particulier sous forme du « mitage » (construction isolée ou semi-isolée). Mais les espaces de montagne et la frange côtière attirent un nombre de plus en plus important de personnes, que ce soit des actifs bénéficiant de modes de déplacement facilités et des moyens modernes de travail à distance, des résidents secondaires ainsi que des retraités séduits par l'agrément de ces sites. Les entreprises sont également attirées par l'image positive de la montagne et du littoral.

En milieu de montagne, la croissance des espaces urbains est diffuse mais importante, notamment à proximité des grandes agglomérations. La loi 85-30 du 9 janvier 1985 (dite « loi Montagne) a néanmoins considérablement renforcé les moyens pour contrôler la croissance des zones résidentielles et espaces de loisirs en montagne. La pression reste néanmoins forte dans de nombreux secteurs des grands massifs de montagne.

Dans les zones côtières ou assimilées (au bord des espaces lacustres de plus de 1 000 m^2 notamment), la « loi Littoral » 86-2 du 6 janvier 1986 a voulu renforcer la protection contre l'envahissement du littoral par l'urbanisation en créant notamment une zone *non aedificandi* continue. Le bilan établi récemment sur les régions littorales est cependant inquiétant : le grignotage continue, s'amplifie même dans l'ouest de la France. Une étude de l'IFEN de juin 2000 révèle en effet que, entre 1980 et 1996, 12 % de la surface construite en logements a été réalisée sur une bande de territoire du littoral représentant 4 % du territoire national. Le développement fort des activités économiques menace également le fragile équilibre de ces espaces sensibles : on cite souvent le cas des zones portuaires qui perturbent les écosystèmes des deltas mais on pourrait citer les zones industrielles, les aéroports, etc.

Une tendance accélérée par le développement des infrastructures.

L'évolution actuelle a ceci d'inquiétant en France que le mitage du territoire se généralise et que les réserves foncières destinées à l'urbanisation paraissent encore pléthoriques, même s'il faut aller de plus en plus loin des centres d'agglomération. La poursuite du maillage routier ainsi que le fort développement de zones d'activité en périphérie nous font redouter que la tendance perdure de longues années encore…

Les conséquences environnementales de l'urbanisation.

Les activités urbaines ont une responsabilité indirecte mais réelle dans la plupart des phénomènes de pollution et de nuisances. En France, nous commençons à maîtriser et à traiter grâce à la technologie certaines sources de pollution découlant de notre mode de vie (pollution de l'eau, certains polluants atmosphériques, collecte et élimination ou recyclage des déchets ménagers). D'autres effets ne trouvent en revanche pas de parade technologique immédiate et posent la question du type de développement urbain.

Les risques naturels et industriels :
des enjeux de mieux en mieux connus
et une prise de conscience progressive.

La prise en compte insuffisante ou nulle des risques naturels a comme conséquences les graves événements que l'on sait. Ce sont deux millions de personnes et 7 600 communes qui sont soumises au risque d'inondation à travers la France. Et la fréquence accrue des événements climatiques extrêmes attendue pourrait rendre encore plus critique la situation de certains secteurs.

Les risques industriels sont susceptibles de causer des dommages bien plus graves. Qui est en mesure d'imaginer les conséquences d'une fuite importante de produit hautement toxique ou radioactif dans un site industriel de la vallée du Rhône par exemple ? Il faut souligner que les conséquences de la plupart de

Des outils de contrôle de l'urbanisation qui ont permis une bonne protection du patrimoine naturel et historique... et qui sont souvent enviés à l'étranger.

La protection du paysage et du patrimoine historique bénéficie en France d'une attention particulière et de nombreux outils de plus en plus adaptés. On peut dire que ces dispositifs ont globalement permis de sauvegarder l'essentiel du patrimoine français en limitant l'urbanisation autour de ces points d'intérêt et ce dès 1913 avec la première loi de protection des monuments historiques et de leurs abords. Le patrimoine historique, en particulier, apparaît en France au total bien préservé grâce à des dispositions réglementaires très efficaces sur les sites protégés.

Les dispositifs de protection des zones naturelles et de certains espaces sensibles du point de vue faunistique ou floristique sont également relativement performants. Les collectivités locales ont tout d'abord décidé, grâce aux PLU (plans locaux d'urbanisme, anciennement POS – plans d'occupation des sols), la possibilité de protéger au mieux leurs espaces naturels et de limiter l'extension des zones urbaines ou du moins de contrôler le développement des zones résidentielles et industrielles. Les procédures nationales sont de plus en plus nombreuses (les inventaires des ZNIEFF débouchant souvent sur des arrêtés de biotope, des zones Natura 2000, les réserves naturelles, les parcs nationaux, etc.) et sont – techniquement – des outils assez efficaces pour les protéger.

Deux outils particulièrement originaux et efficaces sont à signaler :

— le Conservatoire du littoral, établissement public foncier, permet à la collectivité d'acquérir et de gérer des espaces naturels sensibles. Au 31 décembre 2001, le Conservatoire du littoral était propriétaire de 65 510 hectares, représentant 486 sites et 861 kilomètres de rivages. Les objectifs sont encore plus ambitieux puisque le Conservatoire du littoral vise l'acquisition de 200 000 hectares en 2050, soit environ 22 % du linéaire côtier. Devant affronter une hausse forte du foncier dans les espaces côtiers ainsi que des restrictions budgétaires, son action reste modeste mais essentielle ;

— les Parcs naturels régionaux (PNR) sont d'autres outils destinés notamment à contrôler la croissance spatiale des agglomérations. Un PNR est un dispositif quasi contractuel entre collectivités locales et l'État et des engagements collectifs forts sur l'environnement mais également sur des aspects dépassant largement la protection du patrimoine naturel. Les quarante PNR existant à l'heure actuelle, en particulier à proximité de la région parisienne ou des grandes agglomérations, ont assez bien réussi en gelant presque totalement les espaces urbanisés sur leur territoire tout en permettant une mise en valeur respectueuse de l'environnement local. Dans un pays encore très centralisé, ces dispositifs montrent que les élus locaux peuvent être à l'initiative de projets destinés à protéger l'environnement local mais également à profiter de leur richesse environnementale pour développer une certaine forme de tourisme. Preuve que ce système est apprécié, leur nombre ne cesse de croître et on n'a relevé qu'une seule disparition en trente-deux ans d'existence.

Les dispositifs français de protection de l'environnement apparaissent globalement efficaces pour protéger juridiquement les espaces naturels et le patrimoine français. Ils sont d'ailleurs même parfois enviés par nos voisins. Seul point noir dans ce panorama positif : certaines des dispositions permettant un meilleur contrôle de l'urbanisation sont actuellement remises en cause par diverses mesures dont une loi récente (loi Urbanisme et Habitat du 2 juillet 2003).

ces risques naturels et industriels auraient pu être minimisées si des mesures avaient été prises pour limiter l'urbanisation dans les sites à risques qui étaient déjà répertoriés.

Des dégâts inestimables sur le paysage.

Le paysage est une préoccupation relativement récente qui s'est traduite par une adaptation des outils réglementaires. Mais force est de constater une certaine indifférence à ces problématiques des acteurs privés (lotisseurs, entrepreneurs du BTP, particuliers) sauf pour les grands projets publics et privés. Il est cependant difficile d'estimer quantitativement et globalement l'impact de l'urbanisation sur le paysage.

Les problèmes cruciaux liés au développement non contrôlé des zones urbaines : consommation d'énergie, changement climatique et bruit, provenant principalement du secteur des transports.

Si les mesures d'ordre technologique (filtre à particules, rajeunissement du parc automobile, contrôle des installations industrielles) ont contribué à traiter certaines pollutions, d'autres sources de pollution et nuisances sont directement liées à l'étalement urbain :

– l'effet « bulle de chaleur » (+ 1 °C à + 1,5 °C par rapport à la grande banlieue dans le centre de la région Île-de-France) ainsi que l'augmentation des précipitations et de leur intensité constituent un aspect impressionnant de la consommation d'énergie dans les grandes agglomérations ;

– problème très difficile à résoudre, le bruit est cité en tête des nuisances urbaines. Une politique de résorption des principaux points noirs est mise en œuvre à l'heure actuelle et d'autres actions à la source sont envisagées (normes sur le bruit des moteurs, études poussées de conséquences sonores des projets d'infrastructure). La technologie ne pouvant tout résoudre, le bruit restera cependant le principal problème urbain pour longtemps encore avec des conséquences importantes sur la santé humaine et même les écosystèmes locaux. Le coût des mesures à mettre en œuvre, la timidité des politiques publiques pour instaurer des normes destinées à réduire le trafic automobile en ville font craindre même une certaine aggravation de la situation alors que le trafic automobile augmente de l'ordre de 3 % par an ;

– le développement spatial des zones urbaines a des conséquences directes qui ont un impact net sur l'évolution de notre consommation d'énergie et de production de gaz à effet de serre, notamment dans le secteur des transports. Une étude publiée par l'ADEME a permis de montrer qu'un supermarché de périphérie induit une consommation d'énergie quatre-vingts fois supérieure ainsi que deux cents fois plus de pollution locale, cent trente fois plus d'espace consommé et vingt fois plus de bruit qu'une supérette dans un milieu urbain dense, à la charge de la collectivité, en particulier des habitants qui ne les fréquentent pas. Les efforts de ces dernières années en direction des modes alternatifs à l'automobile ne contrebalancent-ils pas ces effets ? Rien n'est moins sûr. Une étude du Laboratoire d'économie des transports sur l'agglomération lyonnaise a par exemple démontré que l'impact des lourds investissements en transport public ces dernières années a été au mieux neutralisé par les conséquences du développement spatial de l'agglomération (augmentation des distances et du nombre des déplacements automobiles). Même si, dans certains secteurs, les déplacements automobiles se stabilisent, les distances de plus en plus longues parcourues par les habitants des grandes couronnes sont une des principales explications de la croissance du trafic automobile dans les zones urbanisées et donc des émissions en gaz à effet de serre. Et c'est bien sûr sans parler des flux de marchandises. Les politiques publiques de réduction des émissions des gaz à effet de serre passent donc nécessairement par la maîtrise de la croissance urbaine.

L'artificialisation du territoire, source de perturbation pour l'écosystème.

En plus des humains victimes de leur propre mode de vie, la faune sauvage subit les conséquences de l'artificialisation du territoire. Plusieurs aspects sont à noter : la coupure des espaces naturels par des zones urbanisées ou des axes de communication gêne fortement certaines espèces dans leurs comportements de reproduction, de regroupement, voire pour leurs nécessités alimentaires. L'« aménagement » des espaces urbanisés sans tenir compte de l'environnement (plantation d'espèces rendant peu propice la vie sauvage, usage intense de pesticides, salage des routes, etc.) est également une cause de perturbation considérable pour l'écosystème. Même si certaines espèces font preuve d'une remarquable capacité d'adaptation au milieu urbain (on note ainsi l'existence de renards, blaireaux et autres rapaces jusqu'au cœur de grandes villes), ce n'est pas le cas pour d'autres espèces plus fragiles. La multiplication des sources lumineuses dans les zones urbanisées a aussi des effets importants sur les rythmes biologiques en particulier des insectes volants et des oiseaux.

À quoi la faute ?

Sans chercher systématiquement un « coupable », voyons plutôt les processus qui conduisent à un développement non durable de l'urbanisme.

L'espace est un objet de convoitise et de concurrence sur le plan local, parfois au mépris de l'environnement et de la sécurité.

Un terrain agricole constructible peut être vendu jusqu'à plusieurs centaines de fois le prix de la terre agricole. La valeur

La pression des espaces urbains sur l'environnement dans le monde : des prises en compte contrastées de l'environnement.

Le monde est urbain. Il le sera encore plus demain.

Le gigantisme de certaines métropoles et de ce que l'on appelle les mégalopoles (Tokyo : 30 millions d'habitants, New York : 25 millions, Mexico : 18 millions, Bombay : 16 millions) fait peur.

Mais il y a ville et ville. Les mêmes problématiques se retrouvent dans la plupart des agglomérations du monde mais leur prise en compte sera différente selon le niveau de vie et de développement qui constitue l'élément décisif :

– dans les pays les moins avancés, les agglomérations ont crû à un rythme accéléré pendant le XXe siècle (Bombay a vu sa population multipliée par vingt au cours de ce siècle), sans action publique efficace destinée à planifier et à accompagner cette croissance. On connaît les effets les plus terribles de la conjonction entre pauvreté et urbanisation non contrôlée : développement des bidonvilles, problèmes d'insalubrité chronique dans la plupart des grandes villes des pays subsahariens par exemple. Lorsque les autorités publiques peinent à offrir l'eau potable, l'assainissement à chacun, la protection du patrimoine naturel et historique, du paysage et de l'atmosphère semble encore plus lointain ;

– dans les pays qui se développent le plus actuellement (pays de l'Europe de l'Est et de l'Asie du Sud-Est en particulier), le phénomène n'est pas le même. Les villes se développent certes rapidement mais l'effet le plus préoccupant consiste en des choix urbains contestables quant à la protection de l'environnement : construction d'autoroutes défigurant des paysages (Pusan, Corée du Sud), destruction quasi totale des vieux centres historiques (Pékin), abandon des réseaux performants de transports en commun pour l'automobile (pays de l'Europe de l'Est), etc. Finalement, c'est ce que les villes européennes ont subi (ou failli subir) dans les années 60 ;

– la situation française décrite ici pourrait correspondre à des nuances près à beaucoup de pays du monde développé se caractérisant par une consommation effrénée d'espace entraînant une croissance forte de la consommation d'énergie, principal enjeu à l'heure actuelle avec la question du changement climatique et les nuisances sonores.

du terrain constructible est donc un élément déterminant dans l'évolution des espaces agricoles et naturels et des zones urbanisées. Or, on le sait, il n'existe que très peu de moyens pour s'opposer à cette évolution, excepté le classement pérenne des terrains en zone non urbanisable et le renforcement des activités agricoles. La volonté de « développement local » se traduit également par la multiplication des zones d'activité communales, parfois de taille réduite, pour bénéficier de ressources fiscales accrues alors que les communes voisines font de même sans concertation, accroissant la pression sur l'environnement local et le paysage. Il arrive que la responsabilité de l'État et de ses représentants soit engagée lorsqu'en autorisant l'urbanisation dans des zones inondables, dans les couloirs d'avalanche ou dans celles soumises aux risques industriels, la vie de centaines de personnes est mise en jeu. Des exemples récents (Vaison-la-Romaine, Chamonix, etc.) sont malheureusement venus illustrer cette constatation.

Les politiques globales de limitation de la consommation d'espace n'ont souvent pas été mises en œuvre efficacement. Bien que, dans les principes, les acteurs publics aient conscience des conséquences qu'implique une trop grande consommation d'espace, cet aspect n'est souvent qu'un point mineur des projets d'aménagement (nouveau quartier, zones portuaires et aéroportuaires, etc.) et ses conséquences environnementales sont oubliées. Les lois réglementant l'urbanisme ont parfois eu des impacts très négatifs sur l'environnement : on a par exemple exigé des normes minimales de places de stationnement par habitation, y compris dans les zones denses et à proximité des axes lourds de transport public (métro, tram, train), ce qui a contribué au renchérissement du foncier en zone dense… et au départ de certains foyers en périphérie. Les projets d'infrastructure ont également eu une influence sur l'urbanisation : la LOADT (loi d'organisation et d'aménagement du territoire) a par exemple indiqué qu'aucun point du territoire ne devait se situer « à plus de cinquante kilomètres ou de quarante-cinq minutes d'automobile d'une autoroute ou d'une route express à deux fois deux voies en continuité avec le réseau national [1] ». D'où des équipements parfois peu utiles et peu utilisés, renforçant la périurbanisation comme cela a pu être constaté dans beaucoup d'endroits.

Les politiques publiques ne sont pas seulement à remettre en question, le manque d'intérêt de beaucoup d'acteurs privés l'est également. Ne voit-on pas de plus en plus d'entreprises opter pour

1. Dans sa version abrogée par la loi 99-533 du 25 juin 1999.

une localisation éloignée des centres-villes pour profiter des prix fonciers les plus bas, obligeant leurs employés à une utilisation exclusive de la voiture ? Ne voit-on pas des espaces industriels aménagés de manière totalement artificielle, pollués et sous-utilisés par leurs occupants ? Les dures lois du marché ne poussent guère les entreprises à se soucier de la gestion de leur patrimoine foncier et les politiques publiques ne les y incitent pas suffisamment, mais n'y a-t-il pas des exemples qui prouvent qu'on peut accommoder compétitivité et respect de l'environnement ?

Quand des politiques d'urbanisme durable commencent à porter leurs fruits.

Il est un secteur où la France est en pointe : il s'agit de la protection du patrimoine bâti et du patrimoine naturel (voir encadré). Les dispositifs existants ont permis en effet de protéger très efficacement nos centres-villes et le patrimoine inestimable que nous ont légué les générations précédentes. Ce point méritait d'être signalé car il démontre que des politiques publiques menées de manière déterminée et soutenue peuvent produire leurs fruits, même s'il s'agit de périmètres relativement limités.

Évoluer vers des espaces urbains de qualité et (un peu) plus denses, telle est l'évolution qui se dessine actuellement. Les élus locaux, régionaux et nationaux ont de plus en plus conscience de l'influence de l'urbanisme sur la qualité de vie et l'environnement tandis que les acteurs privés et particuliers sont de plus en plus sensibilisés aux aspects du développement durable, y compris pour la construction de logements. Même si la France est encore en retard sur ses voisins, on peut noter un réel engouement pour la conception écologique des bâtiments, l'isolation accrue des bâtiments anciens, etc. La demande de proximité avec les centres-villes est également une tendance qui se dessine, le temps de transport représentant un aléa de plus en plus insupportable pour certains citadins. Le coût de plus en plus élevé du foncier dans certaines régions pour cause de pénurie (Côte d'Azur, certaines parties de la Bretagne, Alsace, Île-de-France, Sillon alpin) pousse également les pouvoirs publics à trouver dans les secteurs déjà urbanisés les zones de développement futur.

Le tableau n'est donc pas si noir. Mais les politiques publiques ne sont pas encore parfaites et certainement pas suffisantes pour inverser la tendance préoccupante que nous avons décrite, sur tout le territoire.

Un mode de vie à questionner ?

Il est d'usage d'accuser l'État et le secteur économique, la loi du marché et les comportements des autres pour expliquer nos choix contestables en matière de mode de vie et donc de comportement écologique. Certes certains critères entrent en compte (taille des ménages, coût des loyers en centres-villes des plus grosses agglomérations) pour expliquer le choix de certaines familles d'aller s'installer dans des zones éloignées et donc moins chères, avec les conséquences environnementales qui ont été expliquées, mais nous ne pouvons faire l'économie d'une réflexion sur nos exigences individuelles en matière de mode de vie :

– la recherche du « naturel » est un sentiment louable. Mais si tout le monde fait de même, restera-t-il un endroit « naturel » ? Rappelons-nous : il y a quelques décennies, des ménages partaient s'installer « à la campagne ». Les espaces urbanisés s'étant développés à grande vitesse, leurs maisons se sont rapidement retrouvées intégrées dans le tissu urbain continu ;

– le type d'habitat individuel développé actuellement entraîne une dépendance *quasi obligée* à l'automobile. Veut-on donner la possibilité de choisir son mode de déplacements ou tout abandonner à l'usage exclusif de l'automobile, avec les conséquences en termes de consommation d'énergie, d'effet de serre, de bruit, de trafic ?

– la demande de terrain non construit (jardins, surfaces de parkings privés) est une demande très contraignante. Construire sa maison sur des surfaces importantes (1 000 à 1 600 m^2, la maison n'occupant souvent que 10 % à 15 % de cet espace), le plus souvent inutilisées et aménagées de manière peu harmonieuse avec le milieu naturel, est-il rationnel et dans le sens de la protection des espaces naturels ?

Un développement urbain conciliant respect de l'environnement et qualité de vie est possible.

« La périurbanisation n'est pas fatale. » À l'instar de nombreux spécialistes, le chercheur Vincent Kaufmann – qui est l'auteur de cette citation – présente de nombreux exemples de réalisations où un équilibre a été trouvé entre qualité de vie et développement urbain durable. Habiter une maison individuelle, isolée, en pleine campagne, à plusieurs dizaines de kilomètres de son travail, des commerces et des écoles n'est pas la seule alternative à l'entassement dans des logements vétustes, incommodes et peu agréables au cœur des grandes métropoles !

Contrairement à ce que l'on peut entendre ici et là, ce n'est pas seulement dans les pays germaniques et nordiques que des politiques urbaines durables peuvent être mises en œuvre. De nombreux exemples pourraient être tirés de petites ou grandes opérations immobilières de qualité partout en Europe et en France, dans certaines villes nouvelles par exemple ou dans des quartiers de proche couronne. Densité ne veut pas dire entassement. On peut concevoir des habitations de qualité, insérées dans un contexte urbain dense, proches des équipements publics dotés de tous les équipements collectifs susceptibles d'attirer des familles (aires de jeux, parfois crèches de quartier, etc.) et bénéficiant même de certaines des caractéristiques de l'habitat pavillonnaire (accès individuel ou semi-collectif, jardin individuel, etc.). La recette fonctionne pour la vie de tous les jours et permet d'éviter un gâchis considérable d'espace, de temps passé dans les transports et de pollutions associées !

Selon certains calculs, au rythme actuel de la progression de l'urbanisation et de la construction d'infrastructures, près de la moitié du territoire français sera couvert par nos habitations, routes, parkings et autres espaces artificiels dans une centaine d'années (8 % à l'heure actuelle) ! Est-ce là le décor que nos petits-enfants souhaiteraient avoir ?

Pourtant, il est encore possible de renverser la tendance. Cela demande un peu de volonté d'abandonner un surplus de confort dont nous n'avons pas besoin, un zeste de volonté politique et surtout beaucoup de bon sens.

Nous devons tous prendre conscience que l'espace est une ressource naturelle rare et à préserver.

François Périllon.

V

ÉNERGIE ET TRANSPORTS

L'ILLUSION D'UNE ÉNERGIE ABONDANTE BON MARCHÉ, SANS IMPACT SUR L'ENVIRONNEMENT

Il y a trente ans, le premier choc pétrolier surprenait l'ensemble des pays développés et créait un véritable traumatisme dans tous les pays où cette énergie avait pris une place prépondérante et était vitale pour la croissance de leur économie.

À partir de 1973, les pays de l'OCDE ont diminué leur dépendance vis-à-vis du pétrole des pays de l'OPEP : recours plus important au charbon, développement des programmes nucléaires pour la production d'électricité, prospection et découvertes de gisements de pétrole et de gaz dans des zones politiquement plus stables, et notamment pour l'Europe en mer du Nord, programme d'économies d'énergie ; seuls les secteurs du transport et de la pétrochimie ont recours massivement au pétrole mais la diversité des sources d'approvisionnement permet d'avoir des marchés plus stables.

De plus, la pollution de l'air, particulièrement dans les zones urbanisées, a trouvé partiellement des solutions techniques qui se sont progressivement généralisées dans tous les pays riches et qui permettent de constater des progrès importants d'année en année : désulfuration et dénitrification des fumées venant de l'industrie, diminution des taux de polluants dans les carburants automobiles, ajout de pots catalytiques dans les voitures et développement des transports en commun (tramways, métros…). Seuls les pays en transition (pays de l'ex-URSS) ou les pays en développement (Chine, Inde, etc.) sont encore très en retard dans ce domaine. La prise de conscience de l'importance de la qualité de l'air les conduit, cependant, dès maintenant à adopter des programmes plus ou moins ambitieux de diminution de la pollution.

Un citoyen habitant aujourd'hui dans un pays développé peut ainsi avoir l'illusion que l'ensemble des sujets de l'énergie est maintenant, et pour longtemps, maîtrisé.

D'où viennent ces cris d'alarme entendus au Sommet de la Terre à Rio de Janeiro en 1992, puis plus récemment à Kyoto en 1997 et aussi à Johannesburg en 2002 ? En quoi la réflexion sur le développement durable met-elle en cause les scénarios de croissance de la consommation énergétique dans le monde et surtout dans les pays développés ?

Pourquoi vit-on à nouveau depuis 1991 des crises pétrolières en lien étroit avec des conflits armés et même des guerres dans les zones de gisement pétrolier ?

LES GRANDS ENJEUX ÉNERGÉTIQUES POUR LES TRENTE ANS À VENIR ET AU-DELÀ

Pour comprendre l'importance de la situation, il nous faut prendre de la hauteur, sortir du quotidien qui nous berce d'illusions, et comprendre les enjeux énergétiques à une échelle qui dépasse largement notre pays et qui est celle des grandes régions de consommation des pays développés, pays en développement et pays sous-développés. Il nous faut examiner les besoins sur une échelle de temps de quelques décennies et examiner les ressources énergétiques disponibles. Il nous faut analyser, enfin, les études du GIEC (Groupe intergouvernemental sur l'évolution du climat) au sujet des conséquences sur les changements de climat de la planète de la croissance de la consommation des combustibles fossiles, charbon, pétrole et gaz.

Situation actuelle de la consommation énergétique dans le monde et évolutions à venir.

Une grande inégalité dans la consommation énergétique.

En 1990, les pays développés, Europe, Amérique du Nord et Japon, dont la population représente 20 % de la population mondiale, consomment 66 % de l'énergie extraite dans le monde : 5,4 milliards de tep, soit 4,7 tep (tonnes équivalent pétrole) par habitant et par an. Les pays en développement, dont la population représente 80 % de la population mondiale, consomment 34 % de l'énergie : 2,8 milliards de tep, soit 0,6 tep par habitant et par an.

Il faut préciser, de plus, que près de 2 milliards d'habitants n'ont pas accès à l'électricité et au minimum d'énergie pour vivre décemment. C'est une des causes importantes de migration de ces populations.

Une croissance importante prévue de la consommation des pays en développement.

D'ici 2020, en effet, la population mondiale augmentera de 2 milliards, pour l'essentiel dans les pays en voie de développement. Sur un total de 8 milliards de personnes, 5 milliards vivront dans les villes, essentiellement dans des mégalopoles. Cette explosion de la démographie urbaine va poser de plus en plus de problèmes d'environnement, de qualité de l'air et aussi de qualité de vie. Elle est aussi un facteur important de croissance de la demande énergétique.

Le Conseil mondial de l'énergie prévoit une augmentation de 50 % de la demande d'énergie en général, et un doublement de la consommation d'électricité entre 1995 et 2020.

Cette croissance se fera essentiellement dans les pays dits « émergents », dont les principaux sont la Chine, l'Inde et le Brésil. Ces pays, qui représentent 2,5 milliards d'habitants, se caractérisent par une croissance économique comprise entre 4 et 8 % par an et une croissance énergétique moyenne de 5 % par an.

Les pays en développement, pays du Sud, vont devenir les

acteurs majeurs sur le marché de l'énergie ; cela modifiera profondément les données économiques et géopolitiques mondiales.

« La forte croissance de la demande exigera, dans tous les cas de figure, de mobiliser toutes les sources d'énergie possibles : fossiles, fissibles et renouvelables » (Pierre Boisson et Michel Matheu, *Revue des Deux Mondes*, avril 2001).

Des perspectives environnementales très préoccupantes.

La protection de l'environnement est une préoccupation de plus en plus présente à l'échelle planétaire et plus particulièrement dans les pays industrialisés.

En 1972, le Sommet des Nations unies sur l'environnement de Stockholm met en garde la communauté internationale sur l'épuisement des ressources naturelles.

C'est en 1992, à la Conférence des Nations unies sur l'environnement et le développement (Sommet de la Terre de Rio), que s'impose le concept de développement durable qui « répond aux besoins du présent sans compromettre les capacités des générations futures de répondre aux leurs ». La solidarité envers les générations futures s'étend à la solidarité entre les pays développés et les pays en développement, entre pays du Nord et pays du Sud, entre populations riches et populations démunies.

Au nom du développement durable, l'impact sur l'environnement de l'utilisation des énergies doit être examiné au plan régional mais aussi au plan planétaire. Il doit prendre en compte leurs conséquences, non seulement actuelles mais aussi dans la durée, en ayant le souci de préserver le développement et la qualité de la vie des générations à venir.

Au niveau régional, des problèmes de pollution atmosphérique.

Dans certaines régions du globe, l'utilisation massive du charbon pourrait poser de très sérieux problèmes de pollution. On estime qu'en raison des émissions de soufre liées à la combustion du charbon, certaines zones d'Asie pourraient devenir impropres à la culture du riz. D'où des risques sur la sécurité alimentaire des habitants dans ces régions.

Au niveau planétaire, une menace grave pour le climat.

Depuis un siècle, l'émission excessive de certains gaz liée aux activités humaines, notamment le gaz carbonique (CO_2) de par la combustion de combustibles fossiles (tels que le charbon, le pétrole, le gaz naturel) pour l'industrie, l'énergie et les transports, accroît leur concentration dans l'atmosphère. C'est ce qu'on appelle « l'effet de serre additionnel ».

L'effet de serre est un phénomène naturel : certains gaz situés dans l'atmosphère retiennent la chaleur émise par le soleil et renvoyée par la terre. Ce processus permet à notre planète d'avoir une température constante et « vivable » (15 °C en moyenne).

Dans leur troisième rapport d'évaluation, les experts du GIEC estiment que, depuis 1860, la température moyenne sur terre a augmenté de + 0,4 °C à + 0,8 °C et le niveau moyen des mers de 10 à 20 cm (soit dix fois plus qu'au cours des trois derniers millénaires).

Le GIEC a identifié que les concentrations de gaz carbonique dans l'atmosphère ont atteint des niveaux jamais vus depuis 420 000 ans et évoluent depuis deux siècles à une vitesse jamais enregistrée depuis 20 000 ans.

D'ici 2100, et sans mesures correctives, la température globale de la planète pourrait augmenter en moyenne de + 1,5 °C à + 6 °C et le niveau moyen des mers de 14 à 80 cm.

Si le réchauffement climatique se poursuit, il pourrait se produire des changements significatifs :

– augmentation des précipitations en Europe du Nord mais baisse en Europe du Sud ;

– désertification de certaines régions, fonte des glaces et élévation du niveau des mers qui menace l'existence de certaines îles du Pacifique et de zones côtières de nombreux pays ;

– impact sur les écosystèmes, recrudescence d'événements météorologiques extrêmes, etc.

Pour stabiliser les concentrations de gaz à effet de serre dans la haute atmosphère, il faudrait que l'ensemble des pays divise par deux leurs émissions d'ici 2050, ce qui se traduit par une division par quatre pour les pays développés.

LES ÉNERGIES DISPONIBLES POUR RÉPONDRE À L'AUGMENTATION DE LA DEMANDE

Aujourd'hui, près de 90 % de l'énergie consommée (hors biomasse non commerciale) provient des énergies fossiles, pétrole (40 %), charbon (26 %) et gaz (22 %), le reste étant le nucléaire (7 %) et l'hydraulique (3 %). L'électricité dans le monde est produite aux deux tiers par les énergies fossiles et pour un tiers à égalité par le nucléaire et les énergies renouvelables (dont 95 % d'hydraulique).

L'augmentation de la demande, d'ici 2020, sera assurée essentiellement par les combustibles fossiles.

Le charbon.

Le charbon restera utilisé par les pays producteurs qui disposent de réserves abondantes et notamment par les pays émergents, en particulier la Chine. Les réserves de charbon importantes (plus de deux cents ans de consommation) et sa bonne répartition géographique en font un facteur essentiel sur le marché énergétique mondial. Malheureusement, le charbon pose de gros problèmes d'environnement (effet de serre et pollution).

Les ressources en pétrole.

Elles sont peu abondantes en regard de l'évolution de la consommation (quarante à cinquante ans) et surtout l'essentiel des réserves est désormais localisé au Moyen-Orient. Les experts estiment que le pic de production devrait se situer entre 2020 et 2040. Au-delà, la production ne couvrira plus la demande et il faudrait préparer avant cette échéance la civilisation de l'après-pétrole.

La demande de gaz naturel.

Elle connaît une croissance importante dans le monde. Selon l'Agence internationale de l'énergie, la consommation de gaz devrait augmenter de 86 % de 1997 à 2020 et représenter 26 % de la consommation totale. L'industrie du gaz naturel a bénéficié de gains de productivité très importants dans les activités d'exploitation et de production, et elle s'efforce aujourd'hui de réduire les coûts de transport, en particulier dans la chaîne de transport par méthanier du GNL (gaz naturel liquéfié). Les réserves sont cependant limitées (soixante-cinq ans au rythme actuel de consommation) et localisées essentiellement en Russie et au Moyen-Orient.

Les énergies renouvelables.

La part des énergies renouvelables dans la production mondiale d'électricité devrait passer de 19 % en 1990 à 25 % en 2020. Ce qui correspond à multiplier par environ 2,5 les installations utilisant les énergies renouvelables sur cette période. L'essentiel de la production d'électricité à partir des énergies renouvelables dans le monde restera assurée par l'hydraulique. L'énergie éolienne et la biomasse devraient également se développer. Le photovoltaïque devrait rester marginal sauf pour l'alimentation de sites isolés.

L'utilisation des énergies renouvelables pour la production de chaleur, eau chaude sanitaire et chauffage est appelée à un grand développement grâce à l'énergie solaire, au bois et à la géothermie de surface soit directement soit plus efficacement en utilisant des pompes à chaleur.

Avantages.

– Le potentiel hydraulique à l'international, surtout dans les pays émergents, est important ;

– les énergies renouvelables permettent de valoriser des ressources naturelles locales (vent, soleil, marée…) ou d'utiliser des déchets (biomasse, ordures ménagères…) ;

– elles n'émettent ni pollution atmosphérique, ni gaz à effet de serre ;
– dans les zones non raccordées au réseau, elles évitent la construction d'un réseau électrique de transport.

Inconvénients.

En dehors de la grande hydraulique :
– le coût des énergies renouvelables reste élevé ;
– les sites intéressants et « équipables » restent limités ;
– les énergies renouvelables ne permettent pas, dans certains cas, de produire de l'électricité en continu. Il faut donc prévoir un autre mode de production pour les périodes où les installations utilisant les énergies renouvelables ne peuvent pas produire ;
– les installations sont généralement de faible puissance. Elles sont donc plus adaptées, dans la plupart des cas, à l'alimentation des sites isolés.

Le nucléaire.

Selon le Conseil mondial de l'énergie, la part du nucléaire dans la production mondiale d'électricité devrait passer de 17 % en 1990 à 21 % en 2020, cette croissance étant localisée principalement en Asie. Néanmoins, la Finlande vient de décider la construction d'une nouvelle centrale nucléaire et les États-Unis ont inscrit la relance du nucléaire dans leur nouveau programme énergétique.

Avantages.

– D'un point de vue économique, le nucléaire est largement compétitif. Le coût du combustible représente une faible part, ce qui permet d'assurer une grande stabilité des prix et de préserver l'indépendance énergétique. L'uranium est abondant et bien réparti dans le monde : cent ans avec les réacteurs actuels au prix actuel de l'uranium, deux cents ans avec un léger surcoût, et soixante fois plus avec les réacteurs dits de génération 4 qui seront développés à partir de 2040 ;

– comme les énergies renouvelables, le nucléaire permet de produire de l'électricité sans pollution atmosphérique et sans émission de gaz à effet de serre.

Inconvénients.

– Le nucléaire nécessite des investissements importants : il faut cinq ans pour construire une centrale, chaque tranche de 1 000 MW coûtant 1,5 milliard d'euros ;

– le développement du nucléaire est très lié à l'acceptation de l'opinion publique. Il exige sûreté et transparence. Le sujet des déchets nucléaires suscite beaucoup d'inquiétude et suppose que chaque État définisse, pour chaque catégorie de déchets, un plan global de gestion durable et acceptable par la population. Certains pays comme la Finlande et la Suède y sont arrivés. La France aura à débattre de ce sujet en 2006, dans le cadre de la loi Bataille, à l'issue de quinze années de recherches sur les déchets de haute activité ou à vie longue. Il est important que les choix entre les solutions possibles soient faits par la génération actuelle et que les investissements nécessaires ne soient pas reportés sur les prochaines générations.

La recherche sur de nouveaux modes de production.

L'une des voies de recherche concerne la pile à combustible. Les premières utilisations industrielles pourraient voir le jour en 2008 dans l'automobile et la production décentralisée d'électricité et de chaleur dans des logements. Ces installations fonctionneraient à partir du gaz (transformé en hydrogène à l'intérieur de la pile). Les piles à combustible pourraient connaître un essor à partir de 2012 si la production d'hydrogène liquide, directement utilisable par les piles, se développe au niveau industriel.

Avantages.

– Les rendements de ces installations sont élevés ;
– les piles à combustible n'émettent pas de pollution et elles sont silencieuses, ce qui permet de les installer dans des maisons ou des véhicules.

Inconvénients.

– Le coût d'investissement est actuellement très élevé ;
– les piles à combustible, qui fonctionnent à partir de gaz naturel ou d'hydrocarbures, émettent du CO_2, gaz à effet de serre, en quantités au moins équivalentes aux moyens existants, à moins qu'elles ne soient alimentées directement en hydrogène, lui-même produit par électrolyse de l'eau dont l'électricité provient du nucléaire ou d'énergies renouvelables.

LE CAS PARTICULIER DU SECTEUR DES TRANSPORTS

Les transports, premier secteur responsable des importations de produits pétroliers.

Les transports représentent une part de plus en plus importante dans la consommation d'énergie dans le monde et cette part est en croissance constante.

En France, alors que la consommation d'énergie finale augmentait de 35 % entre 1973 et 2000, dans le même temps, la consommation des transports croissait de près de 70 %. Celle-ci représente aujourd'hui 25 % de la totalité de la consommation d'énergie, presque exclusivement issue du pétrole.

Le secteur des transports n'a pas réduit sa dépendance vis-à-vis du pétrole. Dans ce secteur en effet, les transports routiers absorbent en 2000, 79 % de l'énergie consommée, les transports aériens 12 %, les transports maritimes et fluviaux 7 %. Les transports ferroviaires, qui sont les seuls à utiliser principalement l'électricité, ne consomment que 2 % du total. Aussi, la consommation de pétrole dans ce secteur s'est-elle accrue de 111 % depuis 1973, quand les autres secteurs diminuaient la leur de 47 %.

Une responsabilité encore accrue en matière d'effet de serre.

Les transports sont responsables de 20 % des émissions de CO_2 dans le monde. En France, où le mode de production d'électricité, nucléaire et hydraulique émet peu de CO_2, le bilan des émissions par habitant est de l'ordre de 40 % inférieur à celui de la moyenne des pays développés. La part liée aux transports se trouve naturellement augmentée en proportion et est responsable, en France, de 35 % des émissions de CO_2 (dont 32,5 % pour les seuls transports routiers).

Le plus important est que cette proportion s'est accrue de 16 % depuis dix ans et que tout porte à croire que cette situation continuera à se dégrader dans le futur. Si le gouvernement veut lutter contre les changements de climat et réduire les émissions de CO_2 d'un facteur 4 d'ici 2050, c'est incontestablement le secteur des transports où il y a le plus de gain à obtenir, mais, en même temps, celui où ce sera le plus difficile.

Le premier poste des transports est celui des déplacements dans les zones urbaines (40 % du bilan total de consommation), déplacement de personnes en voitures particulières et transports de marchandises.

Le second poste est celui des trajets interurbains (à plus de 100 km) (20 % du bilan) dont l'essentiel est constitué par les transports routiers de marchandises.

Les perspectives d'amélioration reposent notamment sur la croissance de la production des biocarburants, la réduction des consommations des véhicules (véhicules hybrides par exemple), le développement des transports en commun, le transfert d'une partie des transports routiers sur les transports ferroviaires.

CONCLUSION
POUR UNE CROISSANCE PLUS ÉCONOME EN ÉNERGIE

L'énergie est un bien essentiel pour vivre. Pour les pays émergents, la croissance de la consommation énergétique, dix fois plus faible par habitant que celle des pays développés, est une condition nécessaire à leur développement. Pour les 2 milliards d'habitants qui n'ont pas le minimum, l'accès à l'énergie est une question de survie. Le monde aura ainsi à faire face à des besoins croissants en matière d'énergie.

Les ressources disponibles sont aujourd'hui abondantes, mais, dans le cas du pétrole et du gaz, elles sont de plus en plus concentrées dans très peu de régions. Dans un avenir relativement proche, à l'échelle de quelques décennies, les productions de pétrole puis de gaz seront insuffisantes pour faire face à l'ensemble de la demande mondiale.

Surtout, la croissance de la combustion des combustibles fossiles augmente les émissions de gaz à effet de serre et par conséquent le risque de changement climatique sur la planète, un changement irréversible à l'échelle de plusieurs siècles.

Il est donc de la responsabilité d'abord des pays développés de décider de façon prioritaire de politiques ambitieuses d'économies d'énergie, de réduction des émissions de gaz à effet de serre et de diversification de leurs ressources énergétiques.

De nouvelles technologies pourront faciliter l'atteinte de ces objectifs : le vecteur hydrogène avec les piles à combustible, la captation et le stockage du carbone issu de la combustion du charbon, du pétrole et du gaz mais aussi le développement des énergies renouvelables et du nucléaire, énergies sans émissions de gaz à effet de serre.

Mais ce ne sera pas suffisant et les pays développés doivent apprendre à générer une croissance beaucoup plus économe en énergie en améliorant l'efficacité de leurs modes de consommation et aussi en changeant leurs modes de vie.

JEAN-PIERRE CHAUSSADE.

VI

LES ORGANISMES GÉNÉTIQUEMENT MODIFIÉS (OGM) : PEURS, PROFITS, PROMESSES ?

Que sont les organismes génétiquement modifiés ?

Depuis les temps les plus reculés, dès les débuts de l'agriculture et de l'élevage, l'homme a progressivement cherché à modifier des espèces végétales et animales sauvages à son profit. Il les a sélectionnées. C'est-à-dire qu'observant dans la nature une culture, un troupeau, des individus dont les caractères lui semblaient les plus intéressants (par exemple : nombre de grains par épi pour le blé, production de viande, de lait pour le bétail, force pour les animaux servant à la traction, au transport, résistance aux rigueurs du climat, etc.), il les a multipliés puis améliorés de manière empirique. Ce n'est qu'au XIXe siècle que commenceront à être compris les mécanismes de transmission des caractères. Au XXe siècle seront identifiés les gènes et le rôle de l'ADN (acide désoxyribonucléique) comme support de l'information héréditaire.

La molécule d'ADN qui ressemble à une double hélice est constituée d'un enchaînement d'éléments plus petits, les gènes, qui, seuls ou en association, commandent la fabrication des protéines constitutives de la matière vivante. L'ADN envoie une molécule messagère, l'ARN (acide ribonucléique) à un constituant de la cellule, le ribosome qui va fabriquer une protéine. La manière dont l'information contenue dans l'ADN est transmise se dénomme code génétique. Ce code est lu de la même façon par toutes les cellules du monde vivant. Les gènes passent des parents à leur descendance et transmettent ainsi les caractères des parents. Au cours de l'évolution, se produisent tout à la fois des « erreurs » de transmission, des mutations et des transferts entre espèces, par exemple depuis les bactéries vers d'autres organismes. La transmission des caractères et les modifications naturelles ci-dessus mentionnées sont à l'origine de la diversité des espèces.

L'utilisation des techniques de sélection et d'amélioration qui a permis d'obtenir une grande diversité de plantes cultivées et d'animaux domestiqués était restée limitée, jusqu'à la mise au point de la transgénèse, à un cadre précis, celui de l'espèce.

Les OGM et la transgénèse.

Un changement important par rapport aux techniques « classiques » de sélection et d'amélioration intervient avec la transgénèse. Il s'agit de « couper » un gène, de le modifier éventuellement, puis de le transférer d'une plante à une autre, d'une plante à un animal, d'un animal à une plante ou d'un animal à un autre. Si l'objectif de cette manipulation est de faire acquérir à un organisme récepteur un caractère présumé avantageux, il est, à dire vrai, difficile de prévoir quels seront tous les effets, notamment à long terme, de l'irruption d'un gène nouveau dans le génome de cet organisme. Les techniques de constructions génétiques actuellement utilisées sont d'une certaine manière rudimentaires. Des gènes ou des fragments de gènes imprévus sont transférés en même temps que le matériel choisi. Demain, il sera peut-être possible d'obtenir des OGM « sans addition de gène extérieur » dits SAGE. Un gène extrait d'un organisme vivant, après modification, serait alors réintroduit dans l'organisme dont il provient.

Deux exemples illustreront ce qu'est la transgénèse.

Le transfert au maïs, à des fins thérapeutiques, d'un gène commandant la fabrication de lipase (enzyme facilitant la digestion des graisses) est actuellement expérimenté. Il a pour but de permettre la fabrication par des plants de maïs de lipase nécessaire au traitement de patients atteints de mucoviscidose et souffrant d'un déficit de sécrétion de lipase pancréatique.

La fabrication de maïs résistant à la pyrale est passée du stade expérimental à l'utilisation agronomique. La pyrale du maïs est un papillon dont la chenille provoque des dégâts en creusant des galeries dans les tiges du maïs qui se dessèchent et se cassent. Pour lutter contre cette pyrale, on utilise, en lutte biologique, une bactérie *(Bacillus thuringiensis)* dotée d'un gène commandant la production d'une protéine toxique pour la chenille qui l'ingère. Le gène bactérien inséré dans la séquence génétique du maïs (dit maïs Bt) permet alors à cette plante de produire elle-même la protéine toxique pour la chenille de pyrale.

Comme on l'a vu dans les deux cas précédents, la transgénèse suppose d'avoir « transgressé » la barrière des espèces dont on sait qu'elle est un élément qui a permis l'élaboration de la diversité biologique mais aussi qu'elle a été franchie, au cours de l'évolution du monde vivant, avec une échelle de temps longue, à dire vrai sans commune mesure avec celle des fabrications d'OGM en laboratoire. Le rapport pour l'année 1999 de la Commission du génie biomoléculaire (CGB) évoquait ainsi la possibilité de transferts horizontaux de gènes (plante vers bactérie) à l'échelle de l'évolution (unité de temps : le million d'années) et avec une fréquence extrêmement faible.

Pourquoi les OGM font-ils tant débat ?

L'OGM : un produit scientifique encore mystérieux.

Les applications de la transgénèse sont schématiquement présentées comme fondées sur un dogme qui voudrait qu'à un gène corresponde une protéine. En conséquence les gènes détermineraient automatiquement les caractères. Il suffirait de manipuler ces gènes pour fabriquer des organismes « utiles ». La réalité semble en réalité beaucoup plus complexe. Certains caractères dépendent manifestement de plusieurs gènes. Certaines séquences de gènes de l'ADN sont indispensables à la fabrication de protéines, d'autres infiniment plus nombreuses existent sans que l'on sache exactement quel est leur rôle. Chez les mammifères 5 % seulement des gènes interviennent dans la fabrication des protéines, ce qui ne veut pas dire que les 95 % restant dits « non fonctionnels » ne servent à rien. De même apparaît-il que l'expression d'un gène puisse changer au cours du temps au sein d'une espèce et que le concept de circulation de l'information de l'ADN vers les ribosomes via l'ARN (voir ci-dessus) pour la fabrication des protéines ne soit pas à sens unique. Il n'est pas impossible que les protéines puissent influer sur l'ARN qui pourrait ensuite agir sur l'ADN, c'est-à-dire sur le génome. Bien d'autres interrogations subsistent. Un organisme génétiquement modifié est donc un « produit » scientifique aux caractéristiques largement inconnues.

Les OGM sont l'objet de vifs débats car ils touchent au vivant : santé, alimentation, rapports à la « nature », à la science et à une certaine vision du fonctionnement de la société (rapports entre pays à niveaux et modes de développement différents) et nous concernent donc directement.

OGM et santé.

Les OGM utilisés pour le traitement direct de maladies humaines (thérapie génique, OGM servant à la fabrication de médicaments) sont en général perçus de manière positive.

Ils peuvent effectivement permettre de produire à moindre coût certains médicaments et ils sont souvent fabriqués en milieu confiné (synthèse de l'insuline, de l'hormone de croissance, à partir de bactéries ; vaccins à partir de virus génétiquement modifiés, etc.). Certaines carences en vitamine A qui touchent l'Afrique et l'Asie pourraient être théoriquement combattues par la production d'un riz transgénique, le riz doré *(Golden Rice)* si l'on en croit les promoteurs de ce projet. Les voies thérapeutiques ouvertes par la transgénèse sont nombreuses.

Les OGM utilisés pour la production d'aliments provoquent beaucoup plus de débats parce que le consommateur n'en voit pas l'intérêt et parce qu'ils sont produits en milieux ouverts avec toutes les possibilités de dissémination au-delà des essais ou des cultures.

La production, il y a une dizaine d'années, aux États-Unis de la tomate transgénique, Flavr Savr, à maturité tardive et fermeté permettant un transport plus facile a été un échec commercial. Malgré un nom prometteur, le goût de cette tomate « était métallique et insipide » si l'on en croit les qualificatifs attribués par l'Union des consommateurs américains. Ceux-ci se détournèrent d'une variété dont l'utilisation restait limitée à une purée de tomates qu'il fallait ensuite fortement épicer. Il y avait mieux à faire avec les variétés traditionnelles. Les risques allergiques de produits alimentaires transgéniques sont fréquemment évoqués. Cela a été montré dans le cas de soja transgénique auquel avait été transféré un gène de noix du Brésil. Mais lorsque l'on sait que 1 à 2 % des adultes et 6 à 8 % des enfants sont déjà allergiques aux crustacés, noix, œufs, poissons, lait, arachide, soja et blé, l'utilisation d'aliments transgéniques n'est pas en soi un facteur de risque inhérent aux OGM si ce n'est que l'on peut constater des réactions allergiques inattendues avec des combinaisons génétiques nouvelles.

D'un point de vue général il est difficile de répondre à la question : les OGM utilisés à des fins alimentaires ont-ils ou non des effets sur la santé humaine ? Les travaux épidémiologiques à long terme font défaut et les tests réalisés avant mise sur le marché sont limités à l'évaluation de la toxicité et de l'allergénicité (pouvoir de provoquer des réactions allergiques). Il règne une opacité certaine sur les résultats de ces tests, opacité voulue par les entreprises au nom du secret industriel. Les pouvoirs publics ne font pas toujours preuve d'un plus grand souci de clarté. On peut citer le cas de l'absence de réponse des services du ministère de l'agriculture à une requête présentée par France Nature Environnement (Fédération française des sociétés de protection de la nature) en 2000 et réitérée depuis. Il était demandé que soit engagée une étude sur la présence d'herbicides totaux dans les plantes génétiquement modifiées (essentiellement maïs et soja) et leurs dérivés importés. Ces plantes rendues par transgénèse tolérantes à ces herbicides en facilitent l'usage. Il est alors vraisemblable qu'elles accumulent dans leurs tissus des molécules ou certains de leurs dérivés dont l'effet toxique est connu chez l'animal. Devant le silence prolongé du ministère de l'Agriculture l'on peut penser soit que les études n'ont pas été réalisées, soit que les pouvoirs publics ne souhaitent pas en diffuser les résultats. Cette opacité, ce type de comportement ne peuvent que renforcer la méfiance du consommateur d'autant plus que, dans un contexte de grande diversité et de production alimentaire satisfaisante, il n'est pas spécialement attiré par les produits OGM. Mais comme l'écrit un ardent promoteur des productions végétales et animales transgéniques : « Il faut quelque temps encore pour que la transgénèse fasse ses preuves et finisse par séduire le consommateur » (L.-M. Houdebine, 2003).

OGM et « nature ».

Comme on l'a déjà vu la transgénèse est fondée sur un principe de transgression de la barrière des espèces, barrière considérée comme naturelle tout du moins à l'échelle du fonctionnement d'une société humaine. Si l'on estime que l'homme a tout pouvoir sur la création, la transgénèse n'est qu'un outil mis au point par le génie humain. Il convient simplement de l'utiliser avec une certaine « précaution » (comme d'autres outils). Il en va de même pour l'attitude à adopter vis-à-vis d'autres outils touchant la création y compris l'homme (clonage par exemple). Si l'on pense que l'homme n'est que gestionnaire de la création, quelles limites attribuer à la gérance ? Le biologiste constate que l'évolution a « bricolé » au fil du temps et continue de le faire avec ou sans intervention de notre espèce. Au nom de quoi tiendrait-on pour définitive la situation génétique dont nous avons hérité et nous interdirions-nous des manipulations génétiques qui peuvent être perçues comme s'inscrivant dans un processus évolutif ? Cela étant, l'on peut néanmoins s'interroger sur la probabilité réelle, à l'échelle de l'évolution, de certains « bricolages » comme le passage d'un gène de méduse chez un lapin, tel qu'il a été réalisé expérimentalement. Mais si l'on adopte cette position, il faut aussi inclure l'homme dans ce processus. Les données de la paléontologie montrent que le genre humain a connu au cours de son évolution des espèces différentes. Pourquoi cette évolution devrait-elle s'arrêter maintenant et pourquoi notre stock génétique devrait-il rester ce qu'il est aujourd'hui ? Là aussi, l'on peut s'interroger sur les limites d'une telle attitude. Quelle différence y a-t-il finalement entre les manipulations génétiques destinées à prévenir certaines pathologies jugées « anormales », c'est-à-dire à « améliorer » notre espèce, et un eugénisme, un temps soutenu par une partie de la communauté scientifique jusqu'à ce que se développent les perversions nazies qui en furent les applications directes ?

Les OGM peuvent-ils avoir un impact sur ce que nous appelons « nature », c'est-à-dire la flore et la faune sauvages, les paysages ? On se limitera ici aux plantes génétiquement modifiées (PGM) même si les principes qui sous-tendent leur utilisation peuvent concerner demain d'autres organismes vivants. Oui, les PGM peuvent avoir un impact direct par dissémination et indirect par modification des pratiques culturales en agriculture.

Comme l'avaient annoncé certains promoteurs des OGM et bien que cela ait été ensuite quelque peu minoré, les transferts directs (c'est-à-dire par le pollen) de gènes de PGM à plantes cultivées traditionnelles et à plantes sauvages voisines sont une réalité. Ils peuvent toucher demain des plantes invasives. Dans certains cas, l'importance de ces transferts et la distance entre les cultures de PGM et les zones où ont été trouvées des plantes contaminées sont bien supérieures à ce qui avait été prévu. Quel peut en être l'impact ? Il est impossible de répondre de manière globale pour différentes raisons, la première étant que les études fondamentales manquent (le rapport des fonds investis en France pour la fabrication d'OGM est de l'ordre de 8 à 10, pour 2 à 10 consacrés à l'évaluation de leur impact éventuel), la seconde est que fait défaut le recul nécessaire pour apprécier les conséquences de l'introduction d'un (ou de plusieurs) gène(s) étranger(s) chez des plantes non ciblées, notamment s'il s'agit de gènes de résistance. On en est réduit à des hypothèses qui peuvent être aussi bien alarmistes qu'euphoriques. Les transferts indirects au travers du système racinaire des plantes et de la flore microbienne du sol ne peuvent être écartés comme le fait remarquer un rapport du Commissariat général du Plan (2001) parce que « les connaissances sur la biologie et l'écologie des sols sont en effet trop fragmentaires pour pouvoir être catégoriques ».

OGM et agriculture.

Les arguments avancés pour le développement des cultures génétiquement modifiées sont de deux ordres : l'augmentation des rendements et la diminution de l'utilisation des pesticides. Une synthèse publiée en novembre 2003 par le mensuel *La Recherche* conduit à penser que sur le premier point les études menées ne sont pas concluantes. Comme le dit M. Weil, du Centre de coopération internationale en recherche agronomique pour le développement (CIRAD) cité par *La Recherche* : « La seule conclusion, pour l'instant, c'est qu'il n'existe pas de conclusion claire, et encore moins de conclusion qui soit extrapolable. »

Sur la question d'une moindre utilisation des pesticides dans les cultures génétiquement modifiées et donc d'une meilleure prise en compte de l'environnement fréquemment avancée par les promoteurs des OGM, il faut tout d'abord définir de quoi l'on parle. Certains des promoteurs des OGM parlent de diminution des pesticides et des produits phytosanitaires, de diminution de produits phytosanitaires mais pas d'herbicides, etc. Or la catégorie « pesticide » ou « biocide » comprend tout à la fois les herbicides, les insecticides (qui sont des produits phytosanitaires) et d'autres produits utilisés pour lutter contre des organismes vivants entrant en compétition avec l'homme dans ses activités agricoles, forestières ou d'élevage. Il y a donc, au départ, un certain flou dans l'appréciation de ce qui pourrait être une moindre utilisation de pesticides.

La synthèse de *La Recherche*, cite le cas des États-Unis, pays où la surface de cultures transgéniques est la plus importante et la plus ancienne, et conclut : « Avec le recul de quelques années de culture commerciale, l'adoption des plantes transgéniques n'a donc que très marginalement réduit la consommation de pesticides aux États-Unis, en tout cas incomparablement moins que "prévu" et annoncé. Elle est cependant associée à des changements de modes de culture et de classes de produits utilisés dont l'impact environnemental n'est pas forcément négatif, tout au moins dans le cadre de l'agriculture intensive américaine. »

Il faut évoquer ici l'apparition de phénomènes de résistances aux PGM. Avec l'utilisation des pesticides « classiques » l'on a constaté que rapidement divers insectes ou plantes développaient une résistance aux produits utilisés pour les combattre les rendant inopérants et pouvant conduire à des proliférations. Des biologistes avaient annoncé que ce processus interviendrait également avec l'usage des PGM et c'est ce que l'on est en train d'observer.

Il pouvait donc sembler judicieux de chercher à développer, avec les PGM, une autre stratégie de lutte. En fait l'outil a changé mais la stratégie reste la même : « éliminer l'ennemi ». On peut donc s'interroger pour savoir si une stratégie fondée sur la dissuasion et/ou la facilitation de l'action des prédateurs « naturels » des ennemis des cultures, associée à d'autres méthodes (pratiques culturales, par exemple), ne serait pas sur le long terme plus adaptée que celle de l'utilisation d'OGM comme de simples pesticides.

La coexistence d'une agriculture utilisant les OGM avec d'autres modes de production agricole (sans OGM) est une question non résolue. Après avoir estimé que la diffusion de gènes à partir d'essais ou de cultures transgéniques ne posait pas de problèmes, les plus ardents promoteurs des OGM demandent maintenant que soit accepté un certain niveau de contamination des cultures non OGM (1 % de contamination d'une culture non OGM par des transgènes). C'est à terme condamner l'agriculture biologique. En effet, cette agriculture a dans le cahier des charges de ses productions l'absence d'OGM. C'est aussi un non-sens biologique si l'on se situe dans le contexte de l'émergence et du développement d'espèces invasives. On sait que les processus invasifs sont très souvent des pullulations issues d'un très petit nombre d'individus d'une espèce indésirable en soi ou par l'importance de ses effectifs. C'est là un point largement sous-estimé par les promoteurs des OGM. En juillet 2003, le Commissaire européen à l'agriculture abondait dans le sens de ces promoteurs. Il affirmait qu'il était hors de question qu'un État membre de l'Union européenne puisse déterminer qu'une région ou tout son territoire soit indemne de produits transgéniques. Il appartenait aux agriculteurs ne voulant pas d'OGM de partager les coûts nécessaires pour prévenir une contamination de cultures classiques par des OGM de champs voisins. Cela conduit à penser que du principe pollueur-payeur l'on est en train de passer, grâce au génie génétique, au principe pollué-payeur... Il est à signaler que n'est pas non plus résolue la question de la responsabilité en cas de contamination génétique, risque que les compagnies d'assurances ne semblent pas prêtes à assurer et que les promoteurs des OGM ne veulent pas non plus assumer.

Les résultats de très importantes études menées en Grande-Bretagne et publiées en octobre 2003 montrent que les pratiques culturales induites par l'usage des PGM (en l'occurrence, maïs, colza et betterave) peuvent être bien plus agressives pour la diversité biologique que les pratiques utilisées par les cultures classiques (sans OGM). Cet impact des effets collatéraux de l'utilisation de PGM était d'ailleurs évoqué en 2000 par un chercheur français.

Qu'en est-il en France ? Quelles ont été les évaluations faites sur l'impact, les avantages ou inconvénients, y compris économiques des PGM ? Il est difficile de répondre, les données sont contradictoires selon qu'elles proviennent de détracteurs ou de promoteurs des OGM. On ne peut que s'associer au regret des quatre « sages » rédacteurs du rapport élaboré à l'issue du « débat public sur les OGM et les essais au champ » de février 2002, MM. Babusiaux (président du Conseil national de l'alimentation), Le Déaut (président de l'Office parlementaire de l'évaluation des choix technologiques et scientifiques), Sicard (président du Comité consultatif national d'éthique) et Testart (président de la Commission française du développement durable). Ils constataient qu'« il n'existe en France aucune instance, ni aucun système d'évaluation des effets économiques des PGM au plan général et à celui des essais projetés ou réalisés ».

OGM et faim dans le monde.

Les promoteurs des OGM en agriculture ont développé l'argument selon lequel une large utilisation de ces produits permettrait de résoudre le problème de la faim dans le monde. Or aussi bien la FAO, que le CIRAD ou les ONG (comme le CCFD ou OXFAM) font remarquer que la malnutrition et la sous-nutrition ne sont pas directement liées à des questions de productions mais beaucoup plus à celles de l'accès aux ressources alimentaires. Les causes de la faim dans le monde sont, avant tout, dues au problème du foncier (paysans sans terre), de la disponibilité de surfaces rendues inexploitables par les conflits armés (surfaces défoliées au Vietnam, terres inutilisables pour des décennies à cause des millions de mines antipersonnelles déversées par les divers protagonistes, cultures ou bétail détruits lors des conflits, etc.), à l'inadaptation de certaines techniques aux petites exploitations familiales qui restent l'élément de base des agricultures de nombreux pays, voire aux politiques de subventions des pays riches (Amérique du Nord, Europe, Japon) à leurs agricultures, subventions qui ruinent les systèmes agraires des pays en voie de développement. Ces subventions atteignent 300 millions de dollars par an, c'est-à-dire six fois le montant alloué pour l'aide au développement.

OGM et brevetage du vivant.

Les entreprises qui se sont lancées dans la fabrication d'OGM sont essentiellement des groupes transnationaux producteurs de semences mais aussi principaux fabricants de pesticides. Leur but est, et l'on ne saurait le leur reprocher, de servir les intérêts de leurs actionnaires. Mais l'intérêt d'actionnaires est-il de servir l'intérêt général ? Cela conduit à des logiques commerciales destinées à assurer la maîtrise totale de variétés brevetées dont par exemple l'agriculteur ne pourrait plus utiliser une partie de la récolte pour ressemer (le fameux projet de procédé Terminator empêchant les graines produites de germer en est une illustration) et/ou est contraint d'acquérir le pesticide qui va avec la semence. En fabricant et diffusant, par exemple, une PGM tolérante à un herbicide donné, une firme impose *de facto* l'utilisation dudit herbicide pour éliminer les mauvaises herbes sans que la plante cultivée soit affectée. Il n'est donc pas étonnant que ce soient les mêmes groupes industriels qui poussent à l'utilisation de PGM et de pesticides ! Cette volonté de monopole s'exprime également au travers des tentatives, en certains cas couronnées de succès, d'appropriation de ressources génétiques présentes dans le patrimoine naturel sauvage ou cultivé de pays en voie de développement. Ce patrimoine permettrait le développement d'autres méthodes de lutte contre les espèces indésirables dans les cultures et la valorisation de ressources alimentaires actuellement peu exploitées.

Enfin l'on ne peut passer sous silence le fait que la question des OGM s'inscrit dans un contexte de doute de la société vis-à-vis des scientifiques. Après les « affaires » du nuage de Tchernobyl, du sang contaminé, de l'amiante, de l'encéphalopathie spongiforme bovine (ESB), des pollutions diverses de l'eau par pesticides et engrais où l'on a entendu certaines sommités scientifiques et des responsables politiques affirmer qu'il n'y avait pas, qu'il n'y aurait pas de problèmes (discours ensuite contredits par les faits), l'on comprend que le citoyen fasse preuve d'un certain scepticisme et que des collectivités territoriales (municipalités, conseils régionaux) de plus en plus nombreuses s'opposent à des essais ou à des cultures de plantes transgéniques. Cette hostilité à la mise en culture en champ de plantes génétiquement modifiées va jusqu'à des opérations de destruction qui répondent, en quelque sorte, à une politique du fait accompli imposant, *de facto*, des sources potentielles de dissémination de transgènes. Cela ne peut qu'être renforcé par l'attitude scientiste de certains promoteurs des OGM qui récusent, au nom du progrès et de la liberté de la recherche une expression du citoyen qui ne s'inscrive pas dans leur vision du monde, expression jugée empreinte de peur, d'ignorance et d'obscurantisme. Les quatre sages insistaient sur la nécessité de dépasser « le clivage trop souvent entretenu entre d'un côté l'élite scientifique, technique, politique, économique, et de l'autre côté, "l'archaïsme" des peurs et des corporations ». Ils proposaient diverses mesures pour améliorer et rendre plus crédible l'expertise des OGM, prendre en compte les attentes des citoyens et les associer aux décisions. Or on doit reconnaître que les pouvoirs publics n'ont pas tenu compte de ces recommandations. Les modalités de la « consultation » du public sur les nouveaux programmes d'essais au champ d'OGM organisée en mai 2004 en sont d'ailleurs un bon exemple. Comme le faisaient remarquer des participants au débat public de 2002 qui avaient été déjà invités à s'exprimer lors de la Conférence des citoyens sur les OGM de 1998 : « Sur le plan juridique, rien n'a bougé. Le suivi des essais reste insuffisant. Il y a vraiment de quoi se demander si ce type de débats sert finalement à quelque chose. » L'état d'esprit stigmatisé reste bien vivace comme en témoignent certains propos tenus dans le rapport de l'Académie des sciences sur les plantes génétiquement modifiées (décembre 2002) qui ne fait d'ailleurs aucune allusion aux réflexions précédentes. On peut ainsi lire dans ce document que les consommateurs européens réticents vis-à-vis des OGM sont, en quelque sorte, de mauvais citoyens qui ne doivent pas « se désolidariser de la chaîne de production et de distribution dans son ensemble pour éviter de participer à l'affaiblissement d'une agriculture soumise à la concurrence américaine » ou bien encore que l'évocation de risques parfois imaginaires liés à l'utilisation des OGM dévoile une critique particulièrement profonde de la société de consommation et plus particulièrement de sa logique du profit immédiat qui semble inopportune aux auteurs du texte.

De fait, les décisions concernant les OGM sont liées à des organismes à la composition très fermée, qui s'apparentent plus à des clubs qu'à des instances sereines de réflexion et de proposition. Ainsi la Commission du génie biomoléculaire qui a théoriquement pour mission d'évaluer les risques liés à la dissémination d'OGM pour la santé publique et l'environnement ne comprend-elle pas les naturalistes de terrain : botanistes, zoologues, microbiologistes du sol, écologues, écotoxicologues, etc., que l'on s'attendrait à y trouver. L'indépendance des membres de ces organismes est par ailleurs souvent contestable. Comme le faisaient remarquer les sages précités, il serait nécessaire que les experts composant les commissions d'évaluation signent une déclaration d'intérêt direct et indirect et que ces déclarations soient rendues publiques. Dans des rapports comme celui du Commissariat général du Plan « OGM et agriculture : options pour l'action publique » (2001), les travaux de personnalités compétentes renommées mais réservées sur l'utilisation des OGM sont systématiquement ignorés. Enfin les procédures d'autorisation sont marquées d'une opacité délibérée qui ne peut qu'inquiéter le citoyen. On en a eu un bon exemple au printemps 2004. Il a fallu l'intervention d'une association, le Comité de recherche et d'information sur le génie génétique (Crii-Gen), auprès de la Commission d'accès aux documents administratifs (CADA) pour que soit portée à la connaissance du public la teneur d'un avis défavorable de la CGB sur un maïs transgénique de la firme Monsanto dont la Commission européenne proposait la mise sur le marché européen. Or, comme l'écrivent les quatre sages : « Une expertise n'est efficace que si elle est pluridisciplinaire, collégiale, transparente et indépendante. » Cela n'est pas le cas aujourd'hui pour les OGM.

Que conclure ? Les OGM peuvent être, tout à la fois, des outils merveilleux de développement et des sources de nuisances difficilement supportables. Tout dépendra de la manière dont ils seront utilisés. Si les préoccupations financières à court terme et l'occultation des effets secondaires jugés mineurs prévalent, si les instances d'expertises restent fermées, il y a tout lieu de penser que, les mêmes causes produisant les mêmes effets, l'on se trouvera dans quelques décennies devant une situation générant des coûts exorbitants pour la société. On en a aujourd'hui une illustration avec, par exemple, les question de l'eau, de la dénaturation des sols et des pesticides. Comme le déclarait Jean-Marie Pelt, à l'occasion de l'élaboration de la Charte de l'environnement : « Avec les OGM, on découvrira les problèmes dans vingt ans. » Mais n'est-ce pas de notre responsabilité d'anticiper et de ne pas attendre que surgissent les problèmes pour tenter de les résoudre [1] ?

1. Pour en savoir plus : Christian BABUSIAUX, Jean-Yves LE DÉAUT, Didier SICARD et Jacques TESTART, *Plantes transgéniques : l'expérimentation est-elle acceptable ?*, La Documentation française, 2003 ; Anne BRIAND-BOUTHIAUX, *OGM, brevets pour l'inconnu*, Éd. Faton, 2001 ; COMMISSARIAT GÉNÉRAL DU PLAN (Bernard Chevassus-au-Louis président), *OGM et agriculture : options pour l'action publique*, La Documentation française, 2001 ; Roland DOUCE (animateur), *Les Plantes génétiquement modifiées, Rapport sur la science et la technologie*, nº 13, Académie des sciences, Éd. Lavoisier, 2002 ; Louis-Marie HOUDEBINE, *OGM : le vrai et le faux*, Éd. Le Pommier, 2003 ; Axel KAHN, *Les Plantes transgéniques en agriculture*, John Libbey Eurotext, 1996 ; Hervé KEMPF, *La Guerre secrète des OGM*, Éd. du Seuil, 2003 ; Gilles-Éric SÉRALINI, *OGM : le vrai débat*, Flammarion, 2000 ; ID., *Écologiquement incorrect*, Flammarion, 2003.

Dans la mesure où l'utilisation des OGM n'est pas neutre et engage l'avenir, que peut faire le citoyen responsable ?

Être vigilant par rapport aux produits OGM ou contenant des OGM. Sont-ils nécessaires ? Est-il indispensable d'en acquérir ?

Agir pour que les pouvoirs publics, garants de l'intérêt général, n'autorisent que de façon précautionneuse l'utilisation des OGM en mettant en place une expertise pluridisciplinaire, collégiale, transparente et indépendante. L'appui individuel ou dans le cadre associatif, syndical ou politique aux élus et responsables divers qui partagent cette préoccupation est un moyen qui peut être développé notamment lors d'échéances électorales.

JEAN-PIERRE RAFFIN.

VII

LE POINT EN AGRICULTURE

Le constat.

Dans les pays développés, l'activité de l'homme a façonné entièrement les espaces dits naturels. Et le résultat, ce sont les paysages et la diversité des terroirs qui témoignent de la culture et de l'histoire de leurs habitants, la production d'aliments très variés chargés de typicité, et la création de nombreux habitats qui ont permis la diversification de la faune et de la flore sauvages, avec néanmoins la disparition de certaines espèces.

Nous assistons depuis cinquante ans à une intensification agricole volontaire, qui a permis à nos pays de devenir largement autosuffisants au plan alimentaire. Cette évolution, qui répondait à un besoin, s'est faite au départ sans souci de l'environnement et de l'équilibre du territoire.

Une première conséquence en a été la diminution forte de population agricole et rurale, avec toutes les conséquences sociales qui en découlent pour les zones concernées (disparition des services, isolement culturel, etc.).

Une autre conséquence est la spécialisation de certaines régions vers le « tout élevage », le « tout culture », ou le « tout forêt », quand ce n'est pas l'abandon pur et simple de toute activité de production animale ou végétale. Et même lorsqu'il n'y a pas de spécialisation régionale des productions, les techniques actuelles conduisent à faire disparaître des zones de transition comme les lisières, les chemins, les zones humides, les bords de rivières, les bords de champs, par l'accroissement de la surface des parcelles, la mise en culture de zones à faible potentiel, etc.

Cela conduit notamment à la banalisation ou à la fermeture des paysages, à l'accroissement de certains risques naturels comme l'incendie ou les inondations, à la diminution ou à la disparition rapide d'espèces animales ou végétales emblématiques de certains milieux (la Perdrix et l'Outarde canepetière par exemple en zones de céréales).

Une troisième conséquence résulte de l'emploi intensif de nombreux intrants pour la production agricole ; cela conduit à la hausse persistante de certains indicateurs de pollution de l'eau tels que les nitrates et autres substances utilisées en agriculture (pesticides…).

Les pesticides en question : ce n'est pas si nouveau.

L'Union mondiale pour la protection de la nature, fondée en 1948, s'est immédiatement préoccupée des conséquences sur les équilibres naturels de l'utilisation du DDT et d'autres pesticides, dont l'usage se répandait en agriculture. Lors de sa première réunion technique, tenue aux États-Unis en août 1949, quinze communications d'experts furent consacrées à ce problème, faisant le point sur la connaissance des effets de ces produits sur les sols, les plantes, les insectes, les oiseaux, les mammifères, la vie des milieux aquatiques et, plus généralement, les équilibres naturels. À l'époque, les données étaient bien insuffisantes pour prendre la mesure de l'impact du DDT, et l'on réclamait davantage d'études, tout en préconisant un emploi raisonné de ce produit. Au début des années 60, la biologiste américaine Rachel Carson publiait le *Printemps silencieux*, un cri d'alarme provoqué par le silence de la nature, les oiseaux disparaissant du fait de la destruction, par les pesticides, des insectes dont ils se nourrissent. La sensibilisation du grand public commençait…

L'évolution s'est aussi accompagnée de « points noirs » dans le paysage, dont l'agriculture n'est qu'en partie responsable, par l'implantation de bâtiments sans préoccupation esthétique, de décharges sauvages…

La qualité des aliments s'est probablement largement améliorée sur le plan sanitaire. Toutefois la qualité gustative, la typicité et la diversité semblent devoir disparaître sur l'autel des normes et de l'homogénéité des produits.

Cette évolution s'est accompagnée d'une fragilisation des systèmes de production, dont l'opinion publique s'est brutalement rendu compte lors de la crise de la vache folle et des pollutions alimentaires par la dioxine. Cette fragilisation est largement invisible, par exemple la disparition de la diversité génétique des plantes et animaux domestiques, au profit des seules variétés et races à gros potentiel productif et par l'élimination des autres, interdira probablement la mise en place d'autres systèmes moins intensifs et mieux adaptés à d'autres circonstances économiques.

Enfin, pour clore ce constat, nous observons une culture urbaine qui comprend de moins en moins les réalités biologiques qui gouvernent le fonctionnement écologique de notre planète tout comme les règles nécessaires à nos organismes humains, et qui ne comprend plus du tout les réalités du monde paysan qui est resté en contact direct avec la nature, un contact qui est souvent un affrontement, et où l'homme sait qu'il n'a pas toujours le dernier mot.

Il faut enfin noter que, si l'analyse ci-dessus concerne surtout les pays européens, le problème est mondial. La baisse tendancielle des prix des produits alimentaires, due en particulier à la hausse de la productivité dans les pays du Nord et à la baisse du pouvoir d'achat dans les pays du Sud, conduit à un déséquilibre mondial. Les populations paysannes des pays du tiers-monde affluent vers les villes. De nombreux états deviennent dépendants des importations pour les aliments de première nécessité, au profit des pays exportateurs, qui détiennent ainsi ce que l'on a pu appeler « l'arme alimentaire ».

Les politiques conduites : une prise de conscience récente des problèmes environnementaux.

L'évolution de l'agriculture est largement dépendante des choix de politiques et de sociétés. En Europe, le traité de Rome de 1957 avait l'ambition de rendre l'Europe autosuffisante au plan alimentaire. Et l'évolution agricole a permis, par une transformation profonde des structures, des techniques et des mentalités, d'atteindre largement ces objectifs, et de contribuer ainsi au développement économique général de nos pays.

Le succès de cette politique tient à de nombreux facteurs, en particulier au contrat social entre agriculture et ville, dans un contexte de croissance économique. Le départ de nombreux ruraux vers la ville correspondait à la création de nombreux emplois dans l'industrie et les services. L'agriculture offrait un marché pour produits et matériels.

Culturellement, cette évolution s'est faite par l'implication active des agriculteurs, qui ont su s'adapter, de manière positive, en retrouvant la dignité de leur profession et en faisant preuve d'un bel esprit d'entreprise. L'engagement chrétien de nombreux militants à la JAC (Jeunesse agricole catholique) y a été pour beaucoup, faisant de la profession agricole un partenaire créatif et exigeant.

Toutefois, l'esprit de cette époque était tourné vers le développement économique, et les aspects environnementaux et territoriaux ont été largement négligés.

La politique libérale qui a prévalu au plan international était largement atténuée par des mesures de protection frontalière, dans le cadre de la politique agricole commune européenne (PAC), dont l'un des objectifs était de garantir des prix uniques pour les produits agricoles à l'intérieur des frontières. Cette politique agricole commune a conduit, dans les années 80, à des surproductions agricoles devenues insupportables en termes de coûts et de gestion.

Les règles du jeu du commerce mondial, résolument libérales, dans le cadre des accords du GATT (Accord général sur les prix et le commerce) et de l'OMC (Organisation mondiale du commerce) ainsi que la prise de conscience européenne des problèmes de surproduction agricole ont conduit à une réforme en profondeur de la PAC en 1992, visant à séparer la production elle-même, et l'aide aux agriculteurs (ce qu'on appelle le découplage des aides). Cette réforme, encore partielle à l'époque, vise à s'étendre aux principales productions, en 2003, lors de la seconde réforme de la PAC (accord politique de Luxembourg).

Les premiers textes européens concernant l'environnement et l'agriculture datent de 1972. Progressivement dans les années 80, puis de manière plus forte en 1992, dans la suite du Sommet de la Terre de Rio, l'Union européenne développe une politique de l'environnement en agriculture. C'est en mai 1999 par le traité européen d'Amsterdam que le développement durable devient juridiquement une politique d'ensemble pour l'Europe.

En 1999, l'Europe adopte le Règlement de développement rural, intitulé second pilier de la PAC, qui permet de développer avec un budget conséquent, parallèlement à l'aide compensatoire aux revenus agricoles (le premier pilier de la PAC), des mesures spécifiques dans le domaine environnemental en agriculture.

Ces mesures font état d'une vision élargie du rôle de l'agriculture en tant qu'acteur de l'environnement, moteur de développement économique, acteur de la préservation du patrimoine. Dans le domaine environnemental, des mesures dites agro-environnementales vont tendre à des modes de production limitant les pollutions, développant des espaces cultivés à haute valeur environnementale, participant à l'entretien du paysage, et pratiquant des techniques compatibles avec le bien-être des animaux.

Ces mesures du second pilier seront complétées par une exigence nouvelle en ce qui concerne les aides du premier pilier, la « conditionnalité » : les aides du premier pilier ne pourront, selon ce principe, être attribuées qu'aux exploitants qui s'engagent à certaines pratiques environnementales et sociales.

Un exemple de ces mesures agro-environnementales : les cultures intermédiaires pièges à nitrates : ces cultures sont encouragées si le sol risque de rester nu en hiver, elles sont implantées en fin d'été après la moisson, et broyées avant l'implantation de la culture suivante, souvent au printemps, elles vont ainsi capter les engrais qui auraient risqué d'être entraînés dans les nappes phréatiques par les pluies hivernales, et pourront les restituer à la culture qui suit.

Un autre exemple est le contrat d'agriculture durable, mesure qui permet, pour une ou plusieurs exploitations agricoles, d'associer plusieurs mesures agro-environnementales et économiques autour d'un projet cohérent.

En revanche, au plan international, il n'y a pas de véritable politique dans le domaine agriculture et environnement, même si de plus en plus d'acteurs sont sensibilisés. Il faut situer cette priorité venant en second lieu pour de nombreux pays, où la guerre, l'insécurité, le déplacement des populations, le besoin de développement économique sont au premier plan des préoccupations.

Après le Sommet de la Terre de Rio en 1992, la Conférence de Johannesburg en 2002 a déçu ceux qui attendaient une véritable prise en compte des problèmes environnementaux de la planète.

Les conséquences et les perspectives de ces politiques.

Les politiques qui tendent à concilier agriculture et gestion environnementale de la planète ont des effets encore limités. Faut-il considérer qu'elles sont inadaptées ?

Non. Il est clair que les réponses de l'environnement aux changements des pratiques agricoles seront longues, du moins pour certaines d'entre elles. (Que l'on songe par exemple au renouvellement extrêmement lent de certaines nappes phréatiques.)

La politique agricole commune reste encore quelque chose de très lourd à mettre en œuvre sur le plan administratif, faisant de l'agriculture une activité de plus en plus administrée.

Le principe de découplage visant à séparer les aides à l'agriculteur de l'acte de production pose un vrai problème culturel, l'on mesure mal les conséquences de ce découplage sur l'évolution de la production, de la population agricole, de la gestion de l'environnement.

Les conséquences des aides à la surface ont été déplorables par la course aux hectares qui s'est ensuivie, avec comme conséquences la concurrence qui en a résulté localement entre agriculteurs, ainsi que le freinage de l'installation des jeunes.

Sur le plan national français, il serait extrêmement intéressant que des agriculteurs se mobilisent, de façon positive et constructive, et trouvent un nouveau sens à leur activité professionnelle, impliquant ces notions de durabilité aux plans économique, social, et environnemental, du point de vue collectif et personnel. Des agriculteurs qui ont fait de tels choix existent (voir le témoignage de Jean et Anne Robin p. 251), mais globalement, c'est une évolution timide. Une telle mobilisation permettrait la mise en place d'un nouveau contrat social, à l'image de ce qui était fait dans les années 50, par tous ces jeunes actifs agricoles de la JAC ou d'autres mouvances.

La conditionnalité des aides, c'est-à-dire la soumission de

l'attribution des aides à des conditions de pratiques environnementales et sociales par l'agriculteur, se met lentement en place.

Le contexte international qui vise à promouvoir le libéralisme des échanges commerciaux, par l'action de l'OMC, et en l'absence d'une véritable politique mondiale de l'environnement, conduit à des déséquilibres et incite les acteurs économiques à négliger l'aspect environnemental.

Le problème est aussi politique puisque ces choix libéraux conduisent à ce que l'on appelle la « division internationale du travail », selon la théorie défendue par l'OMC, dite des avantages comparatifs. Cette théorie rend plus compétitifs à court terme les pays qui négligent ces choix environnementaux.

La question est aussi que l'alimentation n'est pas une production et une marchandise comme les autres, puisque sa production est étroitement liée aux aspects culturels, sociaux, d'indépendance stratégique, et environnementaux, de tous les pays, et en particulier de ceux du tiers-monde, qui gardent une population paysanne encore largement majoritaire.

Aussi, il paraît essentiel aujourd'hui de prôner ce que l'on pourrait appeler une « exception agriculturelle », dans laquelle, pour les denrées alimentaires, les options libérales seraient limitées, et viseraient à accompagner les politiques consacrées aux aspects sociaux et environnementaux.

YVES FROISSART.

VIII

PÉNURIE D'EAU

L'eau est un des biens les plus précieux de la biosphère. Son importance spirituelle est exprimée dans de nombreux passages bibliques depuis le premier jour de la création jusqu'à la fin de l'Apocalypse, l'apparition de la nouvelle Jérusalem. Elle est le fondement de toute vie, elle purifie et elle sanctifie. Qu'en fait l'humanité à l'époque actuelle ?

Les scientifiques sont unanimes pour estimer que nous risquons une pénurie majeure d'eau dans les décennies à venir. Pour évaluer le problème, il convient de se souvenir d'une donnée fondamentale : la quantité et la qualité de l'eau sont indissociables. Ainsi, les eaux salées n'entrent pas en ligne de compte pour l'alimentation des humains, alors que les eaux douces ne constituent que 2,7 % de la masse globale d'eau de la Terre. Une grande partie de cette quantité, déjà relativement restreinte, est congelée dans les calottes polaires et dans les couvertures neigeuses des hautes montagnes.

Plusieurs facteurs interviennent dans les utilisations de ce trésor commun de l'humanité et surtout dans le fait que la demande en eau ne cesse de croître. Le premier en est l'augmentation de la population mondiale, estimée à l'heure actuelle à plus de 6 milliards, chiffre qui a plus que doublé depuis les années 50. Malgré un ralentissement de la croissance, on prévoit que le nombre des humains dépassera les 9 milliards en 2050. En même temps, la consommation d'eau ne cesse d'augmenter, en particulier dans les pays industrialisés. En moyenne un Américain consomme 700 litres d'eau par jour, un Européen 200, un Palestinien 70 et un Haïtien moins de 20.

À ces chiffres il convient d'ajouter un certain nombre d'éléments. Une donnée fondamentale est l'indissociable lien entre la quantité et la qualité de l'eau. Il ne suffit pas de disposer d'une quantité brute d'eau, son utilité dépend des utilisations qui en sont faites. Ainsi, une liste de priorités peut être établie selon la qualité requise : certaines industries comme l'industrie pharmaceutique exigent une qualité exceptionnelle ; viennent ensuite l'eau potable, celle servant à d'autres utilisations domestiques – toilette, nettoyage – puis les eaux permettant la vie animale, notamment aquatique, suivies de la majeure partie des eaux requises pour les activités industrielles, puis par l'irrigation, sans oublier les eaux de refroidissement de centrales nucléaires ou autres.

Cette liste permet de mettre le doigt sur deux autres données. La première est le problème de la pollution de l'eau dont l'origine peut être très diverse et qui intervient d'une façon différente pour les catégories qui viennent d'être énumérées. Les égouts des agglomérations posent de redoutables problèmes, surtout avec la densification de l'habitat, d'autant plus que les moyens d'épuration sont coûteux et souvent mal répartis. Fréquemment, les fluctuations saisonnières de population, notamment dans les zones touristiques, ne permettent pas de faire face à l'afflux des sources de pollution. Les pollutions industrielles sont un facteur important de pollution, encore que, comme elles sont relativement faciles à localiser, des normes adéquates, imposant des moyens de lutte, peuvent y faire face. Un autre aspect du problème est la pollution diffuse, souvent causée par l'agriculture utilisant des pesticides (fongicides, phytocides, insecticides, etc.), ou tout simplement désireuse de se débarrasser de ses déchets, tel le lisier. Cause fréquente du mauvais état de cours d'eau et surtout dangereux pour les nappes d'eau souterraines, ce phénomène est extrêmement difficile à combattre, même si les moyens matériels des exploitants sont suffisants – ce qui n'est pas souvent le cas.

La deuxième donnée défavorable est le gaspillage de l'eau ou une utilisation qui n'est pas judicieuse. Ainsi, le lac Nasser, créé pour alimenter le barrage d'Assouan, fait perdre par évaporation une forte proportion des eaux du Nil, au détriment des paysans d'aval. L'agriculture elle-même est parfois montrée du doigt à cause de l'irrigation excessive de certaines cultures, voire la pratique de cultures qui sont inadaptées aux conditions locales et exigent de fortes quantités d'eau. On peut également rappeler que dans un certain nombre de pays qui ne sont pas nécessairement des pays pauvres, les pertes d'eau potable atteignent des proportions impressionnantes à cause du mauvais état des systèmes de canalisation et les fuites qui en sont la conséquence.

On ne saurait oublier les atteintes aux écosystèmes, par la pollution, par la destruction des zones humides, le bétonnage des cours d'eau, les atteintes de toutes sortes aux nappes phréatiques qui pourtant abreuvent la moitié du monde et la surexploitation qui souvent les guette.

Enfin, l'inégalité des conditions géographiques, mais aussi économiques et sociales crée des situations souvent dramatiques. Dix pays se partagent 60 % des réserves mondiales en eau douce, parmi lesquels le Brésil, la Russie et la Chine. Une étude de l'UNESCO estime que vers 2050 7 milliards de personnes dans 60 pays et 2 milliards dans 48 pays seront confrontées à une pénurie d'eau. À présent, 1,1 milliard de personnes, soit 17 % de la population mondiale, n'ont pas d'accès à l'eau potable et 2,4 milliards ne disposent pas d'installations sanitaires dignes de ce nom. Selon une estimation du Programme des Nations unies pour l'environnement, plus de 2 millions d'êtres humains, principalement des enfants, succombent chaque année aux diarrhées provoquées par l'eau polluée et 5 millions de décès sont causés par des maladies d'origine hydrique.

Quelles solutions pourraient être apportées à ces problèmes ? Le sous-développement d'un grand nombre de pays est, bien entendu, la première cause des disparités entre pays industrialisés et pays du Sud, mais il n'est pas seul en cause. Plusieurs niveaux de facteurs doivent être considérés : sociaux, économiques, juridiques, sans oublier des règles élémentaires de gestion des ressources en eau. Les travaux du Conseil européen du droit de l'environnement et du Conseil de l'Europe ont tenté d'explorer le problème et d'y apporter des réponses [1].

Au point de vue social au sens large du terme l'attitude générale de la plupart des sociétés humaines doit être repensée et modifiée.

1. Ces textes peuvent être consultés sur Internet à l'adresse suivante : www.aream.pt/cede/fr. La Charte européenne des ressources en eau, adoptée le 17 octobre 2001 par le Comité des ministres du Conseil de l'Europe dans une résolution 2001 (14), reflète un certain nombre des solutions proposées par le Conseil européen du droit de l'environnement.

L'eau doit être utilisée de façon raisonnable et équitable dans un esprit de solidarité et en tenant compte du principe de développement durable. Elle doit être considérée comme un patrimoine en partage entre tous les usagers de la ressource, dans le cadre du système aquatique et des écosystèmes associés. Il y a lieu de reconnaître un véritable droit à l'eau comme l'un des droits fondamentaux de l'homme, en proclamant que toute personne a droit à l'eau en quantité et en qualité suffisantes pour sa vie et sa santé. Ce droit doit être respecté par les autorités publiques et les acteurs économiques. Les pouvoirs publics doivent adopter les mesures nécessaires pour favoriser l'accès à l'eau pour tous et exercer un contrôle sur les actions des divers organismes, publics ou privés, intervenant dans la gestion du service de l'eau. Au sein de chaque collectivité chargée du service de l'eau, les coûts du service doivent être répartis en sorte que chacun puisse bénéficier du droit à l'eau, par exemple en payant un prix réduit pour une première tranche de sa consommation, lui permettant de satisfaire à ses besoins élémentaires.

La gestion des ressources en eau doit être fondée sur le principe de l'intégration des eaux de surface, des eaux souterraines et des eaux associées dans le cadre d'un bassin hydrographique. Elle doit respecter l'environnement dans son ensemble, en particulier les écosystèmes vulnérables, visant à la conservation et à la protection du milieu aquatique. Les risques d'inondations et les risques de sécheresse doivent être évalués et les mesures de prévention et de protection doivent être prises à temps. Les autorités étatiques, régionales et locales doivent assurer une gestion planifiée de la ressource. Elles ont l'obligation fondamentale de prévenir la dégradation et l'épuisement de la ressource en eau, notamment en établissant un inventaire, de recueillir systématiquement des informations suffisantes concernant l'état des ressources en eau et d'en informer le public. Les quantités d'eau mises à la disposition des utilisateurs en période de disette doivent être limitées afin de préserver en tout cas d'une part la fourniture d'eau pour les besoins essentiels, d'autre part la quantité minimale d'eau nécessaire pour protéger la diversité biologique et les écosystèmes.

Au point de vue économique en règle générale le principe pollueur-payeur doit être appliqué : l'utilisateur doit payer l'ensemble des coûts économiques liés à l'utilisation de la ressource. Toutefois, pour des raisons sociales et dans l'intérêt d'une bonne gestion, un certain nombre d'atténuations peuvent être apportées à ce principe. Des charges peuvent être imposées aux usagers pour réguler la consommation d'eau ou pour réduire la pollution des eaux par les rejets. Les autorités étatiques, régionales et locales doivent veiller à ce que la comptabilité de l'approvisionnement en eau soit rendue publique et fasse apparaître entre autres les coûts par catégories d'usagers, les diverses aides reçues, les contributions gratuites en espèce ou en nature fournies par les autorités publiques ainsi que les transferts entre catégories d'usagers. Compte doit aussi être tenu des utilisations traditionnelles de caractère local des ressources en eau.

Au point de vue juridique les règles applicables en la matière concernant la propriété, la possession et les usages de l'eau et son commerce doivent favoriser une utilisation raisonnable et équitable de la ressource et, en particulier, éviter les gaspillages et la dégradation de la qualité de l'eau. Les ressources en eaux souterraines doivent faire l'objet d'une protection particulière et être utilisées de façon prioritaire pour la consommation humaine. Le droit doit prendre en compte les fluctuations de la quantité et de la qualité de l'eau. Les autorités doivent favoriser la recherche et le développement des meilleures technologies disponibles et leur mise en œuvre ainsi que des procédures d'enquête publique et d'étude d'impact, afin de réduire les gaspillages et les pollutions. Le public doit avoir accès à l'information relative à l'état général de la ressource. Il doit être dûment informé en temps utile et de manière appropriée des plans de gestion des eaux et des projets concernant l'utilisation de la ressource. Sa participation effective aux procédures de planification et aux décisions concernant l'eau doit être assurée et des voies de recours doivent être disponibles aux personnes et organismes intéressés. Enfin, des sanctions appropriées, comprenant dans toute la mesure du possible la réhabilitation des ressources en eau polluées ou injustement épuisées, doivent être prévues.

Ces mesures font appel avant tout à la solidarité entre humains et à leur responsabilité collective, mais aussi individuelle. Elles ne sauraient oublier l'exigence éthique fondamentale qui en constitue le fondement : le respect de toute la création, dans son ensemble et dans tout ce qui en fait partie, vivant ou non vivant.

Utilisation de la ressource « eau douce » en France.

Selon l'Institut français de l'environnement, IFEN (2002), le bilan des prélèvements en eau douce établi à partir des déclarations des usagers s'élève à un total de 32,3 milliards de m^3 (données 1999) et se répartit en :

– 60 % pour le refroidissement des centrales thermo-électriques ;
– 10 % pour l'irrigation ;
– 31 % pour la distribution publique ;
– 7 % pour les industries non raccordées aux réseaux publics.

Un tiers des volumes déclarés pour l'irrigation fait l'objet d'un comptage volumétrique. Les prélèvements réels seraient de 4 à 5 milliards de m^3 par rapport aux 3,2 déclarés.

Il faut distinguer « prélèvements » et « consommation », c'est-à-dire la différence entre ce qui est prélevé et ce qui n'est pas restitué directement (consommation). Ainsi le refroidissement des centrales thermo-électriques consomme 3 % du volume prélevé pour 59 % consommés par l'irrigation. La distribution publique consomme 31 % pour 18 % du total prélevé.

Qualité des eaux douces.

Selon le dernier rapport annuel de l'IFEN (juillet 2004), 75 % des points de suivi de la qualité des eaux de surface (rivières) et 57 % de ceux des eaux profondes (nappes) révélaient une contamination par des pesticides (substance utilisées pour combattre des organismes jugés indésirables : plantes, vers, insectes, mollusques, rongeurs, etc.). Près de deux cents substances différentes, surtout des herbicides (en particuliers des triazines), ont été retrouvées. Cette contamination par les pesticides se fait directement par les épandages et indirectement par les produits entraînés dans l'atmosphère qui retombent ensuite avec les précipitations (pluie, neige). Ces épandages sont pour l'essentiel dus aux activités agricoles mais l'on ne doit pas omettre la part due aux activités de jardinage en général menées sans contrôle. Les doses utilisées par les jardiniers sont trop souvent, faute d'une information suffisante dans les points de vente sur l'impact des produits achetés, bien supérieures à celles en usage en agriculture.

L'importance de cette forme de pollution n'est pas étonnante lorsque l'on sait que la France est le troisième consommateur mondial de pesticides derrière les États-Unis et le Japon et le premier pour l'Europe.

Une directive européenne adoptée en 1975, transposée en 1989, fixe à 50 mg/l la teneur maximale en nitrates dans une eau distribuée avec comme valeur cible à atteindre 25 mg/l. Selon l'IFEN, en 1997, 12 % des eaux distribuées dépassaient la norme de 50 mg/l et 25 % la valeur de 40 mg/l. La situation est particulièrement aiguë en Bretagne où, par exemple, dans les Côtes d'Armor, 75 % du débit produit à partir des ressources superficielles provenait entre 1993 et 1995 d'une eau dont les teneurs en nitrates dépassaient 50 mg/l. Cela a conduit des usagers à attaquer en justice les distributeurs d'eau publics ou privés et avoir gain de cause (arrêts du tribunal de Rennes de 2001 et 2003). Différents plans de restauration de la qualité des eaux, fort onéreux (310 millions d'euros), ont été lancés depuis 1993. Ils n'ont pas produit les effets escomptés, comme le fait remarquer la Cour des comptes en février 2002 parce que le principe de prévention et celui de faire supporter aux responsables des pollutions leur coût (principe pollueur-payeur) n'ont pas été respectés.

Qualité des eaux littorales.

L'utilisation intensive de fertilisants (nitrates, phosphates) en agriculture à laquelle s'adjoint l'augmentation des rejets d'origine urbaine (ammonium, phosphates) cause un dysfonctionnement biologique des eaux littorales qui provoque des « marées vertes » (pullulation d'algues vertes de grande taille) de plus en plus fréquentes sur nos côtes (notamment en Bretagne). Ce phénomène se double de « marées rouges » ou « brunes » dues à la multiplication d'algues microscopiques (phytoplancton) produisant des toxines nocives voire mortelles pour la faune marine et dangereuses pour l'homme. Ce développement de phytoplancton toxique conduit à l'interdiction de la commercialisation des coquillages consommés par l'homme sur des zones et pendant des périodes qui s'accroissent d'année en année sur l'ensemble du littoral français, ce qui pénalise lourdement les activités économiques liées à l'élevage (conchyliculture) et au ramassage des coquillages : moules, huîtres, palourdes, etc.

ALEXANDRE KISS.

DEUXIÈME PARTIE

RÉFLEXION THÉOLOGIQUE

INTRODUCTION

Dans le monde actuel, il y a des pénuries graves de ressources naturelles. Les hommes prennent lentement conscience des limites de leur planète. Là où tout semblait illimité, il va falloir compter et prévoir.

De nombreuses espèces animales et végétales sont en voie de disparition.

Là où les hommes ne pensaient qu'à chasser ou à consommer plus, ils découvrent qu'il va falloir protéger ce qu'ils détruisaient allégrement encore hier dans une totale inconscience.

Par ailleurs, le développement accéléré de l'industrie fait courir de nouveaux risques en matière de pollution des mers, des cours d'eau, de l'air, des sols.

Mieux encore, le réchauffement excessif de la planète dû à l'effet de serre additionnel induit par les émissions de gaz carbonique en provenance de l'activité de l'homme risque de provoquer des perturbations climatiques dangereuses.

Quant aux progrès de la génétique, s'ils permettent désormais de modifier le patrimoine des espèces en créant les OGM (organismes génétiquement modifiés) ou les PGM (plantes génétiquement modifiées), ils suscitent autant de peurs que d'espoirs.

Devant ces réalités nouvelles, pressenties dès les années 50, de grandes conférences internationales ont alerté les opinions publiques et les gouvernants à Stockholm en 1972, Rio en 1992, Johannesburg en 2002.

La réflexion s'est approfondie, passant des premiers cris d'alarme des scientifiques à l'élaboration des principes d'une politique mondiale de développement durable symbolisée par les ambitieux Agendas 21. À cet égard nous ne pouvons que nous réjouir de l'adoption au début de 2005 par la France d'une charte de l'environnement qui est incluse désormais dans la Constitution de notre pays.

Cette réflexion repose implicitement sur un certain respect de l'homme quel qu'il soit, sur ses droits inaliénables qui doivent être reconnus et non accordés par qui que ce soit.

Il est alors important de s'interroger sur les questions éthiques nombreuses qui naissent en raison d'une part de la nouvelle puissance technique de l'homme, de l'urbanisation galopante et d'autre part des aspirations de tous les hommes à plus de justice, de paix et de bien-être.

Tous ces efforts ne pouvaient laisser les théologiens chrétiens indifférents.

Le père J. Arnould devant ce gros dossier scientifique a donc accepté de se laisser interroger et de dégager quelques lignes de réflexion inspirées par la Révélation chrétienne, à propos de « Sauvegarde de la Terre et avenir de la création ».

Puis le père A. Talbot nous fait partager sa réflexion sur le développement solidaire et durable dans une perspective éthique marquée par l'influence des sciences humaines.

Il nous a paru nécessaire également de répondre brièvement aux détracteurs de la foi chrétienne qui accusent son anthropocentrisme d'être la cause de la dégradation de la planète.

C'est le père J. M. Verlinde qui a bien voulu nous parler de ces courants antichrétiens qui prétendent monopoliser l'écologie mondiale. Un travail de discernement était indispensable. Son texte intitulé *La Dérive vers une écologie sacralisante* a pour but de nous y aider.

Ces graves questions éthiques concernant le développement de l'homme ont toujours interpellé les chrétiens épris de justice et de l'amour du prochain.

Mais la prise de conscience au niveau des institutions d'Église a pris un certain temps pour diverses raisons.

En 1989 le Rassemblement œcuménique de Bâle a pris très fortement position en faveur du développement durable et reconnu les torts des Églises pour le retard mis à s'y consacrer.

Dès le 1er janvier 1990 le pape Jean-Paul II envoya un message vigoureux en ce sens intitulé *La Paix avec Dieu créateur, la Paix avec toute la création.*

L'article « Pour découvrir la pensée de l'Église » présente quatre textes majeurs de la pensée des papes Paul VI et Jean-Paul II concernant la responsabilité des chrétiens envers la création. Celle-ci trouve son fondement dans de nombreux textes de l'Écriture sainte, comme nos pasteurs nous le disent. Cette brève initiation à leur enseignement montre clairement que depuis plus de trente années le Saint-Siège s'efforce d'éduquer les chrétiens à la responsabilité écologique.

PASCAL ROUX.

I

SAUVEGARDE DE LA TERRE ET AVENIR DE LA CRÉATION : UN THÉOLOGIEN SE LAISSE INTERROGER

« Le monde est en feu », s'exclamait Thérèse d'Avila [1]. Sans doute pensait-elle d'abord à la société espagnole, à l'Église, à l'Europe, toutes bouleversées par la découverte d'un continent par-delà les mers. Ce Nouveau Monde allait pour un moment occuper l'horizon non seulement des cartes, mais aussi des rêves et des projets, des réussites et des échecs de tout l'Occident, y compris de l'Église. Aujourd'hui, à nouveau, le monde, notre monde est en feu ! Mais cet embrasement semble bien différent de celui qui a marqué le début de l'époque dite moderne. Il n'est guère question de Nouveau Monde ni d'Eldorado, mais de surpopulation et d'épuisement des ressources, de bouleversements climatiques et de catastrophes écologiques. Les dossiers techniques et scientifiques, ici rassemblés, dressent un tableau éloquent de la situation mondiale actuelle.

Demander à un théologien de se laisser interroger par ces documents peut paraître étonnant, même dans le cadre présent. Les propos de Jean-Paul II et des responsables d'Église, les réflexions et les pratiques de chrétiens engagés ne suffiraient-ils pas à alimenter la réflexion des hommes et des femmes de bonne volonté qui auraient à cœur de faire place, dans leur souci pour la protection de la nature et sa sauvegarde, à la tradition chrétienne ?

1. « Le monde est en feu ! On voudrait, pour ainsi dire, condamner de nouveau Jésus-Christ puisqu'on l'accable de tant de calomnies ! On voudrait en finir avec son Église ! » (*Chemin de la perfection*, chapitre premier).

J'en suis persuadé. Pour autant, si le théologien se garde de jouer au spécialiste ou au praticien de l'écologie, au dogmaticien ou au militant de la sauvegarde de la création, s'il prête attention à conserver la posture du chercheur, sans prétention ni complexe, alors sa propre interrogation rejoindra peut-être celle de ses contemporains pour l'enrichir d'une note certainement pas décisive, mais du moins singulière.

Pas d'autre.

À parcourir ces dossiers, à réfléchir aux défis qu'ils posent à nos sociétés en même temps qu'à chacun d'entre nous, une première réflexion s'impose. Ou plutôt une première et triple affirmation : « pas d'autre monde » (autrement dit, un géocentrisme pratique) ; « rien au-dessus de l'homme » (un anthropocentrisme de conviction) ; « pas d'autre dieu que Dieu » (un théocentrisme fondamental). Je m'explique.

Pas d'autre monde.

« Quand une photographie de la Terre, prise depuis l'espace, sera disponible, une nouvelle idée, plus puissante qu'aucune autre dans l'histoire, s'en dégagera », écrivait Sir Fred Hoyle, en 1948. Il a fallu attendre vingt ans et les missions du programme américain Apollo pour obtenir ces images de notre planète ; elles ont sans doute contribué à l'éveil de la conscience écologique contemporaine et appartiennent désormais au « fond » culturel commun de l'humanité. Au choc de ces photos, s'est ajouté le poids des mots des astronautes qui les ont prises. Edgar Mitchell, le sixième homme à marcher sur la Lune, disait de la Terre : « Cette planète est merveilleuse, harmonieuse, remplie de paix, bleue avec des nuages blancs, et elle vous donne une profonde impression de foyer, d'être, d'identité. » Le Français Jean-Pierre Haigneré, qui ne s'est pas éloigné de la banlieue terrestre et a séjourné six mois dans la station russe Mir, tient des propos un peu différents : « Si la Terre semble infiniment grande, comment craindre sérieusement qu'à l'échelle d'une génération ou de deux, il soit possible de la mettre en péril ? Son observation depuis l'espace développe des sentiments inverses : par exemple, que la taille de notre planète est relativement modeste par rapport à l'impact visible que nos activités ont sur elle ; ou encore, l'indispensable notion de notre responsabilité vis-à-vis du caractère exceptionnel que représente notre présence dans l'Univers. La très fine pellicule transparente d'atmosphère en suspension sur l'écorce terrestre paraît dans ces conditions bien fragile face à son rôle essentiel de protection de la vie [1]. »

La « nouvelle idée » de la Terre, que Hoyle appelle de ses vœux, paraît donc associer, en une intense fascination, deux sentiments : celui de l'admiration et celui de la crainte. Admiration devant la beauté de cette planète « bleue comme une orange », dont nous connaissons chaque jour un peu mieux, grâce au labeur des scientifiques, la profondeur de l'histoire biologique, la diversité des niches écologiques et la complexité des grands systèmes géologiques ou climatologiques. Crainte devant la responsabilité de l'humanité à l'égard de ce monde (ou du moins de son environnement le plus immédiat) dont il semble qu'elle puisse mettre en danger l'existence même. Et si des esprits, des courants ou des traditions rêvent de trouver dans l'espace cosmique un refuge, une solution de survie pour l'espèce humaine, les astronautes sont les premiers à nous mettre en garde : pour l'heure, nous n'avons pas d'autre Terre que la nôtre et le milieu qui l'entoure, qui nous entoure se révèle d'une hostilité et d'une inhospitalité extrêmes. Il paraît encore bien éloigné, le moment où l'humanité accomplira la « prophétie » de l'un des pères de l'astronautique, Konstantin Tsiolkovsky : « La Terre est le berceau de l'Humanité ; mais nul ne peut éternellement rester au berceau » ; pour l'heure, mieux vaut admettre que l'humanité est embarquée, avec toutes les espèces vivantes, dans un même bateau ou, l'image est plus juste encore, un même vaisseau spatial ! Et l'image biblique de Noé, en même temps que celles prises par les astronautes d'Apollo, est ainsi entrée dans la symbolique écologique.

Telle n'est pas la conviction, me rétorquera-t-on à juste titre, de

1. Jean-Pierre Haigneré et Jacques Arnould, *Chevaucheur des nuées*, Paris, Solar, 2001, p. 65.

ceux qui attendent, espèrent, se préparent à rejoindre un « autre monde », un autre séjour après celui qui leur semble imposé sur cette planète. Ce qu'il serait, les moyens et le moment pour l'atteindre sont fort divers, de même que les noms qu'il porte ; le christianisme lui-même témoigne de sa foi en une nouvelle création et un paradis. Mais que nous en est-il réellement dit ? Si peu de choses en fin de compte (je ne prête pas d'attention particulière aux élucubrations auxquelles l'imaginaire chrétien s'est volontiers laissé aller pour décrire ce lieu et ce temps) que les chrétiens en sont ramenés à prendre au sérieux ce que les scientifiques nous expliquent de l'état de notre planète, les responsables politiques de leurs programmes d'action, les habitants de cette Terre de leurs besoins et de leurs attentes. Et qu'entendent-ils ? Que « la création en attente aspire à la révélation des fils de Dieu : si elle fut assujettie à la vanité – non qu'elle l'eût voulu, mais à cause de celui qui l'y a soumise –, c'est avec l'espérance d'être elle aussi libérée de la servitude de la corruption pour entrer dans la liberté de la gloire des enfants de Dieu. Nous le savons en effet, toute la création jusqu'à ce jour gémit en travail d'enfantement » (Rm 8, 19 à 22).

Rien au-dessus de l'homme.

La tâche peut sembler au-dessus des forces de l'humanité.

Au-dessus de ses forces « physiques » et intellectuelles, j'entends les capacités de ses connaissances scientifiques, de ses technologies, de ses économies. Certes, l'homme peut aujourd'hui modifier le cours de la nature, le devenir d'espèces, voire même l'évolution des climats. Et il ne se prive pas de le faire. Il a découvert, non sans frémir, la terrible théorie de l'effet papillon : le moindre de ses gestes, à peine plus violent qu'un battement d'aile de papillon, peut provoquer une tempête écologique. Mais lui-même, ses populations et ses sociétés, ses constructions et ses aménagements restent menacés par ce qu'il continue d'appeler les « catastrophes naturelles » : maître et possesseur de la nature, il ne l'est pas encore totalement !

Au-dessus de ses forces morales, surtout. Depuis trente ans, depuis la Conférence de Stockholm (1972) et le développement d'une conscience écologique et environnementale, de quoi l'humanité s'est-elle montrée capable, en faveur de son environnement et donc d'elle-même ? Il faut bien reconnaître que le bilan reste mitigé, plus souvent crédité de discours solennels et de programmes ambitieux que d'engagements volontaires et de réalisations concrètes. Penser globalement, agir localement : l'invitation de René Dubos reste dramatiquement d'actualité !

Deux tentations menacent alors l'humanité : baisser les bras et/ou s'en remettre à un « autre ». Il y a bien des manières de baisser les bras, d'abandonner sa place et ses responsabilités. Certains courants écologistes n'y échappent pas, ou du moins ce qu'il est possible de considérer comme des dérives extrémistes. Je pense par exemple au Mouvement pour l'extinction volontaire de l'espèce humaine (*The Voluntary Human Extinction Movement*, ou VHEMT) ; l'un de ses animateurs explique : « L'alternative optimiste à l'extinction de millions, si ce n'est de milliards d'espèces de plantes et d'animaux est l'extinction volontaire d'une seule de ces espèces : l'*Homo sapiens*, c'est-à-dire nous [1]. » Il existe aussi une « Église de l'euthanasie » (*The Church of Euthanasia* ou COE), conduite par la révérende Chrissy Corda, dont l'unique commandement est le suivant : « Tu ne procréeras pas ! » À l'opposé (mais les extrêmes finissent par se rejoindre, a-t-on l'habitude de dire), le Front de libération de Gaïa entend débarrasser la Terre de l'espèce humaine et milite en faveur de sa contamination volontaire par un virus mortel [2]. Ce mouvement rejoint, à sa manière, tous ceux qui remettent l'avenir de l'humanité à une autre volonté que la sienne : celle d'un « surhomme », celle d'un « super-organisme » (comme Gaïa), celle d'une divinité.

Le christianisme a pu et peut encore donner naissance et nourrir des mouvements de ce type, qui interprètent le « Que ta volonté soit faite » de la prière du *Notre Père* comme un abandon total de

---

1. Cité dans Laurent LARCHER, *La Face cachée de l'écologie. Un antihumanisme contemporain ?*, Paris, Éd. du Cerf, 2004, p. 119. Cet ouvrage présente un excellent panorama des courants écologistes contemporains, y compris dans les formes extrémistes que j'évoque ici.

2. Bien entendu, il convient d'éviter tout amalgame entre un courant aussi extrémiste et les réflexions engagées par James Lovelock sous le nom d'« hypothèse Gaïa ».

la volonté ou de l'existence humaine au gré de Dieu… voire de ses représentants sur Terre ou des événements. Loin de moi l'idée de dénier toute valeur aux courants quiétistes ou d'abandon à la providence, mais leurs limites, voire leurs dangers, sont connus et, vis-à-vis de la question environnementale, ils paraissent de prime abord « hors jeu ». Pour honorer la tradition chrétienne, il faut donc chercher ailleurs.

J'ai encore à l'oreille le propos d'un frère dominicain, au lendemain des attentats du 11 septembre 2001 : « Voilà ce qui arrive lorsque l'on met quelque chose ou quelqu'un au-dessus de l'homme… » Et il ajoutait : « … serait-ce Dieu lui-même ! » Le mot, aussi surprenant qu'il puisse paraître de prime abord, surtout dans la bouche d'un religieux, est profondément juste et réellement chrétien. Il s'enracine au cœur même de l'anthropologie biblique et de son corollaire chrétien : Dieu crée l'homme à son image [1] ; en Jésus-Christ, par Jésus-Christ, il a pris chair de notre humanité. Mettre quelque chose ou quelqu'un au-dessus de l'homme, n'est-ce pas dès lors courir le risque de mettre quelque chose ou quelqu'un au-dessus de Dieu lui-même ? Et la Bible est claire à ce propos : Dieu est jaloux, il n'accepte pas que l'homme puisse adorer un autre dieu que lui.

Pas d'autre dieu.

Il n'est pas erroné de dire que la jalousie de Dieu est l'un des thèmes bibliques les plus fréquents. « Tu n'auras pas d'autres dieux devant moi » (Dt 5, 7) : l'interdiction ou l'avertissement est répété à l'envi tout au long de l'Ancien Testament, martelé par le Décalogue, vitupéré par les prophètes, mis en œuvre dans les grands moments de l'épopée d'Israël. Cette jalousie divine n'est rien d'autre que celle d'un père, d'une mère, qui donne la vie à ses enfants, les soutient, les sauve, les aide à accomplir leur existence.

---

1. « Dieu créa l'homme à son image, à l'image de Dieu il le créa, homme et femme il les créa. Dieu les bénit et leur dit : "Soyez féconds, multipliez, emplissez la terre et soumettez-la ; dominez sur les poissons de la mer, les oiseaux du ciel et tous les animaux qui rampent sur la terre" » (Gn 1, 27-28).

Comment oseraient-ils se tourner alors vers un autre dieu (un autre père, une autre mère) que Dieu ?

L'avertissement divin n'a pas perdu de son actualité. Je pense bien entendu aux formes contemporaines d'idolâtrie ou même, semble-t-il, d'un paganisme rénové, « relooké » ; je pense aussi à la tendance tellement humaine que l'on nomme le panthéisme ; je pense surtout à la place que peut prendre un souci exagéré pour la protection de la nature et la sauvegarde de la création (à la manière des courants extrémistes évoqués ci-dessus) ; à quel moment en arrive-t-on à se tromper de dieu, à tromper Dieu ? À une époque où l'idée de sacré est niée, modifiée ou appliquée à de nouveaux champs, bref, pour le dire d'un mot, « revisitée », le chrétien doit être particulièrement attentif, je crois, à cette jalousie divine.

Faire avec.

S'il n'y a pas d'autre Terre que la nôtre, rien au-dessus de l'homme et, pour les chrétiens, pas d'autre recours que Dieu, que reste-t-il à l'humanité, sinon de « faire avec », autrement dit de coopérer, de collaborer ! Sans doute enhardis par les connaissances scientifiques et les capacités technologiques contemporaines, plusieurs penseurs chrétiens proposent d'introduire et de parler désormais de cocréation, pour qualifier les actes humains au sein de la création (du moins les plus nobles d'entre eux). Et il est vrai que les dossiers rassemblés ici, s'ils décrivent une situation écologique préoccupante, corroborent cette idée que l'humanité n'occupe pas n'importe quelle place dans le monde, pour le meilleur comme pour le pire. Pour autant, ne nous méprenons pas : les humains ne sont que des créatures (presque) comme les autres ! Pas plus que la Vierge Marie n'a pu participer à l'œuvre rédemptrice de son Fils sans avoir préalablement été sauvée par Lui, l'humanité ne peut coopérer à l'œuvre créatrice de Dieu sans avoir été préalablement créée par Lui. Elle occupe ainsi une position singulière qu'a décrite le psalmiste :

> À voir ton ciel, ouvrage de tes doigts,
> la lune et les étoiles que tu fixas,

qu'est donc le mortel, que tu t'en souviennes,
le fils d'Adam, que tu le veuilles visiter ?
À peine le fis-tu moindre qu'un dieu,
tu le couronnes de gloire et de beauté,
pour qu'il domine sur l'œuvre de tes mains ;
tout fut mis par toi sous ses pieds.
(Ps 8, 4-7)

Sans développer ici une longue explication sur le sens théologique de l'idée de création, la restriction de son usage au seul acte divin me semble nécessaire. Dieu seul est à l'origine du monde, des vivants, des humains, de leur existence à tous et à chacun, de leur maintien dans l'être. Nous, les humains, pouvons abandonner l'œuvre de notre art, de nos mains ; elle pourra éventuellement nous survivre : à la mort de l'artiste (pour m'en tenir au domaine où il est communément question de « création »), la statue ne s'effondrera pas, le livre sera conservé dans une bibliothèque, le morceau de musique continuera à être interprété. Rien de tel en ce qui concerne l'acte divin de création : que Dieu s'en lasse, s'en écarte, et tout disparaît, « revient » au néant. Adam reste un terreux et Prométhée enchaîné, même dans leur prétention à conduire le monde à la catastrophe !

Et si malgré tout…

Reconnaissons-le : la conscience écologique qui est aujourd'hui la nôtre (j'entends notre conscience collective et notre conscience individuelle) ne repose que pour une petite part sur une expérience d'émerveillement, à l'instar des astronautes, ou de communion avec la nature, à la manière de nos propres ancêtres et des sociétés encore proches de leur environnement. Plus souvent, cette conscience naît et s'entretient dans un sentiment de peur. Le philosophe Hans Jonas l'a analysé, dans son ouvrage *Le Principe Responsabilité*, jusqu'à parler d'une heuristique de la peur pour en souligner le rôle essentiel qu'il a joué et joue encore dans notre préoccupation à aborder les dangers qui menacent aujourd'hui nos sociétés fondées et marquées par les technosciences. Mais, sauf à vouloir nous faire volontairement peur, avons-nous toujours pris la mesure de ces dangers ? Je n'en suis pas certain. Il faut du courage pour cela, ne serait-ce que pour reconnaître et affronter notre peur.

Cette peur n'est pas monolithique. Parce qu'elle est peur d'homme, autrement dit peur face à un avenir dont nous pouvons déjà discerner certains contours, mais dont tant d'autres restent enfouis dans l'obscurité du temps, alors même que nous devinons qu'ils dépendent pour partie de nous-mêmes et de nos actes. Parce qu'elle est peur d'homme, conscient de sa singularité au sein de l'univers, jusqu'à craindre parfois d'être seul. Pierre Teilhard de Chardin, avant même 1950, avait éprouvé cette peur et cherché un remède. « Je pense, écrivait-il à une amie en 1926, qu'il y aura un moment où, pour les hommes, la Terre sera comme vidée, inintéressante, insuffisante ; et, au même moment, les hommes, moins préoccupés de regarder sous leurs pieds ou de se disputer entre eux, regarderont autour d'eux, et seront aussi effrayés de se sentir *seuls* sur la Terre qu'un enfant qui s'éveille dans une chambre noire, au milieu de la nuit. » Et trente ans plus tard, encore : « Savoir que nous ne sommes pas emprisonnés. Savoir qu'il y a une issue, et de l'air, et de la lumière, et de l'amour, quelque part, au-delà de toute Mort. Le savoir, sans illusion ni fiction... Voilà ce dont, sous peine de mourir asphyxiés par l'étoffe même de notre être, nous avons absolument besoin [1]. »

L'humain serait-il encore humain si à cette peur il n'opposait la volonté ou la folie de croire quand même en un avenir, celui d'un progrès ou, désormais et plus raisonnablement, celui d'un développement durable ?

En route.

Le livre de François Jacob, *Le Jeu des possibles*, s'achève par une citation : « Quand Tristan Bernard fut arrêté avec sa femme par la Gestapo, il lui dit : "Le temps de la peur est fini. Maintenant

---

1. Pierre Teilhard de Chardin, « Le goût de vivre » (1950), *Œuvres*, tome 7, Paris, Éd. du Seuil, 1963, p. 246.

commence le temps de l'espoir [1]." » Pourquoi avoir eu recours à ces propos de l'auteur français ? Sans doute pour signifier que le savoir tue la peur pour ouvrir à l'espoir et que, pour nos sociétés comme pour nous-mêmes, la démarche scientifique peut constituer aujourd'hui l'une des principales sources d'un tel savoir.

Les différentes contributions, rassemblées ici, s'inscrivent, je crois, dans une ambition semblable : mieux savoir pour vaincre nos peurs, ouvrir à l'espoir et agir. Et non, à la manière d'autres discours et d'autres publications, dresser un tableau tellement pessimiste ou, à l'inverse, tellement optimiste de la situation, que la conclusion revient finalement au même dans tous les cas : il n'y a rien à faire, soit parce que nous allons « dans le mur », soit parce que nous allons retrouver une nouvelle forme d'équilibre, de prospérité, etc.

Se pose alors une question : si l'espoir permet à l'homme d'échapper à l'enfermement de la peur, s'il lui ouvre une porte, une brèche, là où il ne voyait qu'un mur, qu'une impasse, quelle route s'ouvre-t-elle devant lui ? Où le mène-t-elle ? Après le temps de la peur, s'ouvre celui de l'espoir, mais pour quelle espérance ? Reconnaissons-le : nos sociétés et parfois nous-mêmes ne savons pas toujours quoi répondre à ces questions.

Le risque de la vie.

Il y a à ce stade une question par laquelle le théologien doit se laisser interroger : celle du risque. Les dossiers rassemblés ici en parlent à plusieurs reprises, le plus souvent à propos des risques que l'humanité, par ses choix et ses activités, fait courir à elle-même et à l'ensemble de la Terre. Plus généralement, si nous ne pouvons pas dire que nous appartenons à une société ou une époque du risque (puisque l'humanité en a évidemment toujours connu) nous savons que nos sociétés développent une approche et un sens spécifiques du risque. Et la théologie ?

S'il n'est sans doute pas possible de parler d'une véritable

---

1. François JACOB, *Le Jeu des possibles. Essai sur la diversité du vivant*, Paris, Fayard, 1981, p. 119.

théologie du risque, nous pouvons du moins en préciser quelques traits. Ainsi, il apparaît assez rapidement que le risque couru par l'homme (d'une manière volontaire ou involontaire) peut constituer une forme de mise à l'épreuve de Dieu : si Dieu est confessé comme Créateur de toute chose, de tout être vivant, de toute personne humaine, qui pourrait prétendre ôter au Créateur le droit de vie et de mort sur ses créatures ? Inversement, nous pouvons nous demander s'il est réellement possible d'échapper à Dieu. Autrement dit, quels risques, même extrêmes, même fatals, pourraient permettre à l'homme d'échapper au pouvoir divin ? En fait, la prise de risque ne pose aucun vrai danger pour la foi, tant qu'elle ne correspond pas à une manière de poser un autre sens que Dieu lui-même. Car, et il s'agit d'un aspect central dans l'appréhension actuelle du risque et de ses enjeux pour la théologie, les décisions et les activités à risques sont des lieux de fabrication du sens.

Le risque n'est jamais totalement inévitable (il faut se débarrasser définitivement du mythe du « risque zéro »), il n'est pas pour autant nécessaire. Je veux dire qu'il ne peut être une fin en soi et doit nécessairement être surmonté, traversé. La prudence ne prétend pas éviter le risque mais seulement, par un effort de lucidité, de raison et de courage, en réduire les conséquences : le plus grand risque coïncide avec la plus grande prudence. Car la prudence reste une vertu impérative, elle commande l'action. Tel est d'ailleurs l'enseignement biblique et théologique à propos de Dieu lui-même. Dieu accepte les risques, mais ne se laisse pas dominer par eux ; il suffit d'évoquer ici la Passion du Christ. De même en est-il du risque que Dieu accepte de prendre dans son œuvre de création et d'élection. En effet, « l'élection par la grâce divine constitue un refus de toute forme d'indétermination qui voudrait considérer l'homme comme le produit d'un pur hasard. Mais elle constitue également un refus de toute forme de déterminisme selon lequel l'histoire se déroulerait de façon mécanique selon un plan éternel qui ne laisserait aucune place à l'agir libre de Dieu et à celui de l'homme qui y répond [1] ».

1. Magnus LÖHRER, « Prédestination/Élection », *Dictionnaire de théologie*, Paris, Éd. du Cerf, 1988, p. 565.

Pour le chrétien, la porte ouverte par la science ne débouche pas sur l'inconnu, encore moins sur le vide : elle laisse deviner un visage, celui de Jésus-Christ. L'espoir devient l'espérance et le risque les prémices du salut.

Le temps du désert.

Peut-être devons-nous revenir à l'expérience du peuple hébreu au désert, telle que la Bible nous la rapporte après la sortie d'Égypte (nous pourrions dire de l'Égypte qu'il s'agissait du pays de la peur…). Deux traits de cette expérience sont tellement évidents que nous pourrions facilement les oublier : d'une part, les Hébreux n'ont pas cessé de marcher (ou d'être en état de le faire) ; d'autre part, quels que soient les méandres de leur pérégrination, leur but n'a jamais changé : la Terre promise de Canaan.

Soucieux de protéger la nature, de conserver ses milieux et ses espèces, ne risquons-nous pas de favoriser une vision fixiste du monde, d'ignorer les leçons de Charles Darwin et de ses héritiers ? Le vivant lui aussi est en marche, « en état de cheminement » dit encore le *Catéchisme de l'Église catholique* : « Pourquoi Dieu n'a-t-Il pas créé un monde aussi parfait qu'aucun mal ne puisse y exister ? Selon sa puissance infinie, Dieu pourrait toujours créer quelque chose de meilleur. Cependant dans sa sagesse et sa bonté infinies, Dieu a voulu librement créer un monde "en état de cheminement" vers sa perfection ultime. Ce devenir comporte, dans le dessein de Dieu, avec l'apparition de certains êtres, la disparition d'autres, avec le plus parfait aussi le moins parfait, avec les constructions de la nature aussi les destructions. Avec le bien physique existe donc aussi le mal physique, aussi longtemps que la création n'a pas atteint sa perfection [1]. » Il faut prendre la mesure de ces mots, au sein d'une tradition qui a parfois défendu au-delà du raisonnable l'idée d'une création fixe, parfaite, parce que déclarée bonne par Dieu, à lire le récit de la Genèse à la lettre. Les faits observés par la science ne le permettent plus [2] : le monde

1. *Catéchisme de l'Église catholique*, n° 310, Paris, Mame-Plon, 1992, p. 75.
2. Cf. le discours de Jean-Paul II, devant l'Académie pontificale des sciences :

au sein duquel vit l'humanité n'est ni un Paradis perdu, ni une Terre promise, mais un « désert [1] », autrement dit un lieu où coexistent encore le bien et le mal, la vie et la mort. Un espace temps de désordre et d'imperfection, de cheminement et de promesse.

Il n'est pas question de s'aventurer dans un désert, de prétendre le traverser, sans se munir d'un « code de la route », de « règles de bonne conduite », bref d'une loi. Les Hébreux reçurent le Décalogue de Dieu lui-même ; l'humanité doit aujourd'hui se doter à son tour de lois, de règlements (qui ne tomberont pas du ciel, cette fois) pour mieux gérer ses relations avec un environnement mouvant. D'où l'importance des conférences internationales et des traités, mais aussi de l'encouragement, de l'opiniâtreté à les mettre en œuvre !

Qui dit loi, dit Alliance. Et qui dit Alliance, dit aussi promesse. Le désert n'a de sens que s'il ouvre à une promesse, à une Terre promise.

Quel nouveau Monde ? Quelle nouvelle Terre ?

Pour l'heure, scientifiques et politiques n'osent guère parler de « nouveau monde » ou de « nouvelle Terre » ; d'ailleurs, par le passé, il en a d'abord été question pour les conquérir ! Est-ce là prudence de la part de nos dirigeants ? Tant de programmes, de projets ou d'utopies se sont perdus dans les sables de l'histoire. Ou bien est-ce par manque de vision, de « souffle » ? Il faudrait alors se demander si cet essoufflement est le propre de l'Occident ou touche l'ensemble de l'humanité. Quoi qu'il en soit, notre époque ne semble guère tournée vers un avenir radieux, mais plutôt menacée par diverses catastrophes dont nous pouvons

« L'Église devant les recherches sur les origines de la vie et son évolution », en octobre 1996.

1. J'entends ici le mot « désert » non pas au sens littéral, géographique et morphologique du terme, mais d'abord en référence à l'histoire des Hébreux qui, au sortir de l'Égypte et de l'esclavage, durent traverser le désert, y séjourner durant quarante ans, avant d'atteindre la Terre promise par Dieu qui les avait sauvés de la servitude.

parfois nous demander, de Charybde ou de Scylla, laquelle choisir ! Et il est surtout question d'héritage ou de patrimoine commun à préserver, à entretenir pour le transmettre aux futures générations.

La tradition biblique et chrétienne a parlé et continue à parler d'une création nouvelle, plus précisément d'un ciel nouveau et d'une terre nouvelle. À cette idée de nouveauté, elle donne un contenu bien défini : la conversion et la victoire sur le péché. Quelle que soit l'imperfection de notre monde, son état de cheminement, « la promesse d'un monde nouveau [...] n'est pas seulement une promesse pour un avenir "lointain" ou final, que nous recevrons de Dieu gratuitement – dans sa grâce surabondante –, elle signifie en même temps une mise en question radicale de notre attitude actuelle envers le monde[1] ». Cette attitude est marquée par le péché (agressivité, gaspillage, irrespect, etc.) dont certains trouvent l'origine dans la Bible elle-même et les versets du livre de la Genèse qui ordonnent à l'humanité de soumettre, de dominer le reste de la création. S'il est difficile de nier les interprétations instrumentalistes de ce texte dans le milieu occidental, il faut tout de même relativiser son impact. L'époque moderne, marquée par le développement des sciences et des techniques et le début de l'exploitation industrielle de la nature, est aussi celle d'un désintérêt (au bas mot) pour les grands systèmes religieux hérités du passé. Dans tous les cas, si Hans Jonas parle d'une heuristique de la peur, il faudrait sans doute parler ici d'une heuristique du péché, à la seule condition (et dans les deux cas) de ne pas se laisser enfermer par la culpabilité et de s'y complaire. Comme l'espoir doit succéder à la peur, le pardon doit succéder au péché.

Dans cette perspective, la renaissance au XXe siècle de la christologie cosmique trouve tout son intérêt. Sans diminuer la place occupée, dans la foi chrétienne, par le salut de l'humanité, elle articule celle-ci à l'avenir du cosmos tout entier. L'œuvre entreprise par le Christ, dans son Incarnation, sa Passion et sa Résurrection, concerne l'univers tout entier. Le dualisme entre l'esprit

---

1. Roger BURGGRAEVE, « Responsable d'un ciel nouveau et d'une terre nouvelle », *Concilium*, 236 (1991) p. 131.

et la matière, qui a dominé la pensée chrétienne depuis plusieurs siècles, devrait désormais se « résoudre » dans la foi au Christ, Premier-Né de toutes les créatures, Premier-Né d'entre les morts. Pour les chrétiens, il ne saurait y avoir d'action, d'engagement durable au sein de la création, en dehors de la foi en ce Christ cosmique.

JACQUES ARNOULD, o.p.

II

LE DÉVELOPPEMENT SOLIDAIRE ET DURABLE UNE PERSPECTIVE ÉTHIQUE

Les problèmes liés à la qualité de l'environnement se trouvent de plus en plus pris en compte par l'opinion publique. Les populations adoptent de manière positive des gestes simples, et pourtant contraignants, comme le tri des déchets. Mais, le plus souvent, pour traiter de ces problèmes, les termes usités sont peu précis et l'argumentation en raison est peu développée. Le recours à un bon sens minimal constitue la référence la plus habituelle. En ce domaine, une première décision morale peut être de préciser le vocabulaire et de développer une approche rationnelle et raisonnable des problèmes évoqués.

Des termes comme environnement et écologie sont connotés de manière relativement neutre. Il s'agit de l'humain qui s'interroge sur ce qui l'entoure, en vue d'élaborer une approche réfléchie du monde dans lequel il se trouve immergé. Mais ces expressions impliquent de fait un certain fixisme : il importerait alors de conserver l'environnement en l'état. D'autre part, elles présupposent une extériorité de l'humain à l'égard de ce qui l'entoure : il s'agirait alors pour l'homme de préserver un monde délié de lui.

Nous prenons déjà parti en privilégiant l'expression « développement durable ». La notion de développement comprend une histoire qui associe de manière insécable l'humain et son environnement. En effet, le corps humain n'est vivant que par les multiples rapports qu'il entretient avec ce qui l'entoure : tout ce qui affecte gravement le monde ambiant met en cause, au moins à terme, la possibilité et la qualité de la vie, y compris pour l'homme. Mais, en même temps, le terme « développement » met en jeu un devenir comme déploiement de potentialités non encore réalisées. Il y a bien alors la reconnaissance d'une dignité originale de l'humain et d'une maîtrise à l'égard de ce qui l'entoure. De plus, penser et vouloir ce développement comme durable, c'est décider que la maîtrise humaine saura résister à une domination ravageuse et destructrice pour apprendre l'exercice d'une responsabilité qui s'inscrit dans l'histoire. Nous pouvons alors penser que les potentialités actuelles de l'humanité, celle-ci pouvant par ses activités mettre en danger l'avenir de la planète, constituent un défi tout à fait noble. De manière radicale, l'humanité se trouve ainsi provoquée à mettre en œuvre sa capacité à agir de manière responsable.

Retenant comme référence dynamique la figure du développement solidaire et durable, nous allons préciser les contours des questions éthiques et morales qui se posent à propos de la « défense de l'environnement ». Puis nous nous efforcerons d'évaluer les enjeux de la responsabilité humaine, ce qui nous conduira à mettre en critique tant la sacralisation de la nature que l'idéologie libérale. Au cours de cette étude, nous mettrons en lumière la compétence propre du politique, en rapport avec la notion de « bien commun ».

L'avenir de notre monde comme question éthique et morale.

Un premier positionnement moral consiste à énoncer clairement et lucidement les problèmes. Or, il est indéniable que les modes actuels de production et de consommation mettent en jeu l'avenir de la vie sur la planète. Il faut alors redire que l'humanité appartient au monde des vivants : elle ne peut espérer se maintenir si la vie s'éteint autour d'elle. Il est clair qu'elle dépend directement de la capacité de la planète Terre à lui fournir les biens nécessaires en matière de nourriture, de protection, de communication. Cela pose des questions relatives à la quantité, mais aussi à la qualité de ces biens, au profit d'une humanité numériquement croissante. Tentons de sérier des problèmes qui, en impliquant des orientations politiques, mettent en jeu des jugements éthiques et moraux [1].

Le souci de la qualité comme engagement éthique.

Dans une approche de développement humain, le problème de l'usage des biens n'est pas uniquement d'ordre quantitatif et le souci de la qualité, au bénéfice de tous, représente une stimulante perspective éthique. Il convient donc d'appréhender le développement de manière qualitative et nous pouvons réfléchir à la qualité selon deux voies. Il s'agit tout d'abord, pour les êtres humains, d'accéder à des biens essentiels de qualité. Pour cela, il ne suffit pas de préserver et de conserver la situation actuelle ; pensons aux nombreuses populations qui n'ont accès qu'à une eau insalubre et à une alimentation déséquilibrée ou polluée. Promouvoir un développement humain comprend donc un travail d'importance, même s'il n'est pas financièrement insupportable, pour que tous puissent accéder à des biens élémentaires de qualité.

La dimension qualitative se trouve aussi en cause à propos de la manière de produire les biens matériels qui peut être écologiquement agressive, voire gravement destructrice. Une recherche doit être conduite sur les méthodes d'élaboration des produits, d'autant que ce qui affecte l'environnement peut également mettre en cause la santé des personnes au travail. La question de la qualité concerne aussi le traitement des déchets : les méthodes de recyclage des matériaux usés diminuent l'emprise sur les réserves tout en évitant de rejeter dans la nature des éléments polluants. Il faut reconnaître que des avancées remarquables ont été opérées en ces domaines, l'une des raisons étant qu'ils constituent un « gisement » d'activités lucratives. Il importe cependant que le mode d'évaluation ne privilégie pas unilatéralement les opérations les plus rentables, mais qu'il intègre, pour eux-mêmes, les critères de qualité de l'environnement. Pour cela, le politique a un rôle

1. À la suite de Paul Ricœur, il peut être fécond de distinguer l'éthique comme visée, comme quête « d'une vie bonne, avec et pour les autres, dans des institutions justes » et la morale comme référence à des interdictions et à des impératifs. Voir *Réflexion faite*, Paris, Esprit, 1995, p. 80-81.

spécifique à jouer en fixant des règles qui s'imposent de manière égale aux différents acteurs.

La recherche d'un bien commun à l'ensemble de l'humanité.

Il faut dire clairement que la volonté efficace de permettre à tous les habitants de la planète d'accéder à des biens essentiels en quantité suffisante et de qualité convenable suppose un changement radical de critères d'évaluation. Si le profit maximal et immédiat, au bénéfice de catégories particulières, constitue la règle dominante qui l'emporte sur toutes les autres, des tensions violentes fractureront l'humanité et les mouvements d'opinion seront bien incapables d'assurer la sauvegarde de l'environnement. Il nous faut changer de modèle de pensée et d'action. La notion de développement solidaire et durable implique que la référence majeure devienne le bien commun recherché pour lui-même ; il s'agit de promouvoir le bien de tous et de chacun des membres de l'humanité, aujourd'hui et demain, et, pour cela, d'intégrer le paramètre environnement en tout processus de décision.

Il importe donc de récuser une position utilitariste selon laquelle on admettrait qu'une part de l'humanité se trouve sacrifiée pour qu'une autre puisse user abondamment des biens disponibles. Il faut reconnaître qu'actuellement, de manière insidieuse, c'est le modèle utilitariste qui l'emporte. Des nations, des régions, des catégories sociales, qui se présentent elles-mêmes comme développées, se permettent un rapport aux biens disponibles qui affecte gravement le patrimoine commun. Aussi, les problèmes relatifs à l'avenir de la planète ne peuvent être déliés d'un jugement moral portant sur les injustices qui fracturent l'humanité aujourd'hui. De manière positive, la question écologique doit être traitée conjointement avec celle de la justice distributive [1]. Le recours à la

1. Il est habituel de distinguer la justice commutative et la justice distributive. Selon la première, il s'agit que les contrats soient honorés, que chacun paie ses dettes. Selon la seconde, il importe que chaque être humain puisse effectivement accéder aux biens qui lui sont nécessaires pour vivre. Trop souvent, la notion de justice est réduite au premier principe, quelles qu'en soient les conséquences

catégorie de développement évite de penser l'avenir en termes de stagnation (ne rien changer dans le type de consommation des biens), voire de régression (il faudrait diminuer cette consommation pour assurer le maintien de la planète en l'état). La notion de développement solidaire et durable implique une attente d'innovation pour améliorer l'environnement, une ouverture positive à un avenir de l'humanité comportant une juste solidarité entre tous ses membres.

Il importe également de rappeler que la planète constitue un ensemble unique, qu'elle est confiée à la vigilance de l'ensemble de l'humanité, afin que tous puissent bénéficier des biens nécessaires à leur vie. La notion de développement durable, conjointe à celle de développement solidaire, manifeste de nouveau sa pertinence. Nous savons bien que les pollutions aquatiques et aériennes débordent les frontières nationales. Il devient donc nécessaire que des décisions politiques puissent s'imposer à l'ensemble des États pour que certains groupes, en raison d'un espoir de profits immédiats et particuliers, n'en viennent pas à mettre en cause l'avenir des différentes populations. Il est aussi nécessaire d'intégrer le fait que les ressources en matières premières demeurent limitées. L'accaparement des biens disponibles par certains, au motif de leur position dominante, s'opère aujourd'hui au détriment du plus grand nombre. Nous le voyons de nouveau, la question du développement ne peut être isolée de celle de la justice ; il importe de penser en termes de bien commun.

Nous venons d'envisager comment la volonté de promouvoir un développement solidaire et durable implique une mobilisation de la compétence propre du politique. Il faut redire très clairement que l'idéologie libérale, qui sous-tend l'extension actuelle de la mondialisation, situe hors de son champ une question aussi centrale que celle de l'avenir de la planète. Seul lui importe le jeu des intérêts particuliers dans l'instant ; la figure significative de ce

---

pour les plus faibles. La prise en compte de la justice distributive opère un changement de perspective : il y a un dû au profit de chaque personne pour qu'elle puisse vivre, en raison de son appartenance à l'humanité. On ajoute aussi une troisième forme de justice : la justice contributive ; selon celle-ci, chacun a le droit et le devoir de participer au bien de l'ensemble.

gigantesque marché en quête de profits immédiats est constituée par l'interconnexion des Bourses du monde entier, grâce à l'informatique et aux télécommunications. Les échanges financiers ainsi opérés, en vue d'intérêts spéculatifs, n'ont qu'un rapport ténu avec l'économie réelle. Un tel système exclut radicalement toute notion de bien commun qui comprendrait l'ensemble du monde et de l'humanité actuelle, mais plus encore qui prendrait soin d'un avenir pour la planète et ceux qui l'habitent.

Le déploiement de la responsabilité humaine.

Les débats actuels concernant l'écologie prennent souvent un tour confus, dans la mesure où ils opposent, d'une part, le libéralisme comme idéologie [1] et, d'autre part, une considération passionnelle, voire sacrale, de la nature. Une approche éthique devra donc mener une entreprise de déconstruction sur ces deux fronts. L'idéologie, même si elle use d'arguments éthiques, est radicalement amorale dans la mesure où elle tolère la tromperie pour fonder le pouvoir et légitimer les intérêts d'un groupe particulier, quelles qu'en soient les conséquences pour les autres. La sacralisation ignore la raison et interdit toute approche critique de ce qu'elle recouvre de son aura mystérieuse : elle s'oppose ainsi à la responsabilité morale.

La sacralisation de la nature : une entrave à la responsabilité.

Il est remarquable que les questions relatives aux rapports de l'humain avec son environnement mettent en jeu des considérations sacrales, voire religieuses. Or, nous sommes les héritiers d'une modernité bien implantée qui a produit ce que les sociologues désignent comme la « sécularisation » et qui met en valeur l'exercice d'une responsabilité humaine fondée sur la raison. L'étonnement redouble lorsque l'on constate que les plus ardents

1. Par idéologie, nous entendons ici un discours cohérent, souvent référé à des « valeurs humanistes et universelles » qui, en fait, masque des stratégies de domination et de recherche d'intérêts particuliers.

défenseurs de l'écologie appartiennent le plus souvent aux catégories sociales les plus scolarisées et les mieux initiées à un travail scientifique. Ce constat nous met en garde contre toute compréhension linéaire du devenir humain qui ne voudrait retenir qu'un « progrès » en rationalité apportant automatiquement des bienfaits à l'humanité. Les évolutions demeurent complexes et des éléments facilement considérés comme archaïques continuent de se manifester sous de nouvelles formes.

Une approche sacrale de l'écologie donne rapidement un tour passionnel aux débats, au détriment d'approches rationnelles. Elle réduit aussi les possibilités de recherche positive, dans la mesure où dominent les peurs et les tabous. Il est d'ailleurs remarquable que de nombreux discours écologistes s'inscrivent dans le registre de la culpabilité ; on estime que, en imposant un poids aux consciences, on obtiendra des changements positifs. N'est-ce pas alors gravement sous-estimer les capacités fécondes de la responsabilité humaine ? Face aux dérives sacrales, la contribution au débat par des apports de type éthique et moral comportera une critique des positions « religieuses » plus ou moins explicites qui affectent les compétences humaines en matière de liberté et de responsabilité. À ce propos, il faut rappeler que le donné biblique, en confessant un Dieu unique opposé aux multiples idoles, opère une désacralisation radicale de la nature. La reconnaissance de Dieu s'oppose aux différentes formes d'animisme qui divinisent les forces de la nature. La confession de foi chrétienne, qui identifie Jésus-Christ comme vraiment homme et vraiment Dieu, confère à l'humanité un statut particulier dans l'ensemble de ce qui existe : il ne s'agit pas d'un élément semblable aux autres et relevant d'une même série. Il y a bien une place et une responsabilité spécifiques de l'humain. En récusant toute sacralisation plus ou moins idolâtrique de la nature, l'héritage chrétien évite la confusion et conduit à préciser les compétences propres du politique. Il présente aussi la figure d'une saine articulation entre l'humanité et son environnement qui requiert un engagement responsable.

La mobilisation des responsabilités personnelles.

Nous retenons la fonction spécifique du politique en vue d'un développement solidaire et durable. Il lui revient de promouvoir le bien commun de telle manière qu'il intègre une défense positive de l'environnement. Mais une telle insistance ne peut cependant dédouaner les consciences humaines de leur responsabilité propre. Nous pouvons noter que le souci écologique suscite des militances qui conduisent des citoyens à adopter des attitudes réfléchies concernant les modes de production et de consommation, au lieu de s'en remettre au seul principe de plaisir. Ces militances s'expriment également sous forme de pression à l'égard des pouvoirs institués et de l'opinion publique. Et de grands rassemblements mondiaux (Porto Alegre, Johannesburg…) manifestent la conscience vive qu'il s'agit de problèmes dont la solution ne peut être pensée qu'à l'échelle du monde. Il faut encore noter positivement que de telles assemblées associent étroitement défense de l'environnement et promotion de la justice pour tous : on ne peut séparer les qualificatifs « solidaire » et « durable ». Mais de telles mobilisations ne semblent impliquer que des minorités qui se disent elles-mêmes conscientisées. Pour les personnes convaincues, la justesse de leur cause leur paraît tellement évidente qu'elles ont du mal à argumenter en direction de populations peu sensibilisées à ce problème. Aussi les alertes en direction de l'opinion publique prennent-elles souvent la voie du recours à la peur en sollicitant les ressorts de l'émotion. Et les appels à la responsabilité personnelle transitent, comme nous l'avons déjà vu, par une accentuation de la culpabilité.

Ce malaise permanent dans le rapport entretenu par des cercles militants avec l'opinion publique, en ce qui concerne l'avenir de la planète, manifeste la difficulté de situer correctement les références éthiques et morales.

Les limites de l'émotion et du recours à la peur.

Notons tout d'abord les limites, voire les dangers, du seul ressort émotionnel. En ce cas, la gravité des dommages se trouve évaluée en fonction de l'impact des images : une « marée noire » sera alors considérée comme infiniment plus dramatique que la déforestation ou que la pollution des sols pour un long temps. L'émotion se satisfait aussi du « prêt à penser » ; en ce cas, de vraies questions, telles que le réchauffement de la planète, donnent lieu à des réponses automatiques et irrationnelles pour expliquer le moindre aléa climatique. Le recours à la seule émotion au détriment de la raison, c'est-à-dire à défaut d'un vrai travail d'analyse et de présentation de chacun des problèmes, nuit à la crédibilité de la communication. Plus grave encore, il conduit à un report de culpabilité diffuse vers quelques agents fautifs au lieu de penser positivement l'avenir de notre planète, en situant correctement la responsabilité de tous les acteurs humains.

Il nous faut aussi envisager les limites et les risques d'un recours à la peur. Au nom du « principe responsabilité », Hans Jonas [1] a voulu mettre en cause l'optimisme parfois béat du « principe espérance ». Pour comprendre le conflit des interprétations qui se manifeste alors, il importe de se rappeler que la modernité s'est construite sur une approche positive de l'activité humaine et de l'avenir, avec, au centre, l'idée de progrès. Il s'agissait de rompre avec une attitude de soumission plus ou moins fataliste à l'égard de la nature. L'humanité devait mettre en œuvre sa capacité de maîtrise, en déployant sans réserve son aptitude à connaître le monde et à agir sur lui. D'une position peureuse et soumise, l'homme est passé à une domination qui met la nature à son service. Cette volonté de maîtrise, grâce au déploiement des sciences et des techniques, conduit à une figuration positive de l'avenir. Une telle confiance, que nous qualifions aujourd'hui de naïve, reposait sur un principe simple : l'action transformatrice fera reculer les antiques soumissions et la maîtrise permettra des avancées profitables à l'ensemble de l'humanité. La notion de progrès devient alors centrale puisqu'elle induit une figure

---

1. Hans JONAS, *Le Principe responsabilité*, Paris, Éd. du Cerf, 1990, pour la traduction française assurée par Jean Greisch. Selon cet auteur, le recours au sentiment de peur paraît le plus efficace pour conduire l'humanité à remettre en cause ses modèles de pensée et d'action concernant l'environnement. Il évoque une « heuristique de la peur » comme la voie la plus sûre pour une interrogation radicale.

positive du rapport de l'homme au monde et au temps : l'espérance apportant un confort psychologique et, surtout, une forte mobilisation pour la connaissance scientifique et l'action technique. Selon une telle perspective, l'histoire a bien un sens, l'homme en est le vecteur et le maître, mais selon quels principes va-t-il orienter son action ?

On situe une première crise grave de cette vision globale du progrès au moment de la Première Guerre mondiale. L'usage des techniques et la rationalisation des méthodes d'action peuvent engendrer des tueries monstrueuses. Un doute profond s'instaure à cette occasion, mais le trouble sera dépassé grâce à un appel à l'intelligence humaine : on doit apprendre à mettre le progrès au service de l'homme au lieu d'en faire une cause de destruction. Ce type de débat est toujours d'actualité : on continue de s'interroger sur la responsabilité des chercheurs, sur celle des politiques qui peuvent interdire telle ou telle activité comme dangereuse, mais aussi sur le poids des opinions publiques. Les plus réalistes notent cependant qu'il existe des systèmes de pouvoir, par exemple de type militaire ou médical, qui diluent fortement les responsabilités individuelles, tant et si bien qu'on ne sait pas toujours clairement où et par qui sont prises les décisions.

Mais les questions relatives à l'environnement déplacent ce type de problématique. En effet, une activité transformatrice peut être profitable à l'humanité dans l'immédiat tout en affectant de manière irrémédiable l'avenir de la planète. Non seulement l'idée de progrès est ambiguë : elle ne peut dispenser d'une réflexion concernant les applications des découvertes ; mais, plus encore, une même action peut être ambivalente en ce sens qu'elle apporte un bienfait actuel tout en agressant l'environnement. Le choix devient plus complexe : un bien escompté doit être évalué en fonction de ses conséquences à long terme, pour les générations à venir. Nous voyons alors apparaître une extension radicale de la notion de responsabilité.

L'élargissement de la responsabilité.

La croyance en un progrès indéfini et le réflexe de peur à l'égard de toute transformation opérée par l'homme constituent comme deux images inversées ; mais elles relèvent d'un même système de pensée qui néglige une analyse des situations intégrant leur complexité et leur ambivalence, qui mésestime la compétence propre du politique en vue d'opérer des choix raisonnables. L'une et l'autre des positions sacrifient également à une approche formelle du réel au lieu de penser la responsabilité humaine au regard d'une histoire comprise comme héritage commun et comme ouverture à un avenir solidaire. Sur ce point, les traditions morales donnent à penser, même si elles se trouvent elles-mêmes interrogées par les nouvelles problématiques.

Traditionnellement, on reconnaît que la responsabilité morale se construit à partir du principe de réciprocité, c'est-à-dire, négativement, sur l'interdiction de faire à autrui ce qu'on ne veut pas qu'il nous fasse et, positivement, sur l'incitation à faire pour autrui ce qu'on attend qu'il fasse pour nous. Aux yeux de certains philosophes, ce principe est jugé « faible » ; il constitue cependant un rempart contre les actions qui attentent à la vie et à la dignité humaine, ainsi qu'une motivation pour contribuer au bien de son semblable. La prise en compte de la capacité humaine à vivre la sollicitude met en lumière une éthique susceptible de fonder la confiance des uns envers les autres et d'ouvrir positivement une perspective d'avenir. Il induit une attitude de bienveillance mutuelle qui, en mobilisant les consciences, concourt à la quête d'une vie bonne tout en même temps pour soi et pour autrui.

Il faut cependant admettre que la référence classique au principe de réciprocité privilégie la synchronie : la responsabilité de chacun s'exerçant au profit de ses contemporains. Déjà, l'ouverture des relations au-delà du groupe ethnique et de la nation a conduit à un élargissement de cette responsabilité qui ne peut être restreinte au cercle des proches. La perspective d'universalité, promue tout spécialement par le christianisme et assumée par les déclarations des droits humains, interdit de penser des différences de nature en rapport avec la race, la nation, la religion : le respect de la dignité humaine ne peut être conditionnel.

Mais les questions relatives à l'environnement conduisent à penser la responsabilité humaine à l'égard des générations à venir. En effet, des pollutions du sol et de l'eau ou des altérations de l'atmosphère produiront de graves effets par leur accumulation au cours de plusieurs décennies. De manière égoïste, des individus, des groupes, une génération peuvent profiter d'avantages actuels sans se soucier des conséquences pour les générations à venir. Les défis posés aujourd'hui conduisent donc à approfondir la problématique classique du principe de réciprocité et à envisager une responsabilité à l'égard de ceux qui nous succéderont sur cette Terre. Il faut cependant noter qu'une détermination dissymétrique du principe de réciprocité nous est déjà habituelle. Les adultes en général, les parents en particulier, manifestent le plus souvent une responsabilité pleine de sollicitude à l'égard des petits d'homme qui sont tout à fait incapables de survivre par leurs propres forces. Mais il demeure une différence de taille : dans le cas du soin à l'enfant, l'autre est bien là et son visage sollicite d'autant plus une bienveillance responsable qu'il est démuni [1]. Or, la reconnaissance du droit à vivre pour les générations à venir suppose que l'on anticipe leur potentielle venue et que l'on accepte de leur rendre des comptes alors qu'ils ne sont pas encore présents pour nous solliciter. À ce point de notre réflexion, il faut noter la faiblesse d'un simple recours à la peur, et il ne peut à lui seul donner les moyens de résister au délire transformateur, de renoncer à la jouissance d'avantages immédiats au profit d'une bienveillance exigeante à l'égard des générations non encore nées.

L'éthique de la dette.

Pour élargir ainsi l'espace de la responsabilité, il nous faut critiquer une anthropologie qui ne veut connaître que des individus en quête de leurs intérêts singuliers et immédiats, qui réduit la solidarité à des ententes de circonstance pour optimiser des avantages particuliers. Cependant, il ne suffit pas de mettre en cause une figure de l'humain largement implicite et dominante aujourd'hui. En opposition à une telle conception, qui apparaît proprement suicidaire pour l'humanité dès que l'on considère l'histoire à venir, nous pouvons retenir une anthropologie de la

1. Je renvoie ici aux travaux d'Emmanuel Levinas.

dette [1]. Dès qu'une personne advient en ce monde, elle se trouve objectivement en dette à l'égard d'un environnement et d'une vie qui lui sont donnés, des croyants diront : en dette à l'égard d'un créateur. La dette se manifeste à l'égard des générations précédentes, envers les parents d'une manière tout à fait singulière, mais aussi en réponse au travail collectif qui, de siècles en siècles, a humanisé ce monde dans lequel une personne originale voit le jour. Du point de vue d'une anthropologie sociale, nous reconnaissons que c'est l'humanité en son ensemble qui se trouve bénéficiaire d'un don et endettée à l'égard des générations à venir. Pourquoi certains s'arrogeraient-ils l'essentiel du don reçu, au détriment tant de leurs contemporains que de ceux qui viendront ensuite ? Nous voyons de nouveau la nécessité de penser le développement à la fois comme solidaire et durable [2].

Nous débordons le cadre de la simple réciprocité puisque, à proprement parler, cette dette ne peut donner lieu à compensation : le plus grand nombre des débiteurs est disparu et ceux qui sont encore vivants n'attendent pas une restitution de type commutatif. Chacun honore donc sa dette native en assurant à son tour la transmission d'une vie toujours en voie d'humanisation, en prenant sa part dans l'aventure commune de telle manière qu'après lui d'autres puissent recevoir la vie et la transmettre. La transmission ne concerne pas uniquement la vie biologique : elle implique un environnement sain et « cultivé », la communication des savoirs et des arts. Nous quittons la logique étroite de l'échange commutatif pour intégrer une dynamique vivante selon laquelle chacun rend ce qu'il a reçu, tout au long de son existence, en humanisant de manière originale et responsable ce qu'il communique à ses contemporains et à ses successeurs.

Nous pouvons enrichir cette figure de la dette avec celle de l'alliance. Comprise de manière étroite, la dette pourrait faire

---

1. Voir le beau travail de Nathalie SARTHOU-LAJUS, *L'Éthique de la dette*, Paris, PUF, 1997.

2. Le principe de la « destination universelle des biens », développé dans l'enseignement social de l'Église catholique, peut être étendu à la solidarité envers les générations à naître. Le droit de disposer des biens pour vivre vaut aussi pour ceux qui naîtront plus tard.

prévaloir les notions de devoir, de contrainte, d'obligation. La responsabilité humaine serait alors considérée uniquement comme un poids à porter. La notion d'alliance, en revanche, comprend la participation active au bien de l'ensemble comme une joyeuse reconnaissance. Chacun s'estime alors non seulement admis par la communauté humaine mais positivement désiré par elle. Le don de la vie n'est pas, en ce cas, une charge dont il faudrait bien assumer les contraintes, il s'agit d'une grâce accordée pour être partagée. Des lecteurs de la Bible comprendront l'acte créateur dans cette perspective d'alliance : il y a dissymétrie, puisque l'initiative d'amour qui caractérise ce don précède toute reconnaissance de la part du bénéficiaire. Mais il y a bien un engagement réciproque en écho à la sollicitude créatrice. Il y a aussi la responsabilité du partenaire humain sous le mode d'une attention bienveillante à l'égard de ses semblables et de l'ensemble de la création. Les relations paritaires, tout spécialement conjugales, mais aussi les rapports dissymétriques entre les générations s'humanisent dans la mesure où ils s'inscrivent dans une alliance d'amour. Pour être correctement comprise, cette alliance doit se référer à l'amour comme *agapè* [1]. Mais, de manière analogique, on peut aussi parler d'une alliance avec le monde [2] sous le mode d'une responsabilité empreinte de douceur.

Conclusion.

La question de l'avenir de la planète implique directement l'humanité. Il s'agit d'une question centrale, qui met en jeu la vie et la mort : elle vient travailler l'ensemble des débats relatifs à la vie sociale. Elle relève spécifiquement de la compétence politique. Ce qui ne veut pas dire que la responsabilité personnelle s'en trouve exclue. Le projet d'un développement solidaire et

1. Sur ce thème, voir le travail particulièrement stimulant du sociologue Luc BOLTANSKI, *L'Amour et la Justice comme compétences*, Paris, Métailié, 1990.

2. Jean CASANAVE, *Renouer avec la terre*, Paris, Éd. de l'Atelier, 1997.

durable implique, certes, une mobilisation des consciences, mais il met d'abord en jeu la responsabilité politique.

Nous avons vu qu'une histoire de la modernité, sous le signe de la sécularisation, et qu'une organisation de la vie commune selon le principe de laïcité ne prémunissent pas définitivement contre les risques de sacralisation irrationnelle. Le questionnement sur le devenir de l'environnement, alors qu'il est urgent et qu'il devrait mobiliser de larges ressources intellectuelles, se trouve obscurci par des recours à la culpabilité, à la peur de l'activité humaine et par une sacralisation de la « Terre mère ». Chacun se trouve donc en responsabilité pour mobiliser les capacités rationnelles de la réflexion éthique et morale. Dans ce contexte, la désacralisation vigoureuse promue par l'héritage biblique conserve toute sa pertinence.

Il importe de tenir fermement une approche dialectique de la responsabilité personnelle des acteurs et de la compétence propre du politique. Il faut demeurer vigilant à l'égard de toute emprise culpabilisatrice qui considère les agressions contre l'environnement comme le résultat d'actes individuels peccamineux, et qui laisse entendre qu'une plus grande rigueur de la part de chacun suffirait à éviter les risques écologiques. On le voit une fois encore, la réflexion morale permet de résister aux dérives moralisatrices. Mais le politique ne peut promouvoir un développement solidaire et durable que dans la mesure où les citoyens s'impliquent eux-mêmes dans une telle perspective. En ce domaine, la responsabilité déborde l'espace national. Il est nécessaire de penser et de vouloir une solidarité entre tous les peuples, puisque la planète est unique et son avenir dépend des efforts de tous. Nous avons là une motivation déterminante pour établir des instances mondiales jouissant d'une réelle autorité pour assurer l'avenir de notre monde [1].

En croisant l'éthique et le politique, on ne peut penser un

1. Nous renvoyons à l'encyclique publiée par le pape Jean XXIII, en 1963, *Pacem in Terris*. Prenant en compte les relations grandissantes entre les peuples, il appelle de ses vœux une autorité à compétence universelle, il retient l'importance du respect des droits de l'homme et d'un développement solidaire pour assurer la paix dans le monde.

développement solidaire et durable que dans la mesure où la notion de bien commun se trouve positivement prise en compte. Par « bien commun » on entend l'organisation de l'ensemble social comme tel, sous la responsabilité du politique ; et l'avenir de la planète nous oblige à honorer un bien commun universel. Mais on entend, tout en même temps, le bien des groupes particuliers et de chacun des membres de l'humanité. La finalité de la vie commune organisée est une vie bonne pour tous en ce monde ; il ne s'agit pas de sacrifier les individus au profit de la structure politique. Nous retrouvons la tension dialectique déjà évoquée.

Notons encore que cette figure d'un bien commun confié à la vigilance responsable des êtres humains entre en conflit direct avec le libéralisme économique qui ne veut connaître que des individus en quête d'une optimisation de leurs intérêts singuliers. L'anthropologie libérale est radicalement inapte à prendre en compte l'avenir de la planète et de l'humanité. Mais cette question met aussi en cause le libéralisme politique qui renvoie la notion de « bien » à la seule sphère privée. Le beau défi que constitue la perspective d'un développement solidaire et durable fait bouger les lignes d'idéologies trop bien installées. Il nous faut apprendre à débattre de nos projets, ce qui nous provoque à expliciter et à mettre en mouvement les anthropologies sociales sous-jacentes à nos figures de l'avenir de la planète et de l'humanité.

André Talbot.

III

LA DÉRIVE VERS UNE ÉCOLOGIE SACRALISANTE

Le but du Nouvel Âge est de proposer « un nouveau modèle d'univers dans lequel l'art, la religion, la philosophie et la science convergent et de promouvoir la compréhension que nous existons dans un cosmos dont les nombreux niveaux de réalité forment un tout unique et sacré. Il veut ainsi instaurer une spiritualité de la terre d'où découle un nouveau mode de vie et un mysticisme cosmique [1] ».

Ces quelques lignes rapportées par un des plus ardents missionnaires du Nouvel Âge, Marilyn Ferguson [2], serviront d'exergue à cette brève réflexion sur une dérive possible de la pensée écologique contemporaine. Cela ne concerne bien évidemment pas l'écologie en tant que discipline scientifique.

---

1. M. FERGUSON, *Les Enfants du Verseau*, J'ai lu, coll. « Aventure secrète », nº 4029, Paris, 1999, p. 421.

2. Marilyn Ferguson est née à Grand Junction (Colorado) en 1938. Elle fréquenta successivement l'Université du Colorado et de Los Angeles (Californie). Elle rédigea en 1973 *The Brain Revolution (La Révolution du cerveau)*, mais est plus connue pour l'ouvrage qui devint un best-seller mondial et le manifeste du Nouvel Âge : *The Aquarian Conspirancy (La Conspiration du Verseau)*, paru en 1980. L'auteur veut y démontrer, à partir des développements récents de la science et de la société, l'émergence d'un nouveau paradigme culturel, dont l'extension serait planétaire, annonciateur d'une ère nouvelle dans laquelle l'humanité parviendrait à réaliser une part importante de son potentiel physique, psychique et spirituel. Ferguson est membre de l'Association de psychologie transpersonnelle ; elle est membre du bureau de l'Institut de science noétique. Elle édite et publie à Los Angeles le *Brain/Mind Bulletin*.

Le cerveau collectif.

Un des paradigmes du Nouvel Âge consiste à affirmer le caractère totalisant du cosmos. Selon cette doctrine, le Tout se reflèterait dans chacune des parties qui le composent et avec lesquelles il serait en étroite interaction grâce à un maillage invisible. Ce réseau subtil – web ou network – permettrait la circulation de l'information entre les composantes les plus éloignées qui demeureraient ainsi étroitement interconnectées. La Terre serait en contact permanent non seulement avec les autres planètes de notre système solaire, avec les galaxies se mouvant aux confins de l'univers, mais aussi avec les mondes parallèles, invisibles, se déployant dans tout le spectre des énergies occultes. C'est pourquoi le Nouvel Âge invite de manière pressante les habitants de la Terre à ne plus se considérer comme des individus isolés, mais comme des éléments d'un ensemble transpersonnel dont toutes les parties sont en interaction continue.

La perception de cette réalité invisible n'est certes pas encore à la portée du commun des mortels, mais à mesure que les hommes accéderont à des niveaux supérieurs de conscience – grâce à des techniques adaptées – ils pourront vérifier la pertinence de cette vision totalisante dans laquelle l'homme et le cosmos ne constituent qu'un seul Tout divin. Les ressortissants du Nouvel Âge ajoutent cependant qu'il faudrait accélérer le pas sur ce chemin évolutif. L'abolition du statut individuel, y compris dans l'ordre de la pensée personnelle, apparaît de plus en plus urgente : l'équilibre de l'écosystème planétaire semble en effet sérieusement menacé par les comportements irresponsables des individus et collectivités.

Pour écarter le spectre d'une catastrophe écologique planétaire irréversible, il faudrait que la Terre puisse disposer d'un cerveau collectif suffisamment puissant pour diagnostiquer rapidement les problèmes auxquels elle est confrontée, concevoir des solutions globales qui tiennent compte de tous les facteurs impliqués, et mettre efficacement en pratique des stratégies dont elle coordonnerait et superviserait elle-même la mise en œuvre [1].

---

1. Cette hypothèse a été proposée et vulgarisée par James Lovelock et Lynn

Or il apparaît que le développement des réseaux de communication au plan planétaire, devrait permettre bientôt de faire fonctionner chacun des cerveaux individuels des êtres humains comme autant de neurones interconnectés d'un immense encéphale planétaire. Il semblerait donc que le développement rapide des moyens de communication – en particulier le réseau Internet – vienne à point nommé pour permettre à la Terre d'échapper à la catastrophe écologique dont elle est menacée. Le salut serait à chercher dans l'intégration des activités mentales individuelles de tous les habitants de la Terre en une pensée collective unifiée, qui représenterait la pensée globale de la planète personnifiée.

Dans cette vision, l'humanité tout entière constituerait le système nerveux de la Terre, le moyen par lequel notre planète accéderait progressivement à la conscience de soi. Réciproquement, chaque individu qui consentirait à renoncer à son fonctionnement individuel pourrait épouser la conscience planétaire globale, puisqu'il deviendrait une cellule de ce grand cerveau collectif. « Après la *géogenèse*, explique Peter Russell, c'est-à-dire la genèse de la Terre, et la biogenèse ou genèse de la vie, l'évolution est arrivée au stade de la "*noogenèse* [1], la genèse de l'esprit", qui nous conduira bientôt à la "planétarisation de l'humanité en une seule et vaste entité organique" [2]. »

Cette dernière phase serait l'aboutissement d'un long processus évolutif en accélération constante. Selon les calculs du philosophe américain Terence McKenna, le centre de la spirale évolutive, ou la fin de la compression du temps requis pour passer dans l'ultime étape, se situerait en décembre 2012. « Fort curieusement, remarque Jean Hudon, c'est précisément le 22 décembre 2012, que se termine le 5 200e et dernier cycle du mystérieux calendrier

---

Margulis dans les années 1974 et suivantes. J. LOVELOCK, *Les Âges de Gaïa*, O. Jacob, 1990 ; *Gaïa, comment soigner une terre malade*, R. Laffont, 1992 ; *Gaïa, une médecine pour la planète*, Sang de la terre, 2001.

1. Ce terme est bien sûr à rapprocher de la « noosphère » de Teilhard de Chardin.

2. Les deux principaux ouvrages dans lesquels cet auteur décrit ses thèses sont : *La Terre s'éveille* (1982), et *The White Hole in Time* (1993).

maya qui, depuis sa découverte, fascine les scientifiques de par son incroyable précision [1]. »

Autre coïncidence, c'est également en 2012 que l'écrivain visionnaire, Ken Carey, auteur du livre *Semence d'étoiles*, situe l'apogée de l'évolution humaine, le moment où sera atteint le seuil critique à partir duquel l'humanité fera un « saut quantique d'évolution », s'unifiant en un seul Tout conscient, intégré dans le « Logos planétaire » qui a conduit l'évolution jusqu'à ce point Oméga.

La déesse Gaïa.

On voit affleurer ici, derrière un discours moralisateur invitant à un renoncement individuel au service de la survie du Tout, une approche quasi « mystique », suggérant des états de conscience « élargie » aux dimensions de la planète personnifiée. Pour bon nombre de groupes dans la mouvance du Nouvel Âge, le souci écologique s'est ainsi doublé d'une spiritualité de la Terre, voire d'un culte à la déesse Gaïa, nom donné par Hésiode (VIIIe siècle av. J.-C.) à la planète Terre dans sa *Théogonie* :

> Avant tout fut *Chaos* ; puis *Gaïa* aux larges flancs, assise sûre à jamais offerte à tous les vivants et *Éros*, le plus beau parmi les dieux immortels.
>
> (*Théogonie*, 116.)

Les conceptions de la divinité varient suivant les écoles ; en général elle est présentée comme l'âme de la Terre, une présence spirituelle intelligente, active, omniprésente, qui dirige ses activités ; ou encore comme un (Arch)Ange ayant reçu la mission de présider à son évolution. Animée par un Esprit, notre planète constituerait donc une réalité vivante et sacrée, qui mérite d'être traitée avec respect, honneur et vénération. La nature sera dès lors recherchée comme lieu de rencontre et de fusion avec une

1. J. HUDON, « L'éveil de la conscience intérieure », Découverte de soi ; site Internet *http://www.cybernaute.com/earthconcert2000*.

mystérieuse présence invisible, vivante et vivifiante, dans la droite ligne du naturalisme romantique.

Selon les défenseurs de la « *deep ecology*[1] », des mesures écologiques qui ne s'appuient que sur des considérations utilitaristes seront toujours impuissantes à apporter des solutions durables. Une véritable conscience écologique ne pourrait jaillir que d'une expérience de communion avec la vie immanente de notre planète. Seuls les sentiments d'amour et de compassion qui naissent de cette intimité seront en mesure de changer radicalement notre comportement individuel et collectif à son égard. Ce n'est qu'ainsi que germera la prise de conscience de la responsabilité qui nous incombe, de nous soumettre à cette divinité qui nous accueille si généreusement chez elle.

En résumé : il faudrait, pour que puissent survivre notre Terre et tous ses habitants, que l'humanité adopte de toute urgence une autre manière de penser, résolument totalisante, systémique, symbiotique et participative. Ce qui suppose que nous abandonnions notre approche statique, locale, sectorisée du monde, pour entrer dans une compréhension des phénomènes en termes d'interactions, de processus, d'événements, de réseaux interconnectés, régis par le Logos planétaire.

Enfin, selon David Spangler[2], l'hypothèse « Gaïa nous oblige à réfléchir à la spiritualité de la terre et à explorer une "écothéologie". Au-delà de l'écologie et du souci de conservation de la planète, nous atteignons ainsi une dimension plus profonde d'interaction et de communion avec notre environnement, qui est

---

1. L'expression « *deep ecology* » – écologie « profonde » – fut introduite par le philosophe et montagnard norvégien Ame Naess (né en 1912), au cours de la World Future Research Conference, tenue en 1972 à Bucarest. Elle fut reprise et vulgarisée par d'autres auteurs, tels que B. Delval, R. et V. Routley, M.-E. Zimmerman.

2. David Spangler est né à Columbus, en Ohio, le 7 janvier 1945. Pendant son enfance, qu'il passa surtout en Afrique du Nord, il vécut un certain nombre d'expériences spirituelles qui le conduisirent à la conviction que l'humanité entrait dans un nouveau cycle d'évolution et se tenait au seuil d'un Nouvel Âge. Il entama en 1964 une carrière de conférencier, qui le conduisit à sillonner les États-Unis et l'Europe. Il fut durant trois années codirecteur de la communauté de Findhorn en Écosse, avant de revenir en 1973 aux États-Unis, pour y fonder et diriger la Lorian Association.

de première importance, autant pour nous-mêmes que pour la nature. Cette approche nous fournira également une nouvelle compréhension du divin, qui peut nous guider dans la découverte d'une culture planétaire saine et unifiée [1] ».

Notre mère la Terre.

Comme exemple de mise en pratique de ces principes, nous citerons la communauté de Findhorn, fondée en novembre 1962 par Peter et Eillen Caddi ainsi que par Dorothy Mac Lean [2]. Selon David Spangler, qui en sera un des premiers coresponsables (1970), le secret de ce centre viendrait de la relation mystique établie entre les premiers communautaires et les forces spirituelles invisibles de la nature. L'histoire de Findhorn repose sur des messages et des directives que les fondateurs auraient reçus de la part de *devas*, c'est-à-dire d'esprits de la nature. Ainsi va naître une vie collective théocratique où chacun des membres obéit au savoir spirituel acquis par les plus éveillés parmi eux, c'est-à-dire ceux qui reçoivent les messages de ces fameux *devas*.

Dans la Préface de l'ouvrage *Les Jardins de Findhorn*, Sir Georges Trevelyan explique :

> La croissance végétale n'est pas seulement un processus mécanique. Il semble que des myriades d'êtres vivants et intelligents sont au travail à l'intérieur des fleurs, des feuilles et des racines. L'Être merveilleux et plein de dignité qui gouverne ce royaume est celui qui était connu sous le nom de Pan par les anciens Grecs. L'homme est aujourd'hui appelé à reconnaître ces artisans et ces artistes de la nature vivante et à travailler avec ces serviteurs du Plus Haut. Nous réalisons avec horreur ce que l'homme, dans sa cupidité, son ignorance et son arrogance, fait actuellement subir à la terre, au monde végétal et au royaume animal.

Heureusement,

---

1. D. Spangler, « The meaning of Gaia », dans *Earth and Spirit*, 24 (1990), 44.
2. Il faudrait sans doute citer également Sheena Govan parmi les fondateurs.

Findhorn commence à établir une nouvelle façon de vivre. Nous sommes appelés à former une nouvelle société qui se consacre vraiment à Dieu et à la survie grâce à la coopération consciente de l'être humain avec des êtres des mondes plus élevés [1].

Globalement, nous assistons à Findhorn à la réapparition d'une conception animiste de la Terre, qui se développe en une vision mystique :

Le mythe est devenu réalité, pour nous offrir une vision renouvelée de la vie, une vision d'unité. Les esprits de la nature sont fondamentalement des aspects de nous-même. Ils nous guident vers notre véritable identité, la réalité divine en nous. L'histoire des jardins est la célébration de cette vie divine sous ses innombrables apparences. Puisse la joie que nous éprouvons lorsque nous participons à cette célébration enraciner notre engagement de révéler et de manifester dans sa plénitude notre beauté et celle de toute forme de vie autour de nous.

La communauté de Findhorn déploie sa philosophie religieuse sur l'horizon des traditions orientales. Mais d'autres courants se réfèrent tout aussi bien au christianisme, réinterprété il est vrai en un sens naturaliste. À titre d'exemple, citons un bref extrait d'un ouvrage récent de Nicole Lambert, qui se présente comme « naturothérapeute, énergéticienne et professeur de yoga ». Dans un chapitre intitulé « Initiation », l'auteur partage les enseignements de son « Guide » :

Dieu est à la fois Père, Mère. La Vierge n'est qu'une expression du Dieu Créateur, elle est le visage féminin de Dieu. Le symbole de Dieu Mère, c'est l'eau. À chaque lieu d'apparition, il y a de l'eau. Elle se sert de l'eau pour se manifester. Dieu Mère, c'est Marie pour les chrétiens, c'est Isis pour les Égyptiens, c'est la Prakiti pour les Indiens, et à travers toutes ces cultures, tu retrouves cette même Déesse Mère.

Elle est celle qui garde la Terre, elle est celle qui nous nourrit et nous permet de vivre. C'est notre vraie mère. Pourtant, l'homme l'ignore et la fait souffrir. Son ignorance fait qu'il la fait mourir petit à petit sans même s'en rendre compte. Notre mère, celle par qui nous sommes nés,

---

1. La Communauté de Findhorn, *Les Jardins de Findhorn*, Le Souffle d'Or, coll. « Findhorn », Barret-le-Bas, 1999, p. 11.

n'en est qu'une représentation ; nous venons à travers elle, mais celle qui nous nourrira et nous permettra de vivre toute notre vie, c'est notre Mère Terre.

Son expression matérielle est la terre, l'eau, le vent, les végétaux, les rochers. Son expression cosmique est l'image que tu vois là (une statue de Notre-Dame de l'Immaculée Conception), cette déesse mère qui depuis toujours s'est manifestée aux hommes à travers leurs diverses cultures. Vénère donc ta Mère, car c'est elle qui est la plus proche de toi ; salue-la chaque matin au réveil, porte-lui quelques offrandes, remercie-la pour ce qu'elle te donne, remercie-la pour te permettre de vivre. Chaque matin vénère ainsi la Mère Terre, face au soleil levant, face au ciel, aux quatre points cardinaux. Salue le Père : Notre Père qui est aux cieux, Notre Mère qui est la Terre [1].

La plupart des ingrédients du discours « Nouvel Âge » sont présents dans ces quelques lignes : des affirmations qui ne se fondent sur aucune analyse ni réflexion, mais sur des intuitions présentées comme le fruit d'une expérience initiatique ou comme des éléments d'un enseignement traditionnel ésotérique ; un syncrétisme de principe ; une récupération de la symbolique chrétienne et une mythologisation du donné révélé ; enfin une piété naturaliste qui rend hommage aux éléments de la nature divinisée.

Inutile de s'attarder longuement sur une évaluation de ce genre de récupération pseudo-religieuse d'un vrai problème, à savoir la survie de notre planète et la gestion responsable de ses ressources.

Entre les calculs à court terme d'une société individualiste, indifférente au sort des générations à venir, et la démission collective au profit d'une pensée unique prenant des allures de mysticisme naturaliste, il reste heureusement l'espace pour l'exercice d'une authentique responsabilité personnelle face au Dieu Créateur, et d'une collaboration active de tous au profit du bien commun, dans la droite ligne de ce que suggèrent les Écritures.

1. N. LAMBERT, *Révélation initiatique*, Harmonia, Saint-Affrique, 2002, p. 18-19.

La mise en accusation du christianisme occidental.

Ce paisible renvoi à la sagesse biblique se trouve cependant contesté – parfois avec acharnement – par les écologistes, depuis la publication en 1967 de l'essai devenu célèbre de Lynn White [1] Jr. intitulé : *Les Racines historiques de notre crise écologique* [2]. Dans cet article, l'auteur rejette sur le christianisme la totale responsabilité de la crise écologique planétaire. Résumons la thèse de White.

Toute forme de vie, qu'elle soit végétale, animale ou humaine, influe sur son environnement et la transforme. En particulier, les modalités de l'interaction entre l'homme et la nature seraient selon L. White tributaires de la philosophie religieuse de chaque société :

> L'attitude écologique des humains dépend de l'idée qu'ils se font d'eux-mêmes et de la conception de leur relation à leur environnement. L'écologie est profondément conditionnée par les croyances sur la nature et la destinée, c'est-à-dire par la religion [3].

Or dans le christianisme – du moins dans sa version occidentale – l'homme se présente selon notre auteur, comme le maître absolu d'une nature objectivée dont il prétend pouvoir user et abuser par un droit divin :

> Le Dieu créateur suscita la nature exclusivement pour le bénéfice et l'usage de l'homme : plus rien dans la création n'a de sens en dehors de son utilisation par l'homme.

La parole biblique en Genèse 1, 28 (« Dieu les bénit et leur dit : Soyez féconds, multipliez, emplissez la terre et soumettez-la ; dominez sur les poissons de la mer, les oiseaux du ciel et tous les

1. L. White est professeur d'histoire à l'Université de Californie, Los Angeles.

2. L. White, « The Historical Roots of our Ecologic Crisis », *Science*, 10 mars 1967, volume 155, n° 3767. L'article reproduit une conférence que L. White prononça à Washington le 26 décembre 1966.

3. Nous traduisons de l'original anglais.

animaux qui rampent sur la terre ») légitimerait en effet la domination et la destruction de la nature par l'homme.

Il est facile de montrer que le verbe « dominer » contient la racine *dominus*, qui désigne le maître au sens du gérant, à qui Dieu confie la nature afin qu'il la gère de manière responsable ; mais tel n'est pas le sens retenu par notre auteur.

L. White soutient en outre que, dans les religions païennes, la présence des esprits protégeait en quelque sorte l'environnement d'une exploitation anarchique ; en désacralisant l'univers, le christianisme aurait privé la nature de cette protection et l'aurait livrée à l'arbitraire humain :

> Malgré Copernic, le cosmos tout entier tourne autour de notre planète ; malgré Darwin, nous ne sommes pas, dans nos cœurs, intégrés dans le processus naturel. Nous nous considérons supérieurs, et en droit d'en disposer selon notre convenance.

Il serait bon de distinguer ici entre « nature » et « création ». Ce dernier concept exprime la relation de dépendance ontologique au Créateur de tout ce qui n'est pas Dieu. Le christianisme a certes libéré l'homme d'une conception animiste selon laquelle la nature serait gouvernée par une multitude d'esprits mais pour la restituer à Dieu, seule Source de son existence en tant que créature. Selon l'anthropologie biblique, l'homme par sa dimension spirituelle transcende certes la nature ; mais il ne saurait en être le maître absolu, car il partage son statut de créature, et en tant que tel, il a des comptes à rendre à Dieu de sa gestion.

Quoi qu'il en soit, pour L. White la conclusion s'impose :

> Si nous ne rejetons pas l'axiome chrétien selon lequel la nature n'a d'autre raison d'être que le service de l'homme, la crise écologique ne fera que s'amplifier. La science et la technologie contemporaines sont à ce point pétries de l'arrogance de l'orthodoxie chrétienne envers la nature, qu'aucune solution de la crise écologique n'est à attendre d'elles seules. Puisque les racines du mal sont avant tout religieuses, le remède doit également être essentiellement religieux, que nous l'appelions ainsi ou non.

Une myopie persistante.

L'essai de Lynn White est entré dans le « folklore » du mouvement écologique : trente-cinq ans après sa parution, et malgré les nombreuses démonstrations de la fragilité de cette thèse, le fameux article est toujours cité en référence comme présentant le dernier mot sur la question. Contrairement à ce que prétend L. White, la conception de l'homme, maître absolu de l'univers, disposant de ses ressources selon son bon plaisir, n'est pas biblique. Elle apparaît plutôt au XVIIe siècle avec le dualisme et la philosophie mécaniste d'un Descartes. La séparation de la « substance pensante » et de la « substance étendue » conduit à une conception du monde matériel dont la raison – et par là l'être humain – sont en quelque sorte absents ou du moins étrangers. Cette conception demeure en arrière-fond du siècle des Lumières [1] et se développera au sein de l'idéologie scientiste. Mais on peut difficilement identifier le christianisme au rationalisme.

Il est vrai qu'une civilisation technicienne n'a pu apparaître et se développer que sur l'horizon d'une philosophie religieuse affirmant clairement la distinction ontologique entre le Créateur et la nature créée, définitivement désacralisée. Mais L. White oublie un peu vite que le scientisme et l'industrialisation – dont il souligne très justement les effets dévastateurs au niveau écologique – ont vu le jour et se sont développés dans un contexte explicitement antichrétien.

Cependant une certaine confusion entre « l'esprit du monde » et le monde objectif, lieu de l'histoire du salut, a pu engendrer en milieu chrétien une forme de mépris pour la Terre, qu'un auteur catholique de la fin du XXe siècle désignait encore comme une « marâtre ». C'est faire peu de cas d'une créature dont l'existence même prouve qu'elle fait l'objet de l'amour de Dieu. Mais

1. E. Kant affirmera que les animaux sont de l'ordre du moyen au service d'une fin qui n'est autre que l'homme. Spinoza en revanche trouvera grâce aux yeux des écologistes pour avoir soutenu la thèse de la divinité de la Nature, dotée en tant que telle d'une valeur intrinsèque à laquelle l'homme ne ferait que participer.

ce genre de dérive – que L. White ne relève pas – est vraiment minoritaire et de nos jours plutôt anecdotique.

Faut-il rappeler enfin que la crise écologique est loin d'être l'apanage des seules cultures chrétiennes [1] ?

L'exaltation du biocentrisme.

Quoi qu'il en soit de la fragilité de l'argumentation de Lynn White, son article fut largement exploité par la « *deep ecology* » pour critiquer l'anthropocentrisme « imposé » par le christianisme. Selon ce mouvement, il serait urgent de remplacer le vieil humanisme qui préside encore de nos jours la pensée occidentale, par un « biocentrisme » radical.

Cette alternative ramènerait l'homme à sa véritable dimension et à sa vraie place : une simple cellule de l'univers organique, un maillon infinitésimal du réseau de la vie, ne jouissant d'aucune valeur ni dignité particulières qui justifieraient quelques prérogatives sur d'autres éléments de la biosphère.

Dès lors, les êtres de la nature devraient tous disposer, au même titre que l'homme, de droits garantis par un « Contrat naturel ». Nous venons de citer le titre d'un ouvrage de Michel Serres, qui propose :

> Retour à la nature ! Cela signifie : au contrat exclusivement social, ajouter la passation d'un contrat naturel de symbiose et de réciprocité où notre rapport aux choses laisserait maîtrise et possession pour l'écoute admirative. Le droit de maîtrise et de propriété se réduit au parasitisme. Au contraire, le droit de symbiose se définit par réciprocité : autant la nature donne à l'homme, autant celui-ci doit rendre à celle-là, devenue sujet de droit [2].

Hans Jonas ne manquera pas de critiquer la notion de « contrat » qui suppose un engagement personnel des deux parties ; dans son ouvrage *Le Principe responsabilité*, il plaide

1. La Chine et les Indes sont citées parmi les pays les plus touchés.
2. M. SERRES, *Le Contrat naturel*, Paris, Flammarion, 1990, p. 67.

plutôt pour une extension aux choses de la nature, de la notion de « fin en soi », réservée jusque-là à la personne humaine.

Mais de la reconnaissance de la valeur intrinsèque de la nature à l'affirmation de sa supériorité sur l'homme, il n'y a qu'un pas, justifié au nom de la pérennité du Tout sur ses composantes éphémères. Bien plus, c'est toujours l'unique Nature dont la vie s'exprime dans le monde végétal, animal, humain et même au-delà, dans des formes dont nous soupçonnons à peine l'existence ; c'est donc elle qui devrait se trouver au centre de nos préoccupations éthiques comme seul authentique sujet de droit. Nous lisons encore dans *Les Jardins de Findhorn* :

> Une énergie rayonnante donne naissance à toute vie dans laquelle elle se répand. Si cette énergie se révèle à nous par l'intermédiaire des plantes, des esprits de la nature ou des êtres humains, tous ces aspects de la vie sur la planète ne sont que le reflet d'une réalité plus profonde cachée en eux. La vie est cette unité qui se développe dans une infinie diversité et joue avec des myriades de formes de toute beauté. L'homme fait intégralement partie de ce modèle complexe [1].

Il n'est sans doute pas superflu de rappeler ici la célèbre méditation de Pascal sur le « roseau pensant » :

> L'homme n'est qu'un roseau, le plus faible de la nature ; mais c'est un roseau pensant. Il ne faut pas que l'univers entier s'arme pour l'écraser : une vapeur, une goutte d'eau, suffit pour le tuer. Mais quand l'univers l'écraserait, l'homme serait encore plus noble que ce qui le tue, parce qu'il sait qu'il meurt ; et l'avantage que l'univers a sur lui, l'univers n'en sait rien.
>
> Toute notre dignité consiste donc en la pensée. C'est de là qu'il faut nous relever et non de l'espace et de la durée, que nous ne saurions remplir. Travaillons donc à bien penser : voilà le principe de la morale [2].

Dans son analyse critique du « nouvel ordre écologique », Luc Ferry souligne que

---

1. La Communauté de Findhorn, *Les Jardins de Findhorn*, exergue.
2. Pascal, *Pensées*, n° 347.

c'est toujours pour les hommes qu'il y a du droit ; pour eux que l'arbre ou la baleine peuvent devenir les objets d'une forme de respect lié à des législations – non l'inverse [1].

Certes la biosphère, en tant que source de vie, possède une valeur intrinsèque ; mais avant de la poser comme sujet ultime de droit, poursuit notre auteur, il est bon de se souvenir qu'

elle donne vie tout autant au virus du sida qu'au bébé phoque, à la peste et au choléra comme à la forêt et au ruisseau. Dira-t-on sérieusement que le HIV est sujet de droit, au même titre que l'homme [2] ?

Le matérialisme implicite de cette philosophie qui réduit l'homme à sa dimension biologique est en général habilement masqué par des considérations moralisatrices sur la survie de la planète Gaïa, dont la sacralisation permet de récupérer également les aspirations spirituelles de l'interlocuteur potentiel.

Mais qui ne voit les dangers d'une approche dans laquelle la personne humaine n'est plus une fin, mais se trouve subordonnée aux besoins de l'écosystème de la Terre ? C'est au nom d'une telle philosophie que des voix se sont déjà fait entendre préconisant la stérilisation d'une bonne part des habitants de notre planète pour en réduire la population, de manière à limiter l'utilisation de ses ressources et à respecter les besoins des êtres non humains qui l'occupent également de plein droit.

Nous touchons ici les limites de la reconnaissance de la nature comme une « fin en soi ». Francis A. Schaeffer souligne très justement que « la valeur d'une chose ne réside pas en elle-même de manière autonome ; elle n'acquiert cette valeur que par la relation à son Créateur. Toute chose mérite le respect en tant que créée par Dieu comme c'est le cas de l'homme lui-même [3] ». En dehors de cette relation à son Origine absolue, reconnaître la nature comme une « fin en soi » revient à en faire une idole qui finira par imposer son joug à ses adorateurs.

---

1. Luc Ferry, *Le Nouvel Ordre écologique*, Paris, Grasset, 1992, p. 257.
2. *Ibid.*
3. F. A. Schaeffer, *Pollution and the Death of Man*, Crossway Books, Wheaton, Illinois, 1992, p. 59 (nous traduisons de l'original anglais).

Retour au christianisme.

Un aspect du christianisme – et non des moindres ! – semble avoir totalement échappé à L. White, à savoir la place centrale du Mystère de l'Incarnation. S'il est vrai que, par la venue du Verbe de Dieu dans la chair, la personne humaine se trouve placée au centre de la doctrine chrétienne, il n'en demeure pas moins que cet Homme Nouveau est totalement référé à Dieu auquel il est chargé de ramener la création tout entière qu'il récapitule en lui.

Ni une vision exclusivement anthropologique, ni une approche radicalement biocentrique ne peuvent donner à la nature sa véritable valeur, mais seulement la conception biblique d'une création théocentrique, qui trouve son accomplissement dans sa participation active à la liturgie céleste. Car ce ne sont pas seulement les âmes des justes qui chantent et chanteront éternellement la gloire de l'Agneau mais « toute créature au ciel, sur terre, sous terre et sur mer, tous les êtres qui s'y trouvent, je les entendis proclamer : "À celui qui siège sur le trône et à l'agneau, louange, honneur, gloire et pouvoir pour les siècles des siècles" » (Ap 5, 13).

Père JOSEPH MARIE VERLINDE.

IV

POUR DÉCOUVRIR LA PENSÉE DE L'ÉGLISE

Contrairement à une opinion souvent répandue, les papes n'ont pas découvert, il y a seulement dix ans, les problèmes moraux posés par la sauvegarde de l'environnement, sous l'influence des mouvements écologiques ou des prises de position protestantes. Certes, les milieux catholiques en France semblent ne s'être émus que tout récemment, et la Déclaration de la Commission sociale des évêques de France intitulée le « respect de la Création » date seulement de l'an 2000. Elle fut accueillie favorablement, mais n'eut qu'un impact relativement modeste, tant est ancré dans nos communautés le préjugé selon lequel ces questions écologiques relèvent surtout de la politique et n'ont guère de rapport avec la foi chrétienne.

Paul VI, cependant, dès 1970, avait pris conscience du risque d'une catastrophe écologique mondiale et avait mis en garde les dirigeants de la FAO [1] sur la manière dont ils comptaient conduire le développement agricole, afin de remédier à la faim dans le monde. Faisant écho à cela, le cardinal Villot, secrétaire d'État, déclara en 1971 : « Toute atteinte à la création est un affront au Créateur. »

Dans une conférence fort remarquée à Namur en juin 2004, devant des délégués des conférences épiscopales européennes, le nonce, auprès de la Communauté européenne, Mgr Sainz Munoz, déclarait : « À la fin des années 1960, le Saint-Siège a participé activement au processus de réflexion sur la protection de l'environnement, en présentant des initiatives qui correspondaient à sa nature spécifique. Les premières prises de position de

1. Discours de Paul VI à la FAO le 16 novembre 1970 ; *DC* 1970, nº 1575, p. 1053.

son magistère remontent à l'année 1971, dans la lettre apostolique de Paul VI *Octogesima adveniens* et dans un document du synode des évêques sur la Justice dans le monde.

Mais l'événement le plus marquant fut le discours que Paul VI adressa en 1972 à Stockholm à la Conférence des Nations unies sur l'environnement [1]. Il y dénonçait « les déséquilibres provoqués dans la biosphère par l'exploitation désordonnée des réserves physiques de la planète » au point de menacer la propre survie de l'homme.

L'Église et la Conférence des Nations unies sur l'environnement (Stockholm, 5-17 juin 1972).

Le message de Paul VI à M. Maurice Strong, secrétaire général de la Conférence des Nations unies sur l'environnement, dont nous donnons ici un extrait, a été lu lors de l'ouverture des travaux de la Conférence, le 5 juin (il est le seul qui ait été lu en public) :

Aujourd'hui, en effet, émerge la conscience de ce que l'homme et son environnement sont plus que jamais inséparables : le milieu conditionne essentiellement la vie et le développement de l'homme ; celui-ci, à son tour, perfectionne et ennoblit son milieu par sa présence, son travail, sa contemplation. Mais la capacité créatrice humaine ne portera de fruits vrais et durables que dans la mesure où l'homme respectera les lois qui régissent l'élan vital et la capacité de régénération de la nature : l'un et l'autre sont donc solidaires et partagent un avenir temporel commun. Aussi l'humanité est-elle alertée d'avoir à substituer à la poussée, trop souvent aveugle et brutale, d'un progrès matériel laissé à son seul dynamisme le respect de la biosphère dans une vision globale de son domaine, devenu « une seule terre » pour reprendre la belle devise de la Conférence.

L'annulation de la distance par le progrès des communications, l'établissement de liens toujours plus étroits entre les peuples par le développement économique, la sujétion croissante des forces de la nature à la science et à la technologie, la multiplication des relations humaines par-dessus les barrières des nationalités et des races sont autant de facteurs

1. Message de Paul VI à Stockholm ; *DC* 16 juillet 1972, n° 1613.

d'interdépendance pour le meilleur ou pour le pire, pour l'espérance de salut ou le risque de désastre. Un abus, une détérioration provoqués en un point du monde ont leur retentissement en d'autres lieux et peuvent altérer la qualité de vie des autres, souvent à leur insu et sans leur faute. L'homme sait désormais avec certitude que le progrès scientifique et technique, malgré ses aspects prometteurs pour la promotion de tous les peuples, porte en soi, comme toute œuvre humaine, sa forte charge d'ambivalence, pour le bien et pour le mal.

Jean-Paul II.

Dès le début de son pontificat, le pape Jean-Paul II manifeste son souci concret des problèmes humains avec la fameuse formule « la route de l'Église, c'est l'homme ». Dans sa première encyclique consacrée au « Christ Rédempteur de l'homme » il montre que l'homme pécheur est la « route de l'Église parce que l'homme a été racheté par le Christ ». D'une façon inattendue, il place le problème écologique parmi les menaces qui pèsent sur l'homme d'aujourd'hui et ne sont pas sans lien avec son avenir et son salut.

1979 : le Rédempteur de l'homme [1].

L'homme d'aujourd'hui semble toujours menacé par ce qu'il fabrique, c'est-à-dire par le résultat du travail de ses mains, et plus encore du travail de son intelligence, des tendances de sa volonté. Une question doit donc surgir : pour quelle raison ce pouvoir donné à l'homme dès le commencement et qui devait lui permettre de dominer la terre (Gn 1, 8) se retourne-t-il contre lui-même, provoquant un état bien compréhensible d'inquiétude, de peur consciente ou inconsciente, de menace qui se communique de diverses manières à toute la famille humaine contemporaine et se manifeste sous toutes sortes d'aspects ? Cet état de menace pour l'homme venant de ses productions se manifeste dans des directions différentes et comporte divers degrés d'intensité. Il semble que nous sommes toujours plus conscients du fait que l'exploitation de la terre, de la planète sur laquelle nous vivons, exige une planification rationnelle et honnête. En même temps, cette exploitation à des fins non

1. *Le Rédempteur de l'homme*, Le Centurion, 1979.

seulement industrielles mais aussi militaires, un développement de la technique non contrôlé ni organisé au plan universel et d'une manière authentiquement humaniste, comportent souvent une menace pour le milieu naturel de l'homme, aliènent ce dernier dans ses rapports avec la nature et le détournent d'elle. L'homme semble souvent ne percevoir d'autres significations de son milieu naturel que celles de servir à un usage et à une consommation dans l'immédiat. Au contraire, la volonté du Créateur était que l'homme entre en communion avec la nature comme son « maître » et son « gardien » intelligent et noble et non comme son « exploiteur » et son « destructeur » sans aucun ménagement.

RH 15.

La sollicitude de l'Église.

L'Église, chargée d'annoncer la bonne nouvelle du salut et la vocation à la vie éternelle se méfie traditionnellement d'un souci excessif des choses de la terre. C'est ainsi que saint Paul nous dit : « Recherchez les choses d'en haut et non celles de la terre » (Col 3, 2).

Jean-Paul II, sans contredire formellement cet enseignement, va orienter à la suite du concile Vatican II le regard des chrétiens vers les choses de la terre au nom même de la foi en Jésus-Christ. Il est probable que la prise de conscience de ce changement d'attitude n'en est qu'à ses débuts. Cela expliquerait le désintérêt de tant de chrétiens pour la pensée sociale de l'Église. Or Jean-Paul II est très explicite :

L'Église animée par la foi eschatologique considère cette sollicitude pour l'homme, pour son humanité, pour l'avenir des hommes sur la terre et donc aussi pour l'orientation de l'ensemble du développement et du progrès, comme un élément essentiel de sa mission indissolublement lié à celle-ci. Et elle trouve le principe de cette sollicitude en Jésus Christ lui-même comme en témoignent les évangiles. C'est pour cela qu'elle désire accroître continuellement en Lui cette sollicitude en relisant la situation de l'homme dans le monde d'aujourd'hui à la lumière des signes les plus importants de notre temps.

RH 15.

La situation de l'homme dans le monde contemporain semble en effet éloignée des exigences de la justice et, plus encore, de celles de l'amour social. Il ne s'agit ici que de ce qui est exprimé par le premier message adressé à l'homme par le Créateur au moment où il lui confiait la terre, pour qu'il la « soumette ». Ce premier message a été confirmé dans le mystère de la Rédemption par le Christ Seigneur. Ceci est exprimé par le Concile Vatican II dans les très beaux chapitres de son enseignement sur la « royauté » de l'homme, c'est-à-dire sur sa vocation à participer au service royal au *« munus regale »* du Christ lui-même. Le sens fondamental de cette « royauté » et de cette « domination » de l'homme sur le monde visible qui lui est assignée comme tâche par le Créateur lui-même consiste dans la priorité de l'éthique sur la technique dans le primat de la personne sur les choses, dans la supériorité de l'esprit sur la matière.

RH 16.

L'Église comprise de cette façon cesse d'être un simple refuge des misères humaines. Elle demeure, certes, un lieu de compassion, mais aussi de contestation radicale de ce qui dans la société opprime l'homme et détruit la nature. Elle rencontre alors l'opposition de tous ceux que ces prises de position gênent dans leur entreprise de domination. Certains l'ont compris et deux ans plus tard une tentative d'attentat à Rome en 1981 cherchera à faire taire cette voix ; en vain, heureusement.

Les bases de la réflexion théologique de Jean-Paul II sur le drame des rapports faussés entre l'homme et la nature sont donc posées, à la suite de Paul VI, dès 1979. Cette réflexion audacieuse va encore passer relativement inaperçue jusqu'à un nouvel événement.

1990 : la paix avec la création.

Le message pour la journée de la paix de 1990, intitulé « La Paix avec Dieu Créateur, la Paix avec toute la Création », va développer des thèmes déjà présents dans l'encyclique *Le Rédempteur de l'homme* : à savoir que la crise écologique est d'abord un problème moral. Il dénonce crûment « la destruction de l'environnement comme le résultat d'une vision destructrice et antinaturelle qui dénote parfois un véritable mépris de l'homme ». La

Extraits du message du pape Jean-Paul II pour la XXIIIe journée mondiale de la paix.

LA PAIX AVEC DIEU CRÉATEUR,
LA PAIX AVEC TOUTE LA CRÉATION

1er janvier 1990

Introduction

À l'heure actuelle, on constate une plus vive conscience des menaces qui pèsent sur la paix mondiale, non seulement à cause de la course aux armements, des conflits régionaux et des injustices qui existent toujours dans les peuples et entre les nations, mais encore à cause des atteintes au respect dû à la nature, de l'exploitation désordonnée de ses ressources et de la détérioration progressive dans la qualité de la vie. Cette situation engendre un sentiment de précarité et d'insécurité qui, à son tour, nourrit des formes d'égoïsme collectif, d'accaparement et de prévarication.

La crise écologique : un problème moral

Certains éléments de la crise écologique actuelle font apparaître à l'évidence son caractère moral. Il faut y inscrire en premier lieu l'application sans discernement des progrès scientifiques et technologiques.

L'éducation à la responsabilité écologique est donc nécessaire et urgente : responsabilité envers soi-même, responsabilité à l'égard des autres, responsabilité à l'égard de l'environnement. C'est une éducation qui ne peut être fondée simplement sur l'affectivité ou sur des velléités mal définies.

Les chrétiens, notamment, savent que leurs devoirs à l'intérieur de la création et leurs devoirs à l'égard de la nature et du Créateur font partie intégrante de leur foi. C'est pourquoi ils sont conscients du vaste domaine de collaboration œcuménique et interreligieuse qui s'ouvre devant eux.

En concluant ce Message, je voudrais m'adresser directement à mes Frères et Sœurs de l'Église catholique pour leur rappeler l'obligation grave de prendre soin de toute la création. L'engagement du croyant en faveur d'un environnement sain découle directement de sa foi en Dieu créateur, de la considération des effets du péché originel et des péchés personnels, et de la certitude d'être racheté par le Christ.

Saint François d'Assise, que j'ai proclamé, en 1979, patron céleste des écologistes, donne aux chrétiens l'exemple d'un respect authentique et sans réserve pour l'intégrité de la création.

pensée est vigoureuse et prend le contre-pied d'un certain courant écologique biocentré et antihumaniste.

Le pape s'appuie sur la vision traditionnelle héritée de l'Ancien Testament d'un monde créé bon par Dieu et confié à l'homme comme un jardin qu'il est chargé de cultiver avec sagesse et discernement. Ce message d'une grande richesse théologique sera repris de multiples façons dans des interventions plus récentes, notamment avec le patriarche œcuménique Bartholoméos Ier dans la Déclaration de Venise en 2002.

Cette fois-ci ce message rencontre un écho mondial. Venant après le grand Rassemblement œcuménique de Bâle en 1989 où toutes les Églises chrétiennes d'Europe s'étaient solennellement engagées à lutter contre la dégradation de l'environnement, il est entendu par la société civile parfois mieux que par nos communautés restées frileuses.

Depuis lors, chaque année Jean-Paul II et d'autres grands responsables d'Églises orthodoxes et protestantes n'ont cessé d'éduquer les chrétiens à acquérir cette conscience écologique qui fait partie désormais de notre foi en Dieu Créateur et Sauveur.

2003 : Jean-Paul II s'adresse aux évêques d'Europe [1].

Enfin, on ne saurait oublier qu'il est parfois fait un usage indu des biens de la terre. Manquant en effet à la mission de cultiver et de garder la terre avec sagesse et amour (Gn 2, 15), l'homme a, dans de nombreuses régions, dévasté plaines et forêts, pollué les eaux, rendu l'air irrespirable, bouleversé les systèmes hydrogéologiques et atmosphériques, et provoqué la désertification de vastes zones.

Même dans ce cas, servir l'évangile de l'espérance veut dire s'engager de manière nouvelle pour un usage correct des biens de la terre développant l'attention qui, en plus de sauvegarder des habitats naturels, défend la qualité de vie des personnes, afin de préparer pour les générations futures un monde plus conforme au projet du Créateur.

L'Église en Europe, n° 89.

1. *L'Église en Europe*, Éd. du Cerf-Bayard, 2003.

Le message est clair. Il est repris inlassablement par les délégués du Saint-Siège depuis la Conférence de Rio en 1992 jusqu'à celle de Johannesburg en 2002. Au-delà des militants de la première heure qui vieillissent nécessairement, les nouvelles générations sauront-elles reprendre le flambeau pour instaurer un développement durable qui respecte tout l'homme et tous les hommes en se souciant de ceux qui viennent après eux ? Pourquoi en douter ?

Notre foi en Jésus Ressuscité qui veut faire « toutes choses nouvelles » (Ap 21, 5) nous en donne sinon la garantie, du moins l'espérance.

PASCAL ROUX.

TROISIÈME PARTIE
AGIR POUR LA CRÉATION

INTRODUCTION

En Suisse, protestants et catholiques travaillent main dans la main pour promouvoir le respect de la création… avec la bénédiction de leur hiérarchie respective ; en Allemagne, de nombreux diocèses sont soucieux de mettre leurs infrastructures aux normes environnementales ; en Autriche, les évêques se sont faits les avocats d'une « Journée chrétienne de la création » ; en France, la conférence épiscopale a publié en janvier 2000 un texte sur « le respect de la création »…

Ces quelques exemples annoncent la couleur : face à la crise écologique, l'Église prend de plus en plus souvent position en faveur du développement durable non seulement par des discours mais aussi par des actes. La sauvegarde de la planète, dont nous savons qu'elle est « création » de Dieu, sera à n'en pas douter l'objet d'une attention particulière de l'Église dans les prochaines années, impliquant évêques et mouvements de sensibilités diverses. Y compris dans les pays où l'Église se montre traditionnellement peu sensible à ces questions.

Les fidèles ont-ils pris la mesure de la conversion qu'implique la sauvegarde de la création ? Le terme « conversion » peut sembler inapproprié ici. Pourtant, Jean-Paul II comme Bartholoméos Ier l'ont affirmé sans détour : il n'y aura pas de solution à la crise écologique sans la conversion du cœur de chacun. Il s'agit de se libérer de la logique du « toujours plus » prônée par la société de consommation et d'encourager un esprit de sobriété ; bref, de choisir l'être plutôt que l'avoir.

Loin de s'adresser à des ascètes, cette conversion interpelle tous les croyants. Car elle passe par des gestes simples, à la portée de chacun. Simples, mais qui ne vont pas sans des changements d'habitudes, parfois des renoncements. Limiter ses déplacements en voiture, trier ses déchets, bouder les emballages inutiles, baisser d'un degré le thermostat du radiateur ou du climatiseur, renoncer à acheter tel objet qui n'est pas indispensable… Autant d'initiatives individuelles qui, ajoutées les unes aux autres, contribuent à diminuer la pollution de la planète et à partager les ressources naturelles avec les pays pauvres et les générations futures. Ne dit-on pas que les petits ruisseaux font les grandes rivières ?

Comme la sobriété n'est pas dans l'air du temps, les acteurs de l'éducation – famille, école, catéchisme, etc. – doivent redoubler d'efforts non seulement pour éveiller la responsabilité des jeunes à l'égard de la création mais aussi pour faire découvrir sa diversité et sa beauté. Car on protège ce que l'on aime, ce que l'on estime. La sauvegarde de la création se nourrit de notre intériorité, de notre émerveillement devant sa beauté. C'est ce que les évêques de France appellent « une démarche du cœur où figurent en bonne place la louange, l'action de grâces, la contemplation, la prière » *(Le Respect de la création).*

Les témoignages qui concluent cette troisième partie illustrent la diversité des engagements en faveur du respect de la création. Que l'on soit prêtre, agriculteur, moine ou cadre professionnel, faire de l'écologie hors des sentiers battus est toujours une aventure ! Une aventure qui suscite parfois des incompréhensions mais qui se révèle au final un terreau fertile pour le dialogue, parfois même la réconciliation. Une aventure qui porte du fruit non seulement pour la nature mais aussi pour l'homme.

C'est pourquoi il est important que toutes les personnes de bonne volonté se mobilisent pour la planète. L'action de la société civile et la pression de l'opinion publique se révèlent d'autant plus décisives que les responsables politiques sont centrés le plus souvent sur des objectifs à court terme et se refusent à prendre les mesures qui s'imposeraient eu égard aux conséquences désastreuses que notre mode de vie fait peser sur les générations futures. Un aveuglement trop souvent de mise également chez les responsables économiques, poussés à prendre des décisions inacceptables sur le plan social et/ou écologique sous la pression de leurs actionnaires.

Prions donc pour que les chrétiens soient le « levain de la pâte », mais toujours avec modestie. Qu'ils donnent l'exemple en matière d'initiatives écologiques et assument leurs responsabilités de « gérants » de la création de Dieu, une création offerte à tous les hommes, tout spécialement aux générations à venir.

CÉLINE LAROUSSE.

LES ÉGLISES D'EUROPE EN ACTION

I

LA SUISSE PIONNIÈRE

Petit pays à forte densité de population, la Suisse a rapidement été confrontée aux problèmes de l'environnement. Comme par ailleurs il y a à peu près autant de protestants que de catholiques, il n'est guère surprenant que les initiatives œcuméniques aient rapidement connu un développement réjouissant, tout spécialement dans le domaine du développement et de la protection des ressources naturelles.

C'est ainsi qu'en 1976 déjà, une centaine de personnalités de divers groupements, de diverses confessions et régions linguistiques plaidaient, dans le cadre d'un Forum à Macolin, en faveur d'un nouveau style de vie, car « la crise de la société actuelle n'est ni passagère, ni superficielle : elle est mortelle ». On estimait que la misère des pauvres et le gaspillage des riches étaient les deux facettes d'un même problème ; et que les critères du nouveau mode de vie s'appelaient : décentralisation, participation, justice sociale et comportement écologique. Il a pour objectif davantage de vie, le « plus » étant ici une notion qualitative et non pas quantitative.

Dans les années 70, les problèmes d'énergie, surtout nucléaire, ont pris une dimension importante, entraînant des manifestations massives. En 1978, les évêques suisses ont réclamé la participation des chrétiens au débat concernant la politique énergétique de la Suisse. La Commission nationale Justice et Paix et l'Institut d'éthique sociale (protestant) ont publié plusieurs études estimant que des valeurs éthiques fondamentales sont en jeu dans la question de l'énergie.

La catastrophe de Tchernobyl et le vaste incendie de Schweizerhalle (Bâle) survenus en 1986 ont encore aiguisé la prise de conscience des problèmes écologiques au sein des Églises. C'est ainsi qu'est née en décembre 1986 la Communauté œcuménique de travail Église et environnement (COTE) avec pour but de « mieux ancrer la responsabilité à l'égard de la création, sa protection, son intégrité dans la vie et le témoignage des Églises ». En font partie des particuliers, des paroisses catholiques et protestantes, des Églises cantonales et des organisations liées aux Églises. La proposition relative à l'établissement de bilans écologiques dans quelques paroisses pilotes a révélé la difficulté à faire évoluer les comportements, surtout les plus habituels.

La COTE a consacré de nombreuses actions à des campagnes de sensibilisation, tout spécialement vis-à-vis du climat. L'initiative « la terre doit changer sa peau » a été lancée avec les *médecins en faveur de l'environnement* ; la campagne « la protection du climat maintenant » a rassemblé plus de quarante organisations actives dans l'environnement et le développement et la pétition a recueilli plus de 66 000 signatures. Toujours dans la même perspective, la COTE organise régulièrement des cours à l'intention des sacristains et des marguilliers sur le thème des économies d'énergie. Deux à trois cours ont lieu annuellement dans les différentes régions de Suisse.

En écho aux rassemblements œcuméniques européens de Bâle (1989) et de Graz (1997), la COTE organise chaque année une vaste action consacrée au « Temps de la création », qui s'échelonne entre le 1er septembre (Journée de la création des Églises orthodoxes) et le 4 octobre, anniversaire de saint François d'Assise. Un dossier diversifié, comprenant du matériel liturgique, est établi et mis à disposition des paroisses. Les thèmes traités à ce jour sont :

– 1993 : Énergie de l'enfance

– 1994 : L'animal et nous

– 1995 : À pieds joints vers demain

– 1996 : Notre pain de ce jour – que mettons-nous dans le four ?

– 1997 : Un climat d'espérance

– 1998 : La création aux multiples visages

– 1999 : Dieu voyage en douceur

– 2000 : Frère soleil

– 2001 : Mélodie en sol

– 2002 : Vive l'air
– 2003 : Eau d'ici, eau de là
– 2004 : Rythmes pour la vie

Ce temps de la création figure dans le calendrier annuel de nombreuses paroisses catholiques et protestantes. Cinq cents relais assurent la diffusion du matériel qui est effectivement utilisé. Un aspect important de ces campagnes réside dans la coopération avec d'autres organisations et spécialistes.

La COTE assume également un rôle de passerelle entre les organisations de l'environnement laïques, les services de l'administration et les Églises. C'est pourquoi elle travaille dans le cadre de l'association Agenda 21 local, qui regroupe organisations, syndicats et partis politiques. La COTE s'immerge ainsi totalement dans la société civile et montre que les Églises se veulent partie prenante à part entière des défis posés par les temps actuels.

La Commission nationale suisse Justice et Paix et la Fédération des Églises protestantes de Suisse continuent, elles aussi, à faire évoluer les mentalités. Outre les actions dans le domaine de l'énergie ci-dessus mentionnées, ces deux structures organisent des campagnes sur des thèmes d'actualité, dont la plus originale a concerné la propriété du sol. Intitulée « le sol atout, le sol à tous ! », elle a abordé un problème délicat, mais essentiel en Suisse, où la privatisation des terres pose de graves problèmes sociaux et économiques. Inutile d'insister sur le fait que cette action provoqua un tollé général, des discussions passionnées et que les Églises furent traitées de gauchisantes !

Le rapport entre les questions écologiques et la justice est important aussi aux yeux des organisations d'entraide des Églises suisse. Ainsi, les campagnes de carême « Pain pour le prochain » des Églises protestantes et « Action de carême », organisme d'entraide catholique, sont-elles assez souvent centrées sur un thème d'environnement ou de développement, par exemple « Plus jamais le déluge » en 1989, « Ciel ! ma terre » en 1995 et « La bourse pour la vie », en 1997, qui aborda le problème crucial du commerce équitable.

On peut dire aujourd'hui que la « Sauvegarde de la création » est bien ancrée dans la mission de l'Église. Ainsi, par exemple, l'ordonnance des Églises réformées Berne-Jura-Soleure de 1990 stipule : « La paroisse engage ses membres à respecter la vie et à traiter la nature et ses biens avec ménagement. Elle encourage à prendre conscience du danger auquel l'intervention et l'exploitation abusive de l'homme exposent la Création ». Il reste néanmoins beaucoup à faire. À côté de toutes les autres tâches de l'Église, les questions écologiques ne sont véritablement prises au sérieux que marginalement ; et, au-delà des belles déclarations, il ne se passe généralement pas grand-chose. Le mode de vie des Églises ne se distingue guère – malgré trente ans de discussions sur le mode de vie – de celui de la grande majorité de la population, caractérisée par la consommation matérielle.

KURT ZAUGG-OTT.

II

AUTRES EXEMPLES EN EUROPE

Les Églises d'Allemagne.

Comme en Suisse, les Églises d'Allemagne ont été parmi les premières à se préoccuper de la dégradation de la création. En exemple peut être cité l'archidiocèse de Fribourg-en-Brisgau.

Répondant à une proposition des ornithologues allemands, ce dernier demandait à toutes ses paroisses en 1977 déjà d'aménager leurs locaux paroissiaux, églises, pour faciliter la nidification de la chouette effraie, en forte régression partout. Une telle initiative peut faire sourire ! En effet, n'y a-t-il pas de priorité plus importante pour un évêché que la protection des oiseaux… ou des chauves-souris ? Ces dernières feront en effet l'objet d'une nouvelle recommandation aux paroisses pour la pose de treilles spéciales. C'est vrai qu'il y a des priorités plus importantes : lutter contre l'injustice, aider les rejetés de la société, mais est-ce une raison pour ne pas se préoccuper de l'ensemble de la création, de ses différentes composantes, tout spécialement des espèces les plus menacées et les plus méprisées ?

Courageuse, l'assemblée diocésaine de ce même diocèse décide, en 1991, le lancement d'une pétition pour la limitation de vitesse sur les autoroutes allemandes à 130 km/h. On imagine le tollé au pays des Mercedes, BMW et autres Audi…

Dès cette époque, les initiatives s'accélèrent et s'attaquent aux problèmes relatifs à la circulation en général, aux transports, à l'eau, à la diversité biologique et à l'énergie. Ce dernier domaine revêtant une acuité de plus en plus grande, des initiatives particulièrement conséquentes sont décidées :

– encouragement à l'économie d'énergie ;

– recours aux énergies alternatives : cellules photovoltaïques, pompes à chaleur, éoliennes ;
– recours à la technique des *Blockheizkraftwerke* (centrales thermiques écologiques).

Ces dernières mesures sont stimulées par des subventions de l'archevêché.

Les propriétés agricoles de l'évêché sont toutes gérées selon les principes de l'agriculture biologique ou extensive ; et l'éducation à l'environnement, notamment par le biais de concours scolaires, est encouragée dans toutes les communautés paroissiales, les mouvements, les jardins d'enfants…

Signalons enfin que l'archidiocèse de Fribourg-en-Brisgau dispose d'un délégué à plein temps pour l'environnement ; c'est le cas également de plusieurs diocèses allemands. Nous ne pouvons présenter ici les nombreuses initiatives d'autres diocèses, par exemple de Munich et d'Eichstätt en Bavière. Mentionnons simplement que plusieurs coopèrent activement à la mise en œuvre de l'Agenda 21 (vaste programme de travail pour le XXIe siècle décidé à la Conférence mondiale de Rio en 1992), soit directement, soit indirectement par des mouvements, comme le fait l'Académie François-d'Assise pour la ville d'Ingolstadt.

L'Église de Norvège.

Dès 1970, la Commission des Affaires internationales du Conseil des relations étrangères de l'Église de Norvège s'est préoccupée de politique, plus spécialement de « paix, justice et sauvegarde de la création », anticipant ainsi de près de vingt ans sur le rassemblement œcuménique européen de Bâle.

En 1992, la Conférence des évêques discute et adopte un document très fouillé et très complet, *La Société de consommation comme défi éthique*, abordant des thèmes aussi variés que l'effet de serre et… le GATT. La responsabilité de l'Église est annoncée sans ambages pour « le développement de la prise de conscience des consommateurs en matière d'achats. L'Église est l'ONG (organisation non gouvernementale) avec le plus grand nombre de membres et dispose de la plus grande opportunité de toucher un maximum de personnes à travers le monde grâce à sa structure, sa position ». Voilà une annonce sans ambiguïté ! Elle serait de nos jours peut-être un peu moins percutante, mais je pense que, quant au fond, elle demeure juste.

L'Église du Danemark.

Cette Église est aussi très active, et s'est associée aux initiatives du WWF international (Fonds mondial pour la nature) qui organisait, en automne 1986, à l'occasion de ses vingt-cinq ans d'existence, un grand rassemblement associant scientifiques et représentants de cinq religions. C'est également au Danemark qu'a été construite une église uniquement avec des matériaux de démolition et des déchets. Bel exemple de récupération !

La Finlande.

Dans ce pays, l'Association œcuménique des centres laïcs et des Académies a développé le processus Oïkos à l'Académie de Lärkkulla, qui est un centre de formation et de conférences du diocèse de langue suédoise de l'Église luthérienne de Finlande. Cette académie a décidé, il y a de nombreuses années, de vivre écologiquement, comme c'est également le cas d'un nombre croissant de structures paroissiales et autres : presbytères, écoles, foyers, séminaires… en Suisse et en Allemagne par exemple.

Cela porte sur :

– la nourriture, achetée en fonction de critères de production et du commerce équitable ;

– le matériel de bureau (papier sans chlore…) ;

– le boycott du plastique ;

– le chauffage, l'éclairage ;

– le tri des déchets ;

– les produits de nettoyage et d'entretien.

L'Église d'Autriche.

En Autriche, l'Église dispose depuis plus de dix ans d'une association originale, l'ARGE/Schöpfungsverantwortung qui constitue aujourd'hui un important mouvement auquel la Conférence des évêques d'Autriche a confié en 1996 la responsabilité de se charger des activités en matière d'environnement, notamment en développant des contacts sur une base Internet, œcuménique et interreligieuse. Parmi ses acquis figurent :

– l'opposition (réussie) à la construction d'une centrale nucléaire ;

– lutte contre la directive de l'Union européenne sur le brevetage du vivant ;

– préservation d'une grande zone de forêt alluviale ;

– un important développement de l'agriculture biologique (parmi les plus élevés d'Europe) ;

– encouragement aux énergies renouvelables ;

– promotion du commerce équitable.

En revanche, les efforts déployés pour réduire les émissions de CO_2 n'ont pas abouti et il faut constater l'échec. Remarquons qu'il s'agit là d'un « combat » prioritaire tout spécialement pour le Conseil œcuménique des Églises, combat absolument justifié lorsqu'on connaît les répercussions désastreuses possibles des changements climatiques : multiplication des tornades, inversions climatiques, grandes sécheresses, inondations, élévation du niveau de la mer.

Le mouvement s'efforce aussi d'influencer le comportement quotidien du chrétien pour mieux protéger l'environnement, et s'est fait l'avocat d'une « Journée chrétienne de la création », ainsi que l'ensemble des Églises d'Europe l'a recommandé, en soutenant la proposition du patriarche œcuménique de Constantinople de l'arrêter au 1er septembre de chaque année. Si cette date convient aux Autrichiens, elle n'est pas opportune pour la majorité des pays d'Europe. C'est pourquoi le Conseil des conférences épiscopales d'Europe a proposé de célébrer la création entre le 1er septembre et le 4 octobre, jour de la fête de saint François d'Assise.

L'Église de Belgique.

L'Église, en Belgique, n'a pas la même longue expérience que les précédentes. Mais suite à la première réunion des responsables de l'environnement des Conférences épiscopales d'Europe, tenue à Celje (Slovénie), 1999, les évêques ont décidé de créer une Commission pour la sauvegarde de la création. Elle regroupe des acteurs d'horizons les plus divers représentant aussi bien le monde de l'économie marchande et non marchande, les pouvoirs publics, le monde de la culture et de l'environnement, ainsi que des théologiens.

Soucieuse d'approfondir la réflexion éthico-théologique sur le respect de l'environnement, la Commission met également en œuvre des actions concrètes pour favoriser les synergies entre les acteurs environnementaux, promouvoir l'éducation à l'environnement auprès des jeunes et développer le dialogue œcuménique et interreligieux sur ces questions.

La Commission a en outre mis sur pied un Institut scientifique en management environnemental et dispose d'un site pilote et didactique.

Dans le cadre de l'année sur la diaconie, les évêques de Belgique ont choisi comme premier thème : la préoccupation écologique. À cette occasion, la Commission a pour mission de

– sensibiliser par des conférences, expositions, tracts, articles de presse, un film vidéo, deux émissions TV et neuf clips environnementaux, des sites Internet ;

– agir par l'implantation de 26 m^2 de panneaux solaires sur le toit de la chapelle du site, réaliser le bilan écologique de ce dernier et des audits environnementaux ;

– célébrer, pour retrouver un regard contemplatif.

L'œcuménisme européen, terreau fertile pour la sauvegarde de la création.

Rassemblement œcuménique européen de Bâle, 15-21 mai 1989.

Première réunion officielle des différentes Églises d'Europe depuis la Réforme.

350 délégués officiels des 120 Églises protestantes, orthodoxes, anglicanes et vieille-catholique (KEK) et 350 des diverses conférences épiscopales (CCEE) du continent.

Des milliers d'observateurs de tous les mouvements et services d'Église, plus de 600 journalistes.

Trois piliers ont caractérisé les travaux et conclusions de ce vaste exercice : la paix, la justice et la sauvegarde de la création, ce dernier constituant une grande innovation. L'écho a malheureusement été faible en France.

Rassemblement œcuménique européen de Graz, 23-29 juin 1997.

Suite logique du premier rassemblement, mais dans un contexte politique différent, les Églises d'Europe centrale et orientale étant désormais libres ! Libération qui a aussi fait naître de nombreux problèmes et tensions, tant internes qu'externes, d'où le thème : la réconciliation, don de Dieu et source de vie nouvelle. Quatre recommandations concernent la responsabilité écologique des chrétiens : instauration d'une Journée annuelle de la création ; conversion dans notre mode de vie ; mise en œuvre de l'Agenda 21 (programme de travail de la Conférence de Rio, 1992) ; établissement d'un réseau européen de responsables de l'environnement.

Un troisième rassemblement est prévu du 4 au 8 septembre 2007 en Roumanie.

JEAN-PIERRE RIBAUT.

III

LE RÉVEIL DE LA FRANCE

Au moment où des chrétiens d'Europe prenaient conscience de l'importance de la protection de l'environnement, en préparant le Rassemblement œcuménique européen de Bâle (1989), Pax Christi France découvrait que le vécu de la paix ne pouvait se limiter à l'action non violente entre hommes ou entre pays, mais devait également intégrer les rapports avec la création, prenant exemple sur saint François d'Assise. C'est ainsi que prit naissance sa commission Sauvegarde et gérance de la création, appelée aujourd'hui commission Création et développement durable, afin de montrer que l'accent est délibérément mis sur une politique active de développement de la création de Dieu en préservant ses potentialités pour les générations futures.

Les premières activités ont concerné l'organisation d'une série de trois colloques, traitant du développement durable, de nos nouveaux modes de vie et de notre responsabilité de consommateurs « citoyens et solidaires ». Un intéressant dépliant présenta des exemples d'actions concrètes dont l'acheteur responsable devrait s'inspirer.

Mais l'initiative la plus originale fut certainement l'organisation de cinq symposiums consacrés à la perception de la nature par les différentes religions et cultures (1995-2001). C'est ainsi qu'à chaque symposium participèrent, outre d'éminents scientifiques, des représentants des principales religions : christianisme, judaïsme, islam, baha'ïsme, bouddhisme, hindouisme, shintoïsme, des représentants des peuples indigènes d'Australie centrale, de Sibérie, d'Afrique centrale, du Canada, de l'Amazonie ainsi que… des adeptes du rationalisme et de l'universalisme. La première de ces réunions, qui traita de l'approche de l'ensemble de la création, déboucha sur l'Appel de Klingenthal, déclaration très percutante qui démontra, avec pertinence, que toutes les religions et cultures prônent le respect de la nature, de ses composantes, ainsi que leur exploitation judicieuse. Les quatre symposiums suivants traitèrent une composante spécifique : l'eau, le sol, la forêt et le monde animal. Ce dernier fut particulièrement intéressant, diversifié et surtout de haute actualité.

Ces initiatives de Pax Christi contribuèrent certainement, avec d'autres, à sensibiliser les chrétiens à leur responsabilité face à la création. C'est ainsi que les mouvements et services d'Église centrés sur le développement et la qualité de vie prennent de plus en plus en compte la composante environnement, si essentielle dans toute politique de long terme. Mais cette évolution se fait lentement. Aussi faut-il se réjouir que des structures telles que le CCFD (Comité catholique contre la faim et pour le développement) se révèlent particulièrement actives, de même que le CMR (Chrétiens dans le monde rural) et le MRJC (Mouvement rural de jeunesse chrétienne), ce dernier ayant par exemple développé de nombreuses actions pour promouvoir le commerce équitable. Par l'intermédiaire des périodiques catholiques et des médias en général, l'Église montre également sa préoccupation croissante pour ces problèmes, même si les questions sociales et les évolutions internes ont imposé d'autres priorités.

Une initiative particulière, car de nature politique, mérite d'être mentionnée, les Églises s'y étant révélées particulièrement courageuses. Elle s'est déroulée à Strasbourg en 1991. Le gouvernement du Land de Bade-Wurtemberg avait décidé d'implanter une usine d'incinération de déchets toxiques, à Kehl, donc en face de la capitale alsacienne. Ce projet souleva de nombreuses oppositions, dont celles des Églises protestantes et catholiques de la région de Kehl, auxquelles se joignirent rapidement celles de Strasbourg. Le dossier fut étudié très soigneusement, du point de vue scientifique, environnemental et… théologique, à savoir : avons-nous, chrétiens, le droit moral d'approuver la construction d'une usine, même performante, mais où des accidents, toujours possibles, peuvent avoir des répercussions dramatiques pour les quelque 500 000 personnes des environs ? La conclusion de la réflexion des Églises fut non ; et une déclaration d'opposition, dûment argumentée, et signée entre autres par la Commission pastorale de

Strasbourg, fut adressée aux autorités responsables et rendue publique. Le projet fut retiré... Cette décision me paraît très importante, et exemplaire, dans le sens que l'Église catholique a osé prendre position dans un domaine économique aux répercussions politiques, ce qui n'est pas toujours facile.

Les Instituts catholiques, dont celui de Lille, prennent également des initiatives pour démontrer que l'ère de l'homme, apprenti sorcier, doit être définitivement révolue. L'Institut catholique de Paris s'est, lui, illustré en créant dans le cadre de son Centre de recherches sur la paix un groupe de recherche *ad hoc*, Paix, écologie et développement durable, dont l'objectif a été de tenter d'identifier la spécificité chrétienne dans les problèmes si complexes qui touchent au développement durable et aux conflits économiques. Le fruit de ses travaux est publié (L'Harmattan) sous le titre *Développement durable et devenir de l'homme : un enjeu pour la paix*. Cette réflexion, qui s'est d'ailleurs développée dans un cadre œcuménique, est présentement reprise, à l'échelle de la France, dans le cadre des Assises chrétiennes de la mondialisation. Initié par Jérôme Vignon, ce vaste et ambitieux projet implique quelque trente mouvements et services des diverses Églises de France, qui tentent d'exprimer leur approche de la mondialisation. Le Nid y côtoie la Cimade, l'Action catholique indépendante (ACI) l'Église réformée de France. À la suite de la première rencontre tenue à Lyon, en janvier 2004, l'assemblée synodale a décidé d'organiser les 26-27 novembre, à Lille, ces assises, sur la base d'un livre blanc se référant aux contributions des mouvements (déjà publiées dans le cadre d'un livre vert) et d'assises régionales initiées à travers le territoire français.

Ces initiatives de mouvements, d'instituts et autres groupes de chrétiens ont toutes contribué à un engagement formel de l'Église de France, qui décidait, en octobre 1997, par la voix du président de sa commission sociale, la création d'un « groupe de travail sur le problème de l'écologie ». C'est ce groupe de travail qui est à l'origine de la déclaration de la Commission sociale des évêques de France sur le respect de la création, publiée le 10 janvier 2000, sous forme de plaquette (Éditions du Cerf, Fleurus-Mame, Bayard-Centurion). Très condensé, le texte rappelle l'évolution des sociétés humaines et leur impact grandissant sur la création, et signale à quel point la Bible, et tout particulièrement son premier livre, la Genèse, précise, sans ambiguïté, la responsabilité de l'homme, gérant et jardinier de la création, et non propriétaire ! Si l'action est nécessaire pour préserver les richesses naturelles et les exploiter en bon père de famille, il ne faut pas négliger la contemplation, la louange, l'action de grâce pour la beauté de l'œuvre de Dieu. Après avoir énoncé ces convictions, les évêques lancent des recommandations s'adressant tant au chrétien de base qu'aux responsables politiques ou qu'à la société civile : oui, il faut changer de mode de vie. Et de citer Jean-Paul II : « Il n'est pas juste qu'un petit nombre de privilégiés continuent à accumuler les biens superflus en dilapidant les ressources disponibles, alors que des multitudes de personnes vivent dans des conditions de misère, au niveau le plus bas de la vie. »

À travers le monde, les évêques s'insurgent de plus en plus souvent contre le pillage et la dégradation des ressources naturelles et les répercussions sociales qui peuvent en résulter. En France, chacun garde en mémoire le coup de colère de Mgr Pierre Molères, évêque de Bayonne et président du Comité épiscopal de la mission en monde maritime, suite au naufrage de l'*Erika* : « Nous attirons l'attention sur l'esprit de rapine et de concurrence impitoyable qui violente de plus en plus le monde de la mer… » et, hélas, bien d'autres secteurs de l'économie, ajouterons-nous. Suite au naufrage du *Prestige*, Mgr Jean-Pierre Ricard et Mgr Jean-Claude Hertzog (respectivement archevêque et évêque auxiliaire de Bordeaux) s'indignaient à leur tour en affirmant qu'il « n'est pas tolérable que la recherche du profit se fasse au détriment des personnes, de l'environnement et de la vie » ! Suite aux dramatiques incendies qui ravagèrent tout particulièrement le midi de la France en été 2003, les évêques de la province ecclésiastique de Marseille s'engageaient aussi du côté des victimes, condamnaient les comportements criminels et regrettaient les comportements inconscients.

La publication du présent ouvrage confirme que nos évêques sont soucieux de promouvoir un engagement réel des chrétiens pour la préservation de la richesse et de la beauté de la création. Elle résulte de l'activité de l'atelier de travail dénommé « Antenne

Environnement et modes de vie » créé par la Commission sociale des évêques de France au printemps 2002, atelier institué dans le cadre de Pax Christi en lien avec la Commission sociale. La mission attribuée à cette antenne est ambitieuse, puisqu'elle doit être, entre autres, « un outil au service de l'Église de France pour notes, déclarations sur les questions d'environnement » tout en exerçant une vigilance sur ces questions. Lourde responsabilité, dont l'accomplissement dépend de multiples facteurs, dont l'activité, les initiatives des divers diocèses, mouvements et services d'Église. La moisson est grande, mais…

Aussi faut-il espérer que les initiatives tant régionales que nationales se multiplient ! Il faut citer ici les passionnantes Journées relatives à la forêt, à la mer dans le diocèse de Bayonne, les week-ends de formation organisés par les Franciscains ou les Filles de la Charité, l'engagement de Nature et équilibre de vie, etc. Sans oublier une démarche essentielle : célébrer annuellement la création selon le vœu émis par l'ensemble des Églises d'Europe (KEK et CCEE), entre le 1er septembre et le 4 octobre, cela dans le cadre d'une journée de formation et d'échange, si possible, et dans une perspective œcuménique, comme c'est le cas à Bordeaux par exemple.

Le défi à relever est immense, tant nous avons de la peine à modifier nos habitudes, nos modes de vie. Aussi est-il indispensable d'œuvrer en synergie, non seulement entre chrétiens, mais avec l'ensemble des acteurs de la société civile. À cet égard, l'Église semble, par exemple, encore trop absente des grands forums d'échanges, tels les Forums sociaux où mûrissent les politiques alternatives au néolibéralisme sauvage, si néfaste pour l'environnement et surtout à l'origine de tant de déséquilibres sociaux. Certes, le CCFD, le Secours catholique, le CMR… sont engagés, mais est-ce suffisant ? Sont-ils suffisamment soutenus dans ce dialogue ?

N'oublions pas que la société civile est plutôt demandeuse d'une expression de l'Église catholique sur la question de l'écologie. En mai 2003, l'association WWF France a ainsi organisé au Mont-Saint-Michel un colloque pour rassembler ce que les religions avaient à apporter dans le grand effort pour sauvegarder l'environnement. L'adossement d'une charte de l'environnement à la

Constitution française montre aussi le besoin d'exprimer des fondements éthiques pour notre relation à la nature, dont nous savons, nous, qu'elle est « création ».

Rendons grâce pour les efforts engagés, prions et agissons en faveur du respect de cette création pour la gloire de Dieu, la solidarité humaine et un bel avenir aux générations futures.

JEAN-PIERRE RIBAUT.

UN ENJEU POUR LES FIDÈLES

IV

PROMOUVOIR LE DÉVELOPPEMENT DURABLE DANS NOS DIFFÉRENTS ENGAGEMENTS QUELQUES PISTES DE RÉFLEXION

Nous ne pouvons nous satisfaire du confort matériel offert par notre modèle de développement quand on sait que beaucoup en sont exclus ; qu'il repose sur l'exploitation d'hommes, de femmes et d'enfants ; que des atteintes graves sont portées à notre environnement ; que notre individualisme malmène le tissu social.

La dénonciation de cette situation peut-elle faire l'économie d'une remise en cause personnelle ? Assurément non. Car nous sommes complices de ces dérives, souvent à notre insu. Alors, pouvons-nous inverser la tendance ? Au travail, en famille, avec nos amis, quels comportements s'offrent à nous pour participer de façon positive à l'humanisation de l'économie, à l'harmonie sociale et à la préservation de l'environnement ?

Les pistes de réponses que nous présentons ici s'inspirent des conclusions de plusieurs documents ou rassemblements d'Église, notamment la lettre des évêques de France *Nos modes de vie et la crise de l'emploi* (1983), les rassemblements œcuméniques de Bâle (1989) et de Graz (1997) et les trois colloques de Pax Christi sur le développement durable et l'éthique de la consommation (1996, 1998, 2000).

Au cœur de nos engagements, des contradictions à gérer.

L'économie.

Les fruits que nous en attendons sont multiples : richesse, pouvoir, travail, confort, etc. Elle capte l'essentiel de nos énergies, de nos capacités créatrices, au point de régir l'organisation sociale. L'argent y est roi et la force y est loi. Les régulations, opérées notamment par les marchés, sont trop souvent insuffisantes pour assurer la justice et l'équité.

Comment valoriser ce domaine économique sans en devenir l'esclave ? Comment garder une distance critique à l'encontre de nos propres désirs, des pesanteurs marchandes, de la fascination technologique ?

La Terre.

Que de fruits, de ressources ne nous fournit-elle pas ! Des ressources pillées, livrées à notre cupidité, alors qu'elles ne sont ni inépuisables ni renouvelables au rythme où nous les exploitons.

Notre Terre est pourtant bien plus qu'une source de marchandises et la poubelle de nos déchets. Sachons la regarder avec attention, gratitude et respect. À son contact, nous apprenons beaucoup sur la beauté, l'harmonie mais aussi sur nos propres limites et notre finitude. Nous ne pouvons nous laisser saisir par ses richesses que, lorsque renonçant à l'approche utilitaire, nous entrons dans une attitude de contemplation et de gratuité.

Les relations interpersonnelles.

Le type de relation qui prévaut dans le domaine économique – domination, pouvoir par la contrainte ou la séduction, le « donnant-donnant » – ne saurait convenir. Ici, nous sommes invités à la gratuité, au don. Ce chemin est difficile car il passe par la réconciliation avec nous-mêmes, avec nos peurs et nos frustrations ; par la mise à distance des conditionnements auxquels nous sommes soumis.

Comment être actif dans les trois domaines dont nous venons d'esquisser les exigences contradictoires, sans assumer tensions, remises en cause, arbitrages et confrontations de nos propres limites ? Comment ne pas être tenté par la fuite, les distractions, les illusions ou le repliement sur soi ? Où chercher notre calme, notre unité, notre libre arbitre, nos forces spirituelles, si ce n'est dans notre jardin secret, notre for intérieur ? Volonté, discipline personnelle mais aussi renoncements permettront de résister à « la gigantesque conspiration (du monde moderne) contre toute espèce de vie intérieure » (G. Cesbron) et de poser des actes respectueux des exigences du développement durable.

Dans tous les domaines de notre vie, être acteur du développement durable.

La vie privée.

« Répondre aux besoins du présent sans compromettre la capacité des générations futures à répondre aux leurs » : telle est la définition « officielle » du développement durable, issue du rapport Brundtland pour l'ONU en 1987. Puisque la solidarité avec les générations futures est au cœur du concept de développement durable, la vie privée – et en particulier le cadre familial – peut être considérée comme la matrice du développement durable, le lieu privilégié de l'émergence d'une sensibilité à cet enjeu.

C'est en effet dans le cadre des liens familiaux qu'on mesure le mieux le prix et le sens de la vie. C'est le lieu où l'on apprend de façon privilégiée l'ouverture à l'autre, l'attention au plus faible, le sourire qui accueille sans juger, le sens du partage et du don de soi, l'émerveillement devant la création, la lutte contre le gaspillage… L'harmonie familiale ne saurait reposer exclusivement sur les biens matériels : le conjoint, l'enfant, l'ami ont surtout besoin de reconnaissance, de respect, d'attention, de présence…

C'est également dans le cadre privé que nous faisons l'expérience de la dimension collective de nos choix personnels. En effet :

– nous sommes à l'origine des demandes par nos désirs, nos espoirs, nos choix, nos besoins ;

– nous sommes les ultimes décideurs qui validons ou refusons les propositions qui nous sont faites ;

– nos comportements individuels induisent, souvent par mimétisme, les comportements d'autrui ;

– en s'ajoutant les uns aux autres, ces comportements ont un impact considérable.

Nous ne nous attardons pas ici sur l'adoption de nouvelles habitudes de consommation en phase avec le développement durable. Elles sont largement développées dans les deux textes suivants.

L'entreprise.

Développement des fonds éthiques, agences de notation sociale et environnementale, obligation pour les groupes cotés en bourse de publier chaque année un rapport sur leurs engagements citoyens... Aujourd'hui, les entreprises ne peuvent plus se contenter de faire du profit pour être reconnues. La prise en compte du développement durable constituera un élément majeur de leur stratégie dans les prochaines années.

Cette démarche est exigeante. Pour être efficace, elle doit être participative et soutenue par l'implication forte et sincère de l'équipe dirigeante, par une pédagogie appropriée et par une suffisante bonne volonté à tous les niveaux. Elle ne peut pas, hélas, résoudre tous les problèmes en particulier ceux concernant l'emploi dans les secteurs fortement concurrentiels. Elle peut cependant faciliter la compréhension des implications locales des décisions graves, et faciliter les adaptations incontournables en se donnant le temps nécessaire.

L'exemple du commerce éthique.

La recherche de prix attractifs pour la clientèle, de plus-values actionnariales et de marges suffisantes pour le fonctionnement et la publicité conduit mécaniquement à peser au maximum sur les rémunérations des producteurs. Un dirigeant d'une grande chaîne de distribution déclarait : « Le juste prix n'existe pas, il est toujours trop cher. » Alors la production se délocalise parfois jusqu'au nomadisme à la recherche de conditions sociales et écologiques minimales. Ces mécanismes économiques rendent les consommateurs, souvent à leur insu, complices de nombreuses injustices et manquements graves aux principes éthiques de base.

Scandalisées par ces pratiques, des ONG sont montées au créneau pour promouvoir des alternatives au commerce conventionnel, comme le commerce équitable et la consommation éthique :

– une cinquantaine de marques proposent aujourd'hui près de trois cents produits alimentaires estampillés du label « Max Havelaar ». En respectant un cahier des charges très strict, elles permettent aux producteurs de bénéficier de conditions de travail et d'un revenu décents. On trouve ces produits dans des boutiques spécialisées mais aussi dans la grande distribution. Autre acteur incontournable du commerce équitable, les boutiques « Artisans du monde » ont tissé des partenariats avec des coopératives d'artisans dont elles commercialisent les produits ;

– « De l'éthique sur l'étiquette », un collectif d'associations né en 1995 organise chaque année une grande campagne de sensibilisation auprès des consommateurs. Objectif : faire pression sur les enseignes de distribution (secteur du textile, des articles de sport et des jouets) pour que soient respectés les droits sociaux des salariés de leurs fournisseurs.

Toutes ces actions et démarches témoignent d'une réelle prise de conscience et fournissent des raisons d'espérer. Elles ne se développeront que grâce à la synergie des mouvements associatifs, des entreprises et des pouvoirs publics. Elles concernent non seulement l'aspect économique du développement durable mais aussi le social et l'environnement.

Engagements associatifs.

Pour tous ceux que ces approches ne peuvent satisfaire totalement, qui préfèrent agir même modestement plutôt que de rester dans leur coin à déplorer que « tout va mal », les chantiers utiles et intéressants ne manquent pas : engagements politiques, actions humanitaires, proches ou lointaines, formation, défense de l'environnement… Beaucoup peuvent ainsi, au-delà de leur travail, apporter une contribution personnelle à la solidarité, et par là mieux connaître concrètement le monde.

L'exercice du pouvoir.

Entreprendre, résister, faciliter, arbitrer... nous détenons tous quelques pouvoirs :

– pouvoir de chacun d'entre nous, dans le domaine privé et collectif, par nos propres actions, notre consommation, l'expression de nos opinions, nos suffrages... ;

– pouvoir de ceux qui s'organisent pour mener des actions solidaires ;

– pouvoir de ceux qui forment et informent, éveilleurs de consciences, penseurs, « faiseurs d'opinion », chercheurs, formateurs, poètes et chanteurs... ils contribuent tous à façonner la conscience collective et parfois à ouvrir l'avenir ;

– pouvoir des « grands responsables » politiques, financiers... et de tous ceux qui grouillent autour d'eux, pour le meilleur ou pour le pire.

Tous ces pouvoirs s'affrontent et se combinent, reflet de la diversité des intérêts et des opinions dans l'espace et le temps, chaque acteur cherchant à obtenir des arbitrages qui lui soient favorables. Tout se passe comme si nous étions beaucoup plus soucieux de la part que nous pouvons prendre dans le gâteau que de l'accès du grand nombre au gâteau. Nous privilégions nos intérêts particuliers immédiats plutôt que le bien commun.

La course au « toujours plus », les solidarités enkystées dans les corporatismes et le manque de courage politique font que la résolution des conflits s'obtient souvent au détriment des plus faibles : délocalisation, sous-traitants exclus des plans sociaux, familles, populations sans avenir ou sans parole, etc. Peut-on espérer voir un jour des négociations tenir compte des « sans-voix » et de l'environnement ?

Avec l'accélération de la globalisation, la promotion du développement durable se joue pour une large part au niveau international. Or, face au diktat de la croissance, bien des résolutions se sont heurtées à la défense des intérêts économiques nationaux.

Ainsi, aux États-Unis, les engagements du Protocole de Kyoto (1997) concernant la réduction des émissions de gaz à effet de serre sont restés lettre morte.

Pour promouvoir le développement durable, les décideurs politiques devront en particulier :

– se départir d'une vision à court terme de leur investiture et résister aux pressions des lobbies économiques pour avoir le courage de prendre des mesures impopulaires mais dont la portée sera positive à long terme ;

– lutter contre tous les espaces de non-droit, de dissimulations et de mensonges, notamment dans les trafics internationaux, dont la grande délinquance financière et les « paradis fiscaux » qui les encouragent... ;

– présenter leur situation nationale pas seulement en termes de comparaison, voire de compétition avec les autres nations, mais aussi en termes de codéveloppement avec les pays moins avancés ;

– faire avancer et respecter le droit international.

C'est une tâche belle, noble, grande et souvent difficile, que d'assumer de hautes responsabilités au service du bien commun. Hélas, le pouvoir entraîne souvent la « suffisance », le sentiment d'être au-dessus des lois, dispensé des règles éthiques élémentaires et du sens de la mesure. Cela peut encore être renforcé par les idolâtries (pouvoirs, argent...) et les œillères idéologiques de tous les « ultras ». Ce risque permanent postulerait à lui seul une vraie éthique des pouvoirs. Retenons seulement la nécessité d'entretenir en soi un levain, comme pour faire le pain quotidien. Ce levain, c'est l'humilité, car comme le disait Paul VI, « l'humilité est l'espace de l'amour » et sans amour que pourrions-nous créer de juste, de beau, de bienfaisant pour l'humanité présente et à venir ?

Conclusion.

Dans tous les domaines de son existence, l'homme doit tenir compte des exigences du développement durable. Plusieurs valeurs sont au cœur de cette démarche : responsabilité, respect, justice, solidarité, admiration, humilité… Si nous nous recueillons dans notre jardin secret, nous pourrons discerner les fils sur lesquels nous tramons jour après jour, de notre naissance à notre mort, la toile de la grande aventure de l'humanité et de la création.

Émerveillés, nous saisirons alors toute la pertinence de la sagesse évangélique. Nous ne pourrons esquiver la question que Jésus posait aux Douze au moment où beaucoup de ses disciples s'en allaient : « Voulez-vous partir vous aussi ? » ; et Simon-Pierre de Lui répondre : « À qui irions-nous, Seigneur ? Tu as les paroles de la vie éternelle » (Jn 6, 67-68).

PIERRE THÉVENIN.

V

CHANGER NOS COMPORTEMENTS QUOTIDIENS POUR PRÉSERVER LA PLANÈTE : REPÈRES POUR UN DISCERNEMENT

Le Seigneur Dieu prit l'homme et le plaça dans le jardin pour qu'il le cultive et en prenne soin.

Gn 2, 15.

Perdue dans l'immensité de l'univers, la Terre, notre petite planète, avec ses mers et ses océans, ses montagnes et ses rivières, ses forêts et ses animaux, avec les saisons et leurs couleurs... la Terre poursuit sa course dans le silence des étoiles et les tempêtes de ses humeurs.

Grâce au soleil, à l'eau et à tant d'autres facteurs dont les mystères nous échappent encore, la vie est apparue il y a des centaines de millions d'années ; et avec la vie, l'homme, l'homme et la femme, dont la mémoire des commencements se perd dans la nuit de leur inconscient. Mais d'étape en étape, alors que l'organisation du vivant s'est complexifiée au fil des millénaires, ce locataire de l'immense vaisseau spatial n'en a pas encore fini de découvrir les trésors de son unique demeure. Il ne se passe pas de nouvelle lune, ni de cycle solaire, sans que de nouvelles espèces animales, de nouvelles plantes, de nouveaux recoins des mers ou des continents, de nouvelles planètes ou étoiles n'apparaissent qui enrichissent plus encore le merveilleux jardin où Dieu voulut déposer l'homme pour l'embellir, le cultiver et le faire participer à son bonheur.

Mais quelle tristesse de constater qu'à l'image de la planète du

Petit Prince de Saint-Exupéry, la nôtre est menacée de n'avoir plus qu'une seule rose, un seul baobab et un seul mouton ! C'est en effet le risque imagé que fait courir à notre Terre le mauvais usage de notre intelligence. Celle-ci vient trop souvent bousculer l'ordre des choses tel que Dieu l'a voulu ! Et cela se produit chaque fois qu'elle pense se substituer à Dieu.

Voilà pourquoi il a paru opportun de proposer aux chrétiens de notre société, et plus largement à tous les hommes de bonne volonté, de prendre le temps de réfléchir et d'agir en faveur de la protection de la création.

Des experts se sont mis au travail pour souligner la nature des risques en différents domaines. Leur expertise est un appel à agir : que pourrions-nous faire pour que la Terre de demain soit encore habitable pour les générations futures ?

Pour répondre à cette question, nous avons décidé d'attirer l'attention sur quelques principes fondamentaux. Parmi ceux qui sont énumérés ci-dessous, lesquels privilégieriez-vous ? Essayez en famille ou en groupe de motiver votre choix et demandez-vous : Que dois-je transformer dans ma manière de vivre pour que ce principe soit une réalité ?

Les quelques notes qui suivent peuvent paraître désuètes ou comme allant de soi. Et pourtant ! Si nous voulons respecter la création et préserver notre environnement, on ne peut se satisfaire de grands principes. Il faut humblement mettre en commun des manières de faire, des idées concrètes et précises, dont tout le monde bénéficiera, pour que nos villes et nos campagnes ne se dégradent pas et soient agréables à vivre.

Une hygiène élémentaire à l'égard de soi-même.

Le respect dû à soi-même passe par une hygiène élémentaire à l'égard de notre corps :

– l'attention à la propreté et à la toilette, le nombre d'heures de sommeil voulu, l'exercice physique et le sport sont nécessaires pour entretenir l'équilibre, la vie sociale et la persévérance ;

– la nourriture et la boisson sont nécessaires à la subsistance, à l'acquisition d'énergies et de forces, mais elles ne sont pas des fins en soi dont on ferait usage à n'importe quel moment et sans mesure ; sans nier pour autant le plaisir et la convivialité qu'elles peuvent apporter à qui sait apprécier les bonnes choses ;

– l'apprentissage de ce qu'est la vie affective, la distinction entre l'amitié et l'amour conditionnent les relations avec les autres et une sexualité équilibrée et stable ;

– la connaissance des capacités ou performances possibles de son propre corps, aussi bien que de ses limites, se fonde sans doute sur une base de références communes – tel par exemple le fait qu'un homme n'est pas un oiseau qui pourrait se lancer dans le vide de n'importe quelle falaise ou sans équipement ! ou qu'un petit enfant n'est pas un ballon que l'on peut lancer en l'air pour le rattraper dans ses bras. Mais il existe aussi des différences entre chacun qui permettent de surpasser les limites du possible pour rejeter l'impossible. C'est le cas de ces expériences en apnée... ;

– la culture de son intelligence, le développement de la réflexion et du discernement sont aussi des conditions essentielles et jamais achevées du respect que l'on se doit à soi-même pour comprendre l'aventure humaine et son avenir, inventer en tenant compte de l'expérience et éviter de sombrer dans les peurs, les idées toutes faites, les idéologies, les slogans, les fausses vérités.

Une existence ouverte sur les autres, aussi différents soient-ils.

La Terre est à tous... Aucun d'entre nous n'est seul au monde. Il est inscrit dans une famille, un quartier, une école, une entreprise... Il est homme ou femme. Il est Noir d'Afrique ou d'Amérique, il est Blanc d'Europe, d'Australie ou d'Amérique du Nord, il est Asiatique ou Amérindien... chacun avec les coutumes d'un peuple, sa langue, ses croyances, l'histoire de sa nation faite de métissages multiples...

Bref, la place laissée aux autres, le dialogue mené avec eux, l'aide mutuelle font partie de l'environnement qui appelle un immense respect de chacun pour continuer à vivre ensemble dans notre pays et dans les autres. Nous voilà responsables de la Terre entière... car celle-ci est devenue un village en raison des migrations très fortes, des échanges de savoir-faire et de marchandises, des communications et des transports rapides.

Une connaissance claire de l'interdépendance entre l'homme et la nature.

L'interdépendance de l'humanité et de la nature est telle que nous devons en protéger l'équilibre sous peine de mort pour l'une comme pour l'autre. Or nous nous comportons comme si nous pouvions transformer les paysages ou les relations entre les espèces selon notre bon vouloir ! Sur cette interdépendance et l'écosystème qui la constitue notre ignorance est spectaculaire ! Nous n'en sommes qu'au tout début de l'accueil du don fabuleux de la création. Nous sommes encore au premier moment de la Genèse alors que l'homme déposé dans le jardin voyait défiler devant lui les plantes, les animaux et leur donnait un nom à chacun. Cet inventaire n'est pas terminé ni pour les scientifiques ni pour nous-mêmes.

Les êtres vivants grands et petits.

Combien d'espèces animales ou végétales savons-nous distinguer et nommer par leur nom ? Prenons-nous au jeu, chacun avec un papier…

Commençons pas les oiseaux. Savons-nous faire la différence entre une mouette et une sterne, un corbeau et une corneille ? Avons-nous encore la chance d'écouter un concert d'oiseaux dans la campagne ? Savons-nous installer des abris pour les oiseaux dans nos jardins, comme le font les moines du monastère des Saints-Anges à Jonesboro en Arkansas ?

Quant aux insectes, combien suis-je capable d'en nommer et d'en reconnaître ? Et lorsque je rencontre une araignée, une guêpe ou une mite, quel est mon premier réflexe ? Pour une mauvaise expérience qui nous a prévenus du caractère nuisible de certains insectes nous ne pouvons agir sans discernement, être en permanence effrayé par la moindre bestiole et la détruire systématiquement ! En agissant ainsi nous portons atteinte à la biodiversité qui est souvent nécessaire à maintenir en vie l'une ou l'autre espèce. L'équilibre de l'écosystème se trouve menacé. Laissez donc à quelques araignées le soin de piéger les mouches et les moustiques. Elles savent y faire ! Quant aux oiseaux, ils sont souvent à la recherche d'insectes, de fourmis, de vers ou d'escargots !

Si dans votre pelouse vous semez un peu de trèfles, des primevères, des violettes… elle sera butinée par des papillons… Vous pourrez les observer, les repérer à l'aide d'un livre. Cette pelouse vivante attirera des coccinelles en recherche de pucerons.

Si nous voulons découvrir les animaux qui vivent autour de nous, il faut s'armer de patience, de discrétion et de tolérance. Soyez attentifs à la sensibilité qu'ils manifestent à l'égard des endroits que vous aurez spécialement aménagés. Un nid que vous aurez repéré et que vous protégez par exemple. Autour de nous les haies et les forêts sont importantes. Ce sont parfois les uniques refuges des animaux qui vivent encore librement dans la nature : chevreuils, faisans, lapins, sangliers… On peut y découvrir leurs traces et même relever leurs empreintes avec du plâtre.

Les végétaux.

D'abord, les arbres. Nous les admirons dans leur majesté, leur force… pour le bien qu'ils apportent au renouvellement de l'air. Il en existe une variété très grande dans notre pays. Sans doute ne les connaissons-nous pas tous ; de très bons guides les décrivent avec leurs particularités. Livres au moins aussi importants qu'un dictionnaire de français ! Certains sont peu volumineux et bien illustrés. Nous pourrions en emporter un à chaque promenade. Celles et ceux qui habitent la campagne ou qui disposent d'un grand jardin devraient penser chaque année à planter un arbre ; on dit que celui qui a planté un arbre n'est pas passé vainement sur terre !

De même pour les buissons, les haies, les fleurs. Pourquoi ne pas constituer un herbier familial ?

Si nous avons la chance d'avoir un jardin nous savons avec quels soins il convient de traiter les plantes grandes et petites. Élaguer les arbres, les débarrasser du lierre ou des lianes qui les étouffent, les greffer pour qu'ils portent du fruit, ne pas y planter de clous et de pancartes. Lorsqu'ils sont jeunes, nous savons qu'il faut biner et aérer la terre autour d'eux. Tout cela parce que les arbres poussent lentement : 15 à 20 ans ! On ne peut risquer de les voir disparaître !

Nous découvrons les bienfaits multiplicateurs des modifications génétiques et leurs conséquences commerciales. Mais personne ne sait évaluer ou prévoir leurs répercussions sur l'environnement ou la santé humaine.

L'eau.

La vigilance est de mise pour que l'eau soit encore potable et non polluée… Mais aussi pour qu'il y en ait en quantité suffisante pour tous. Ici encore, il importe de s'interroger sur l'usage que nous faisons de l'eau. Essayons de répondre à cette question : si je ne disposais que d'un litre d'eau pour une journée, comment l'utiliserais-je en priorité ? Pour boire ? Pour me laver ? Pour arroser une plante ?…

Savez-vous que ?

Nous buvons deux ou trois litres d'eau par jour sous une forme ou sous une autre (eau, café, jus d'orange), mais l'eau qui est nécessaire pour produire l'alimentation que nous ingérons chaque jour représente 2 000 litres. Il faut en effet 1 000 tonnes d'eau pour produire une tonne de grain.

Lester BROWN, président de Earth Policy Institute – voir : www.earth-policy.org.
Sources : *Alternatives économiques*, n° 221, janvier 2004, p. 60.

Si je faisais la chasse au gaspillage de l'eau, quelles initiatives prendrais-je ?

– je vérifierais qu'aucun robinet ne fuit ;

– j'installerais des gouttières pour récupérer l'eau de pluie qui tombe sur mon toit et je l'utiliserais pour des sanitaires ;

– je me laverais les mains dans une cuvette ;

– je ne ferais pas couler le robinet à grande eau pour me brosser les dents, laver la salade, faire la vaisselle ;

– je laverais ma voiture avec un chiffon humide ;

– je réutiliserais l'eau de rinçage des fruits et légumes pour arroser mon jardin et j'essayerais de mettre en place un système de micro-aspersion, goutte à goutte.

Bref, échangeons nos idées sur quelques gestes simples et urgents à notre portée qui économiseront l'eau.

L'air.

Fumer en des lieux publics est devenu interdit. Il n'en reste pas moins que les pots d'échappement, les climatiseurs, les encombrements du trafic urbain augmentent l'effet de serre, la température de la terre. Cela pose la question des transports en commun.

La sécurité routière tout comme la pollution due aux gaz d'échappement sont de notre responsabilité : l'excès de vitesse, le démarrage « en trombe », le freinage fréquent, l'impossibilité de stationner (certains perdent une demi-heure pour trouver une place !), sans parler de la climatisation qui contribue beaucoup à augmenter les conséquences de l'effet de serre !

Savez-vous que ?

En Île-de-France, le trafic automobile a progressé de 84 % en moyenne de 1975 à 1999.

En ne regardant que la grande couronne, le trafic a augmenté de 33 %, contre 1,5 % en petite couronne. Et de 164 % de périphérie à périphérie où la voiture est indispensable. Ce cercle vicieux conduit à une ville irrespirable et inefficace : on circulait aussi vite qu'aujourd'hui dans Londres à l'époque de la voiture à cheval, rappelait le maire de la ville avant l'instauration du péage urbain.

Sandra MOATTI.

Sources : *Alternatives économiques*, n° 221, janvier 2004, p. 59.

Selon que j'habite en ville ou à la campagne, l'usage des transports en commun ou d'un véhicule personnel sera évidemment conditionné par les équipements en place.

En zone rurale, le réseau des transports en commun est souvent faible, voire inexistant. L'usage de la voiture s'impose donc. Mais il est souvent possible d'inviter ses voisins pour ne prendre qu'une voiture ; ou de regrouper les achats pour éviter plusieurs trajets.

En ville, la surcharge des transports en commun aux heures d'affluence dissuade souvent les personnes âgées ou les parents qui ont de petits enfants à porter.

Interrogeons-nous sur toutes ces pratiques personnelles face auxquelles la conscience d'une solidarité collective est complètement émoussée. Cela m'est-il arrivé de différer mes déplacements vers des heures moins chargées ? Certains fabricants d'automobiles envisagent de développer les services de locations de voitures plutôt que leur vente. Accepterons-nous d'entrer dans cette logique ?

Une éducation à la frugalité.

Il en va ici de l'usage de l'argent et des biens ! Utiliser strictement ce dont nous avons besoin en électricité, en eau, en papier peut avoir un impact positif et suppose toute une éducation. De même, les articles vieux et usagés ne sont pas toujours inutilisables. Une petite réparation peut les faire durer.

Il n'est pas toujours facile de faire la part entre ce qui relève du nécessaire qu'il est donc légitime de produire et ce qui relève du superflu dont l'acquisition ou le simple renouvellement serait un gaspillage. La distinction variera selon les individus, la culture et la situation géographique.

Il importe donc qu'un partage en petit groupe sur notre liberté de choix ne vise pas à l'uniformité des points de vue et encore moins à juger ceux qui n'ont pas les mêmes priorités. Mais en revanche, il peut conduire chacun à exercer son esprit critique en matière de consommation, à mesurer pour lui-même et à en faire part à d'autres ce qu'il s'interdit ou ce qu'il s'autorise.

Pourquoi acheter quelque chose dont je sais que ce ne me sera pas utile, ou si peu ? Pour le vérifier, mettons en commun : quel est le dernier achat que j'ai fait ?

Une action directe et quotidienne pour préserver l'environnement : les déchets.

Les emballages.

Nous vivons dans une civilisation de l'emballage ! Du moindre bonbon au filet de mandarines en passant par les ampoules électriques ou les paquets de biscuits, tout est conditionné par du plastique, du carton, du papier. Que faire de tous ces déchets ?

D'abord, bien sûr, ne pas considérer que la rue est une poubelle qui peut recevoir n'importe où cet emballage dont je cherche à me débarrasser. De nombreuses poubelles sont à notre disposition aussi bien en ville qu'à la campagne. Il suffit parfois de faire quelques pas ou de patienter un peu pour en croiser une.

Le tri.

Il existe presque partout maintenant une organisation rationnelle de l'élimination des déchets. Plusieurs matériaux – fer, cuivre, verre, bois, papier, plastique… – sont collectés à part, traités en conséquence et réutilisés. C'est une manière de recycler les matières premières qui ne sont pas inépuisables sur la terre. Cela demande un minimum de discipline et d'organisation qui sont à la portée de chacun.

Les composts.

Le compost se fait à partir des déchets de matières organiques qui se transforment au fil des mois en une terre riche et fertile. Cela peut commencer par les épluchures des légumes ou le tas de feuilles tombées des arbres à l'automne ou encore les orties. Il faut à peu près six mois pour que ce tas d'ordures ménagères puisse être à nouveau utilisé. Ne pas oublier d'enlever les papiers, les plastiques et toutes les substances chimiques. Malgré cette solution écologique, nous poursuivons l'épandage d'engrais, de pesticides et herbicides en tous genres pour produire davantage sans parvenir pour autant à distribuer le surplus de ces produits aux affamés du monde !

Savez-vous que ?

18 milliards de sacs en plastique à usage unique sont distribués gratuitement chaque année en France. Leur durée d'utilisation est en moyenne de 20 minutes et leur dégradation nécessite plusieurs centaines d'années. Leur prolifération est particulièrement manifeste sur le littoral français, jonché en permanence de quelque 122 millions de sacs ! Résultat : des paysages défigurés, la faune et la flore aquatiques en péril – les tortues de mer confondent les sacs avec des méduses et meurent étouffées.

Source : WWF, campagne « Du jetable au durable », www.wwf.fr.

Conclusions.

La Terre nous est offerte. Tout ce qui est ici mis en lumière témoigne de notre foi en la création confiée, comme l'indique la citation du livre de la Genèse 2, 15.

L'exploration de l'espace ne nous ouvre pour l'instant aucune autre planète habitable. Et cela souligne plus encore l'importance de protéger la demeure qui est la nôtre. Nous n'en avons pas d'autre ! Nous réalisons donc que nous ne pouvons pas épuiser les ressources de la Terre, puis nous installer plus loin en repoussant les frontières de notre « propriété » comme ce fut, par exemple, le cas dans la conquête de l'Ouest. Il importe donc que chacun s'engage à laisser aux générations qui viennent une Terre habitable, si possible en meilleur état que celui dans lequel il l'a trouvée. Les enjeux sont à la fois économiques, sociaux et éthiques.

Il ne peut y avoir de paix avec les autres s'il n'y a pas de paix avec la nature. Il nous reste encore beaucoup à faire en vue de cette réconciliation. Cela suppose que nous sortions de la seule perspective mercantile du développement en comprenant que ce n'est pas le label « Made in France » qui doit compter aux yeux des chrétiens que nous sommes ; comme l'écrit le père Martin Neyt, moine-président de l'Aide inter-monastère, c'est le « Made in dignity » qui doit être la raison de notre admiration, et ce quel que soit le pays qui y parvient (*Bulletin AIM*, nº 78-79, 2003).

JACQUES TURCK.

VI

ÉDUCATION À L'ENVIRONNEMENT : LA FAMILLE ET L'ÉCOLE EN PREMIÈRE LIGNE

« Ne jette pas ton papier par terre ! » Cette expression familière procède d'une considération pleine de bon sens : nos comportements quotidiens ont des conséquences – à court ou plus long terme – sur notre environnement et la vie de notre prochain. Et combien plus encore si l'on envisage la somme des comportements à l'échelle nationale et internationale !

Faire évoluer notre mode de vie dans le sens du respect des autres et de l'environnement : tel est l'objectif de l'éducation à l'environnement, présentée lors des Sommets de Rio et Johannesburg comme un levier majeur pour promouvoir le développement durable. À tel point que l'ONU a décidé de consacrer la décennie 2005-2014 à la promotion de « l'éducation à l'environnement en vue du développement durable ».

Cette démarche d'information repose sur plusieurs acteurs, à commencer par la famille et l'école. Quant aux chrétiens, ils sont appelés à être aux avant-postes de « l'éducation à la responsabilité écologique », étape obligée vers une « conversion dans nos comportements » (Jean-Paul II et Bartholoméos Ier).

Et si la solution c'était vous ?

La majorité des scientifiques en est convaincue : la crise écologique actuelle est largement imputable à l'action humaine. Négligences des États, course aux profits des acteurs économiques, dictature du court terme en contradiction avec le principe de précaution : des « structures de péché », selon l'expression de Jean-Paul II (*Sollicitudo rei socialis*, 1987), alimentent les risques écologiques. Pour les gérer, nombre d'États ont mis en place un arsenal réglementaire assorti de sanctions judiciaires (par exemple le principe du pollueur-payeur). Une stratégie indispensable mais insuffisante.

Car au cœur de la crise écologique se trouvent également les comportements individuels. Pensons à l'impact de nos gestes quotidiens sur l'environnement : consommation de ressources naturelles (eau notamment), utilisation d'énergies non renouvelables (pétrole et charbon), pollution de l'air (transports), production de déchets (un Français produit en moyenne chaque année 350 kilos de déchets !). À l'heure de l'urbanisation et du « tout jetable », notre confort a un coût écologique, que des scientifiques ont traduit par le concept d'« empreinte écologique [1] ». Le verdict est sans appel : si le mode de vie des Français était généralisé à l'humanité, trois planètes seraient nécessaires à la satisfaction de tous les besoins [2] ! Un autre mode de consommation se révèle donc nécessaire non seulement pour préserver les ressources naturelles sur le long terme mais aussi pour construire un monde plus solidaire.

De nouveaux gestes quotidiens à portée de main.

Adopter les bons réflexes sans renoncer aux acquis positifs de la technique, c'est facile ! Privilégiez le recyclage et la sobriété : c'est bon pour l'environnement, bon aussi pour le porte-monnaie !

Refuser les sacs en plastique chez les commerçants, éviter de laisser l'eau couler pendant que je lave la vaisselle ou lorsque je me savonne sous la douche, utiliser les transports en commun

---

1. L'empreinte écologique compare la consommation des ressources naturelles des pays et la capacité de la Terre à les régénérer. Elle a grimpé de 80 % entre 1961 et 1999 pour atteindre un niveau de 20 % supérieur à la capacité biologique de la Terre.

2. Actuellement 20 % de la population mondiale utilise 85 % des ressources naturelles.

plutôt que la voiture… autant de gestes écologiques à la portée de chacun, faciles à mettre en pratique en famille, sur lesquels le père Jacques Turck attire notre attention dans le texte précédent. Sachez que d'autres astuces sont répertoriées sur les sites www.ademe.fr, www.wwf.fr et www.planete-nature.org [1].

Le bonheur est dans le pré… et la sobriété.

Le b.a.-ba de l'éducation à l'environnement ? C'est assurément que l'enfant s'émerveille et s'amuse dans la nature ! Ayant appris à la connaître et à l'aimer, il sera soucieux de la protéger.

Et si, l'espace d'un dimanche, nous proposions à nos enfants d'éteindre l'écran de la télévision ou de l'ordinateur pour partir à la découverte du monde concret, réel, naturel ? L'occasion d'ouvrir grand nos yeux et nos sens devant le spectacle de la nature. Les citadins en mal d'espaces verts ont à leur disposition des structures éducatives (maisons de l'environnement par exemple). Pratique pour combler ses lacunes en botanique et trouver de nouveaux terrains de discussion en famille !

Des associations font leur miel de cette pédagogie soucieuse d'allier l'utile à l'agréable : avec Les Accro-branchés, petits et grands apprennent à respecter la nature… en grimpant aux arbres ! L'association œcuménique Une petite voie propose aux familles des randonnées incluant une démarche spirituelle au Mont-Saint-Michel et au Puy-en-Velay notamment. Si vous avez la main verte, venez cultiver votre passion à l'association « Terre et humanisme » : Pierre Rabhi et ses acolytes vous donneront des conseils pratiques pour réaliser un potager ou un jardin écologique [2].

---

1. Signalons également deux ouvrages très instructifs sur ce thème : *Planète attitude. Les gestes écologiques au quotidien*, par G. BOUTTIER-GUÉRIVE et T. THOUVENOT, Éd. du Seuil, 2004. Et pour les enfants : *Debout les Terriens ! Protégeons la planète*, par G. AZNAR, Albin Michel Jeunesse, 2004.

2. Les Accro-branchés : www.accrobranche.org, tél. : 01 41 15 00 07 ou 04 75 67 52 20. Une petite voie : www.une-petite-voie.org, tél. : 01 39 53 30 41. Terre et humanisme : www.terrehumanisme.free.fr, tél. : 04 75 36 64 01. Voir également le site de la Fondation Nicolas-Hulot : www.education-nature.org.

La famille doit être également un lieu privilégié pour faire l'apprentissage de la sobriété. Par exemple : je fais plaisir à mes enfants mais ne les gâte pas pour autant ; je leur apprends à ne pas gaspiller, à se satisfaire de ce qu'ils ont, à partager ; je leur montre les inconvénients générés par l'accumulation d'objets superflus (rangement fastidieux, agressivité renforcée...) ; je les aide à exercer un jugement critique par rapport à la publicité, en montrant que le bonheur réside davantage dans l'être que dans l'avoir.

L'intériorité, chemin de liberté.

« Pourquoi est-on poussé à consommer davantage ? Sûrement parce qu'il y a dans les rayonnages une offre plus abondante. Mais aussi à cause du vide intérieur ressenti par nombre de nos contemporains, qui le comblent de manière illusoire en acquérant [...]. L'éducation à la consommation commence selon moi par apprendre à être en face de soi-même. La dynamique de l'intériorité me semble primordiale pour apprendre à gérer ses comportements de consommateur. Plus une personne sera capable de vie intérieure, moins sa consommation sera compulsive. »

Jacques ARÈNES, psychanalyste,
dans *Croire aujourd'hui*, nº 127, 1er février 2002, p. 17.

L'éducation à l'environnement, une amie qui vous veut du bien.

Les acteurs de l'éducation le constatent régulièrement : le milieu naturel contribue au développement de l'enfant et à la structuration de sa personnalité. L'expérience de Guy Gilbert est à cet égard édifiante : à la bergerie de Faucon, les jeunes se resocialisent au contact des animaux (zoothérapie) et de la vie au grand air.

Pas étonnant alors que le respect de l'environnement entretienne une relation étroite avec l'éducation : un sondage réalisé par la Sofres en novembre 2001 sur les valeurs transmises à l'enfant montre qu'il occupe la troisième position (57 %) après le respect des autres (91 %) et la tolérance (61 %) [1].

Pour Philippe Meirieu [2], l'éducation à la préservation de l'environnement présente un double intérêt : celui de « faire exister le monde aux yeux des enfants » (alors que des psychologues, comme Jean Piaget, ont montré que l'enfant n'a pas une conscience spontanée du monde extérieur) et celui de « faire exister les autres dans le monde », en aidant l'enfant à construire la distinction fondamentale entre espace privé et espace public.

Ainsi, l'appropriation par l'enfant de gestes respectueux de l'environnement est l'occasion d'exercer son autonomie, de faire l'apprentissage de la citoyenneté et de mieux appréhender la complexité du monde (par exemple des questions géopolitiques ou économiques : le problème de l'eau au Moyen-Orient, le commerce des matières premières...).

L'école est-elle bonne élève en matière d'éducation à l'environnement ?

Au moment où la structure familiale se disloque, l'école est de plus en plus sollicitée pour exercer une fonction citoyenne, en plus de la transmission de connaissances théoriques. Qu'en est-il de l'éducation à l'environnement ?

L'éducation à l'environnement fait l'objet d'une d'intégration originale dans les programmes scolaires : aucune discipline n'en n'a le monopole car elle est appréhendée dans le cadre d'une démarche transversale par plusieurs matières : sciences de la vie et de la terre, géographie, éducation civique... Deuxième caractéristique : c'est par le biais d'actions concrètes que l'éducation à l'environnement a fait son entrée dans les établissements scolaires.

1. L'analyse des résultats de ce sondage, riche d'enseignements, est disponible sur le site www.planetere.org.

2. Philippe Meirieu est directeur de l'IUFM de Lyon et ancien directeur de l'Institut national de recherche pédagogique. « Éduquer à l'environnement : pourquoi ? Comment ? » est le titre d'une conférence dont le texte est disponible sur le site www.planetere.org.

Outre les classes d'environnement (créées en 1971 sous l'appellation de classes de découverte), on compte aujourd'hui une multitude de dispositifs : PAE (projet d'action éducative), ateliers scientifique et technique, fermes pédagogiques… Point commun de ces actions : souvent organisées à l'extérieur de la classe, elles sollicitent l'expertise d'autres acteurs : collectivités locales, entreprises et surtout des associations.

Car si l'école a progressivement ouvert ses portes à l'éducation à l'environnement, nul doute que les associations spécialisées dans ce domaine y ont largement contribué. Réunies depuis 1997 au sein du CFEE [1] (Collectif français pour l'éducation à l'environnement), elles ont établi des partenariats avec des acteurs de tous horizons (collectivités, centres de vacances, institutions publiques…). Également au chapitre des réussites, signalons le rôle moteur de l'enseignement agricole, placé sous l'égide du ministère de l'Agriculture, et à l'origine d'expériences novatrices fédérées par le Réseau d'éducation à l'environnement pour un développement durable (REEDD).

Peut-être une avancée prometteuse.

L'éducation à l'environnement a-t-elle gagné ses lettres de noblesse à l'école ? Non, s'indignent les associations depuis des années. Et de déplorer le manque de formation des enseignants, l'insuffisance de moyens financiers et de coordination entre les acteurs, enfin et surtout l'absence de politique volontariste des pouvoirs publics. Autant de facteurs qui expliquent que seule une fraction de la population scolaire bénéficie de l'éducation à l'environnement.

Mais l'horizon devrait s'éclaircir dans les prochaines années. La Stratégie nationale de développement durable, présentée le 3 juin 2003 par le gouvernement Raffarin, jette en effet les bases d'une réforme en douceur de la politique nationale d'éducation à l'environnement. Objectif fixé pour 2007 : garantir à une classe d'âge,

---

1. CFEE, Espace République, 20, rue de la République, 34000 Montpellier. Tél. : 04 67 06 18 71.

de l'école primaire à la terminale, soixante heures au minimum d'éducation à l'environnement, à savoir trente heures dans le primaire et trente heures dans le secondaire. Pour généraliser l'éducation à l'environnement, le plan de réforme veut introduire, sans ajouter de cours supplémentaires, de nouvelles pratiques pédagogiques privilégiant la transdisciplinarité et la démarche par projet. L'idée étant de ne pas se contenter de faire de « l'éducation à l'environnement » mais de « l'éducation à l'environnement pour un développement durable ». Des engagements prometteurs dont les associations espèrent qu'ils ne resteront pas lettre morte.

Et les acteurs catholiques de l'éducation ?

L'enseignement catholique présente un statut atypique dans le paysage scolaire français : à la fois structure civile soumise au contrôle de l'État et structure d'Église placée sous la vigilance de l'évêque, l'établissement catholique[1] est tenu de suivre les programmes de l'enseignement public dans le cadre d'un projet éducatif éclairé par l'Évangile et placé sous la responsabilité du chef d'établissement.

L'éducation à l'environnement est ainsi placée sous le signe de la diversité des situations : elle relève du projet éducatif de chaque établissement et n'a pas fait l'objet d'orientations particulières de la part du secrétariat général de l'enseignement catholique. On note toutefois un contexte favorable aux initiatives, comme en témoignent plusieurs dispositions contenues dans ses statuts : « L'enseignement catholique a la volonté de mettre son projet éducatif, fondé sur un sens chrétien de l'homme, au service de la société » (Préambule). Les résolutions adoptées lors des assises nationales de l'enseignement catholique (décembre 2001) vont dans ce sens : figurent notamment la multiplication des approches éducatives, la promotion de l'interdisciplinarité, une école ouverte sur son environnement, le développement de l'autonomie des élèves.

---

1. Nous traitons ici des établissements placés sous le régime du contrat avec l'État.

Parce qu'ils sont l'occasion d'un contact direct avec la nature, d'une vie fraternelle épanouissante et de pratiquer la frugalité, les mouvements de jeunes – on pense bien sûr au scoutisme – représentent un cadre particulièrement propice à l'éducation à l'environnement. Un potentiel qui gagnerait à être valorisé dans le cadre de partenariats avec les associations spécialisées dans ce domaine. Saluons ici l'initiative de l'ACE (Action catholique des enfants), qui a placé la préservation de l'environnement au centre de ses actions pour l'année 2004-2005 [1].

Enfin, le catéchisme n'est pas absent de la réflexion sur l'environnement : le commencement du livre de la Genèse en particulier est l'occasion de découvrir le plan de Dieu sur la création et la responsabilité de l'homme à son égard.

Une éducation à l'environnement partout et pour tous.

Les parents et les adultes en général seront d'autant plus attentifs à transmettre des comportements respectueux de l'environnement qu'ils les auront intégrés dans leur vie quotidienne. Il est donc primordial que l'éducation à l'environnement déborde le cadre scolaire et soit encouragée dans les villes, les entreprises et les médias notamment :

– à travers les programmes de préservation du milieu naturel et culturel, les collectivités locales et territoriales contribuent à sensibiliser au respect de l'environnement. Notons également l'influence déterminante de certains investissements (tri sélectif, transports collectifs…) sur les comportements. Enfin, plusieurs collectivités se sont lancées dans l'adoption d'un Agenda 21 local [2], recueil d'engagements dans plusieurs domaines ;

– par-delà les actions de mécénat et la promotion d'une consommation citoyenne (commercialisation de produits issus du commerce équitable par exemple), les entreprises intègrent de plus en plus l'environnement au sein même de leur système de gestion. Des « systèmes de management environnemental » (SME) font

1. Voir le site http://cef.ace.fr.
2. Voir le site www.agenda21france.org.

ainsi l'objet d'une normalisation internationale (ISO 14001) ou européenne (EMAS). Pour l'entreprise, cette stratégie se révèle avantageuse à plusieurs titres : à la maîtrise des coûts et des risques, s'ajoute la valorisation de son image citoyenne, argument non négligeable au moment où l'entreprise doit de plus en plus rendre des comptes sur son engagement social et environnemental ;

– Tchernobyl, *Erika*, *Prestige*... : des catastrophes qui ont fait la « une » des médias ces dernières années. Un traitement alarmiste (mais réaliste) qui peut conduire à déresponsabiliser les citoyens, gagnés par un sentiment d'impuissance. Point positif toutefois : les articles et programmes à caractère pédagogique se sont multipliés ces derniers mois.

Les chrétiens appelés à une « conversion » (Jean-Paul II et Bartholoméos Ier).

Dans son message pour la Journée de la paix (1er janvier 1990), Jean-Paul II invite les croyants à ne pas considérer le respect de l'environnement comme une option facultative.

> L'éducation à la responsabilité écologique est donc nécessaire et urgente [...]. Elle suppose une conversion authentique dans la façon de penser et dans le comportement. Dans ce domaine, les Églises [...] et aussi toutes les composantes de la société ont un rôle précis à remplir. Toutefois, la première éducatrice demeure la famille, dans laquelle l'enfant apprend à respecter son prochain et à aimer la nature.

L'appel à la conversion revient également avec force sous la plume de Bartholoméos Ier, patriarche œcuménique de Constantinople :

> Nous parlons souvent de crise dans l'environnement, mais la véritable crise réside [...] dans le cœur de l'homme. La cause première de notre péché à l'égard de l'environnement réside dans notre égoïsme [...]. Nous avons besoin d'une nouvelle façon de réfléchir sur nous-mêmes, sur notre relation avec le monde et avec Dieu. Sans cette conversion du cœur révolutionnaire, tous nos projets de conservation, quelles que soient

nos bonnes intentions, se révéleront inefficaces car nous ne nous occuperons que des symptômes, non de leurs causes.

Symposium « Religion, science et environnement », juin 2002.

Les croyants doivent se sentir doublement concernés par cet enjeu. Préserver la nature, c'est en effet :

– prendre soin de la création, don de Dieu pour les hommes. « L'homme est invité à une véritable conversion afin de reconnaître la beauté de la création… Il doit retrouver le sens de la gratuité et apprendre à changer de regard pour considérer la création comme un don et Dieu seul comme créateur » (Commission sociale des évêques de France, *Le Respect de la création*, 2000) ;

– être solidaire des générations futures et des plus démunis.

« Nous n'héritons pas la terre de nos ancêtres, nous l'empruntons à nos enfants. » Cette formule célèbre, traditionnellement attribuée à Saint-Exupéry, revêt une portée majeure. Car pour le Catéchisme de l'Église catholique (nº 2415), l'homme qui ne respecte pas la création « vole » les générations à venir et enfreint le septième commandement : « Tu ne voleras point. » Un mode de vie plus sobre manifeste également le souci des pauvres : « Il n'est pas juste qu'un petit nombre de privilégiés continuent à accumuler les biens superflus en dilapidant les ressources disponibles, alors que des multitudes de personnes vivent dans des conditions de misère » (Jean-Paul II, message pour la paix du 1er janvier 1990).

CÉLINE LAROUSSE.

TÉMOIGNAGES

VII

DANS UN TERRITOIRE EN MUTATION DES PAROISSES APPORTENT LEUR PIERRE AU DIALOGUE SUR LA GESTION DE LA CITÉ

À une quinzaine de kilomètres de Paris, aux confins du Val-de-Marne, les communes se suivent et ne se ressemblent pas. Redécoupé en 2000, le secteur paroissial du Réveillon, avec ses 56 000 habitants répartis sur sept communes, offre une vraie dualité : d'un côté, Boissy-Saint-Léger et Limeil-Brévannes, totalisant 33 000 habitants, ont rejoint des communautés d'agglomérations. De l'autre, les communes de Mandres-les-Roses, Marolles-en-Brie, Périgny-sur-Yerres, Santeny et Villecresnes font partie du Plateau de Brie, une communauté de communes revendiquant leur caractère rural et périurbain.

Désireux de sensibiliser mes paroissiens à la question du développement durable, j'ai proposé à Michel Lucas, ancien maire de Périgny-sur-Yerres et membre de la commission Création et développement durable de Pax Christi, d'animer à la paroisse de Villecresnes le 21 novembre 2000 une soirée sur ce thème. La déclaration de la Commission sociale des évêques de France sur le « respect de la création », rendue publique au début de l'année, nous a permis de nourrir notre réflexion.

Lors des échanges, nous prîmes conscience de notre responsabilité pour promouvoir les exigences chrétiennes dans la politique de la cité. Très vite furent illustrées les différences des environnements résultant des aménagements de communes opérés quelques mois plus tôt.

Un certain nombre d'élus présents évoquèrent leurs orientations vers une intercommunalité périurbaine pour les cinq communes du Plateau, alors que d'autres firent apparaître leur caractère urbain, telles les communes de Boissy-Saint-Léger et Limeil-Brévannes insérées dans l'agglomération.

Le principe de préparer un cycle de rencontres tenant compte de ces différences fut retenu après une réunion plénière.

La première se tint le 26 novembre 2002 à Boissy-Saint-Léger sur le thème « Dieu est-il moteur de l'exigence environnementale ? », à savoir : la foi est-elle engagée dans la gestion de la création ? Quarante-cinq personnes, dont un bon nombre d'élus, participèrent à cette soirée. Patrick Blandin, du Muséum national d'histoire naturelle, exposa en première partie les données scientifiques, le père René Coste, théologien et président honoraire de Pax Christi, établissant le lien avec la théologie de la création.

De ces exposés et des échanges qui suivirent, ont jailli plusieurs évidences :

– les meilleurs rapports scientifiques ne libèrent pas les citoyens et leurs élus d'avoir à prendre leurs décisions dans l'incertitude ;

– une écologie dépourvue d'une recherche de solidarités entre les hommes ne serait pas une écologie humaine ;

– l'homme accompagne la création dans sa transformation depuis longtemps. Il a façonné les paysages et les espèces au fil des siècles. Le récit biblique place l'homme au sommet de la création et, dans la Bible, ce qui est au sommet est serviteur de tous.

En pleine réflexion sur l'intercommunalité, l'actualité de ces questions est grande. Elle a des résonances locales évidentes qui apparaîtront davantage en mars et en mai lors des prochaines soirées qui porteront plus précisément sur les communautés de communes et les communautés d'agglomération.

Le 25 mars 2003 se tint donc une deuxième soirée à Villecresnes, ayant pour objet la gestion de l'espace en secteur périurbain, concernant la communauté de communes du Plateau de Brie réunissant Marolles-en-Brie, Mandres-les-Roses, Périgny-sur-Yerres, Santeny et Villecresnes (Val-de-Marne) ainsi que Varennes-Jarcy (Essonne).

Une vingtaine de personnes, dont une bonne part d'élus, assistèrent aux deux exposés : Michel Lucas a d'abord rappelé l'histoire et le cheminement de ces communes pour modérer leur développement urbain en l'insérant dans la « zone naturelle d'équilibre du Plateau de Brie ». Il a évoqué les difficultés à mettre en place un schéma de cohérence territoriale.

Le deuxième intervenant, Jean-Pierre Chaussade, nous a aidés à prendre le large. Diacre permanent à Paris, responsable du Débat public à EDF, il a replacé les questions locales dans la perspective de l'Agenda 21.

Au cours du débat qui suivit les questions et réflexions ont fusé :

– est-ce idéaliste de chercher à travailler ensemble ?

– si la loi n'est vécue que comme une obligation, aucun partenariat ne peut se faire !

– comment œuvrer au développement des personnes si nous n'apprenons pas à travailler ensemble ?

Les maires présents ont expliqué les premiers pas de la communauté de communes : apprendre à travailler ensemble, à échanger les informations, à rapprocher les lieux de décisions, etc.

Comme tout projet, notre communauté de communes bénéficie d'un cadre légal, mais surtout, elle doit être portée par tous ceux qui ont envie de ce type de réflexion. Œuvrer non seulement pour aujourd'hui, mais aussi pour demain, transformer nos multiples dépendances en solidarités. La voie est étroite, mais elle existe avec des partenaires dont nous n'avions pas forcément conscience au départ. Croyants du secteur pastoral et citoyens de cette nouvelle collectivité locale ont là de beaux champs d'action devant eux.

Le 23 mai nous étions vingt-cinq personnes réunies à Limeil-Brévannes pour examiner la situation de cette commune au sein de la communauté d'agglomérations de la « Plaine centrale du Val-de-Marne ». M. Rossignol, le maire, a dressé le tableau de la première année de vie de cette intercommunalité.

Thierry Pacaud, philosophe et urbaniste, a souligné que la société est compliquée :

La communauté est non d'abord ce qu'on partage mais, étymologiquement, ce qui engage. Ce qui est important pour un projet d'urbanisme, c'est d'être un bien commun, et non une rentabilité. Cela concerne par exemple la mise en relation de quartiers dispersés, même si le tronçon de la liaison n'est pas rentable.

Tout cela me fait penser que « l'ordre établi par Dieu » n'est pas une organisation préliminaire à laquelle les hommes n'auraient qu'à obéir passivement. Bien au contraire, nous y sommes associés activement. Le développement n'est-il pas une intelligence sans cesse renouvelée des espoirs de chaque lieu et de chaque temps ?

GILLES FRANÇOIS.

VIII

RESPECTER LA CRÉATION EN LA METTANT AU SERVICE DE L'HOMME : LES RÉALISATIONS D'UN MONASTÈRE

Au monastère de la Pierre-qui-Vire, on pourrait sans doute dire avec un brin d'humour que les moines, depuis cinquante ans, ont fait de « l'écologie » et du « développement durable », comme Monsieur Jourdain… sans le savoir !

Saint Benoît, dans sa Règle écrite au VIe siècle, dit des moines « qu'ils seront vraiment moines lorsqu'ils vivront du travail de leurs mains ». Si les frères de la Pierre-qui-Vire ont toujours travaillé aux tâches d'entretien du monastère, ce n'est qu'avec la guerre de 1940-1945 que la nécessité de vivre de leurs travaux s'est imposée. La première opportunité saisie fut celle du travail agricole avec l'achat d'une ferme morvandelle en 1939 ; la seconde fut celle d'un travail industriel plus qu'artisanal.

En ce qui concerne la ferme, après un début d'exploitation traditionnel au Morvan de l'époque, un frère issu d'une lignée de grands agriculteurs du Nord fut l'artisan d'un premier développement. Vers 1950, il présenta un plan de refonte de notre exploitation qui devait en faire un domaine où seraient produits un plant de pomme de terre de qualité, commercialisé comme semence, et des céréales avec des rendements très supérieurs à ceux habituels dans cette région du Morvan. Sur des terres pauvres et acides, les apports d'engrais furent très importants (chaux, azote, phosphates…). Le moins qu'on puisse dire est que cette première étape ne pensait guère au respect de l'environnement mais bien plutôt à une culture intensive propre à la recherche de l'immédiat après-guerre. Pour diverses raisons, les résultats ne furent pas à la hauteur des attentes. À partir de 1955, la culture de la semence de pomme de terre diminua ; elle sera arrêtée en 1959.

Le relais fut pris alors par l'exploitation d'un troupeau de vaches pour le lait : cheptel de qualité qui culmina en 1966 avec soixante et onze laitières. On comptait encore sur des méthodes intensives de production fourragère pour réussir à nourrir toutes ces bêtes dans les limites des soixante hectares disponibles. Pour augmenter la production de lait, les vaches de la race Brunes des Alpes devaient être peu à peu remplacées par des Frisonnes... Nous travaillions alors de façon très suivie avec la Recherche agronomique et les essais allaient bon train. Le résultat fut catastrophique – il serait hors de propos d'en détailler ici les raisons multiples – et l'état sanitaire du troupeau était devenu tel que les chercheurs eux-mêmes nous conseillaient d'abattre toutes les bêtes et de repartir de zéro ! Évidemment, les résultats financiers étaient à l'avenant.

En réfléchissant à nos déboires, on pouvait se demander si leur cause n'était pas surtout liée à un déséquilibre radical du mode de culture artificiel avec fertilisation chimique intense des sols. C'est dans ce contexte que se décida le passage à l'agriculture biologique, dont simplement nous espérions qu'elle nous permettrait de relancer notre exploitation sur des bases plus saines et... de redresser les finances. Le passage se fit en 1965. Nous avons décidé en même temps d'abandonner les vaches de race frisonne, décidément peu adaptées au climat, à l'altitude et à la nature des sols pierreux du Morvan, pour revenir aux Brunes des Alpes, plus « rustiques » ; on renonça aussi à obtenir des rendements laitiers exorbitants ; le nombre du troupeau fut réduit à cinquante laitières.

Le résultat ne se fit pas attendre ; peu à peu la santé des vaches – pour celles qui avaient été conservées – se rétablit, la régularité des vêlages réapparut et les rendements furent stabilisés. Et cela dure jusqu'à aujourd'hui.

L'installation d'une fromagerie permet de transformer toute la production en fromage fermier « bio » apparemment très apprécié. Un troupeau de chèvres a été adjoint au troupeau de bovins dans les années 90, ce qui permet de diversifier la production et de mieux répondre aux demandes de la clientèle.

Ainsi la ferme d'aujourd'hui est-elle redevenue une affaire normalement rentable et assure du travail à une dizaine de personnes extérieures au monastère, ce qui n'est pas sans signification dans le contexte humain du Morvan, tout en participant à un équilibre naturel et environnemental satisfaisant.

Nous nous gardons bien de faire de notre expérience un exemple à suivre. Peut-être son intérêt est-il d'être un révélateur. Elle a indiqué qu'à trop s'écarter des méthodes naturelles et qui tiennent compte de la réalité des lieux, on risque des catastrophes… La culture biologique n'est pas pour nous une « religion », nous sommes allés vers elle parce qu'elle nous a semblé favoriser l'équilibre de la vie, un choix pragmatique qui se révèle aussi « respectueux de la création ».

Dans le domaine industriel, le choix se porta d'abord sur l'installation d'une imprimerie et le développement d'une maison d'édition d'art, Zodiaque, qui naquit en 1951. Les frères n'étant plus assez nombreux et jeunes – diminution des vocations oblige – pour fournir le personnel propre à assurer la bonne marche de ces entreprises et leur rentabilité, l'imprimerie a été arrêtée en 1997 et Zodiaque cédé en 2001. Peu de problèmes écologiques se posaient dans ce type d'entreprise mais les frères étaient très attentifs à la pollution liée aux encres et aux solvants largement employés dans ces métiers.

Dans ce domaine industriel, c'est dans les années 60 que l'abbaye put réaliser un vieux rêve – notre fondateur, en 1850, y pensait déjà ! Il s'agissait de valoriser le potentiel hydraulique de notre environnement naturel. Un torrent traverse la propriété, une pluviométrie relativement abondante en hiver donne un débit en eau raisonnable et le site permet une hauteur de chute de trente et un mètres.

Nous allons donc créer une micro-centrale hydroélectrique de puissance moyenne (420 kw). Profitant d'éléments conjoncturels favorables : compétence en personnel (ingénieurs qualifiés parmi les frères pour mener à bien études et réalisation) et main-d'œuvre nombreuse de jeunes frères pour le génie civil et la construction d'un canal d'amenée de 1 000 m, le chantier put commencer en 1963 ; le premier kwh fut livré sur le réseau EDF en 1969. Ce travail fut réalisé pratiquement sans recours à l'extérieur en dehors de la fourniture des matériaux et des machines (2 groupes-turbines de type FRANCIS, reliés à deux alternateurs produisant le courant électrique triphasé en basse tension (400 volts). Un poste de transformation, à proximité de l'usine, permet de livrer le courant produit à la tension de 20 000 volts sur les lignes aériennes du réseau EDF. En 1995, nous avons procédé à une modernisation de notre installation, ce qui permet un contrôle, une maintenance et une surveillance beaucoup plus légers et fiables.

À noter une particularité de notre site. En amont de la rivière (à 4 km environ de l'abbaye) a été constitué un réservoir d'eau (lac de Saint-Agnan, environ 5 000 000 de m^3) par un syndicat de communes pour leurs besoins en eau potable. Nous avons pu conclure avec ce syndicat une convention nous donnant des droits de lâchers d'eau afin d'harmoniser au mieux le débit de la rivière avec la puissance installée de nos groupes, nous sommes ainsi moins dépendants des aléas de la météo quotidienne.

Aujourd'hui, nous livrons la totalité de notre production (moyenne annuelle : 1 500 000 kwh) et achetons notre consommation par un contrat séparé. L'électricité que nous produisons participe ainsi à l'effort de mise en valeur des énergies renouvelables propres, car cette production n'est source d'aucune pollution. Nous veillons par ailleurs à ce que la rivière soit suffisamment alimentée en eau pour la vie et la circulation des poissons.

Sans aucun doute, avec le temps, au fil de nos diverses réalisations et avec la sensibilisation générale sur ces sujets, les frères sont devenus de plus en plus attentifs aux questions d'environnement et de respect de la création.

Puisque nous sommes dans une région boisée, nous envisageons maintenant la possibilité d'installer une chaufferie au bois en plaquettes qui remplacerait notre chauffage actuel au fuel. Nos soixante hectares de bois ne suffiront certes pas à alimenter cette chaufferie mais le bois disponible ne manque pas dans la région et pourrait être acquis dans de bonnes conditions. Ce n'est encore qu'un projet, mais il nous tient à cœur.

Pour finir, signalons que, depuis ces derniers mois, nous avons mené une réflexion plus spéciale sur l'environnement et le développement durable : nous avons pensé y associer d'autres communautés monastiques et les premières réponses semblent très favorables. Il y a sans doute là aussi matière à s'entraider et à faire mieux encore, ensemble, au service de la création que Dieu nous offre chaque jour.

MONASTÈRE DE LA PIERRE-QUI-VIRE.

IX

LA SAUVEGARDE DU MILIEU NATUREL À L'ÉPREUVE DES CONFLITS HUMAINS : OPÉRATION RÉCONCILIATION DANS LES ALPES-DE-HAUTE-PROVENCE

Un territoire destructuré.

Dans les Préalpes de Haute-Provence, le milieu naturel est en cours de banalisation.

L'exode rural a conduit beaucoup de pâturages à l'abandon puis à l'enfrichement par des broussailles et des arbres branchus. Parallèlement, les forêts anciennes, moins rentables qu'avant, sont moins exploitées et deviennent plus uniformément denses et embroussaillées.

Ces territoires étaient, autrefois, couverts par une mosaïque de terres cultivées, de pâturages entretenus et de forêts exploitées pour le chauffage et la construction. Ils deviennent un tissu continu de friches plus ou moins boisées, perdant en biodiversité, fermant les paysages et accentuant le risque de propagation des incendies. Face à un tel problème, ne rien faire n'est pas une solution efficace.

Une histoire ancienne.

Ces milieux naturels ont été très marqués par l'histoire humaine. La forte population agricole du XVIIIe siècle a entraîné un développement des troupeaux de moutons et de chèvres, excessif pour pouvoir conserver la végétation de ces terrains sensibles à l'érosion. Dans les années 1850, de redoutables inondations, glissements de terrain et éboulements ont manifesté les méfaits dus à la disparition de la végétation. Des lois ont permis à l'État d'acheter les terrains en érosion, de les reboiser, d'interdire le pâturage dans les plantations et dans les forêts qui restaient, pour rendre efficace d'importants travaux de protection. Ces travaux ont cicatrisé le milieu naturel mais l'exode rural a fait progressivement basculer le balancier vers l'autre extrême.

Un antagonisme qui ne correspond plus à la réalité.

Lorsque je suis arrivé comme ingénieur forestier dans les Alpes-de-Haute-Provence, j'ai trouvé une situation paradoxale. Des villages entiers étaient maintenant abandonnés. Dans ceux qui restaient habités, il subsistait deux ou trois éleveurs et un ou deux forestiers, souvent en conflit permanent. Les éleveurs avaient tous un grand-père ou un oncle qui s'était fait sévèrement verbaliser autrefois par un forestier parce que son troupeau avait mangé des jeunes plantations. Ils en gardaient rancune. De leur côté, les forestiers étaient conscients de l'efficacité de leurs efforts. Ils s'appuyaient toujours sur les vieux textes destinés à contenir un élevage envahissant, alors que celui-ci diminuait comme une peau de chagrin. Chacun dans son rôle, avec de bonnes raisons, s'évertuait à neutraliser l'autre. Et le milieu naturel, de moins en moins travaillé, se banalisait.

D'abord réconcilier.

Dans ce conflit aux enjeux dépassés, c'est ma foi chrétienne qui m'a interpellé à chercher une réconciliation. J'en savais la puissance. Il restait si peu d'habitants et d'énergie dans ces territoires. Seule la réconciliation me semblait pouvoir redonner un projet commun et une dynamique de vie. Dynamique de vie pour ces villages et dynamique de vie diversifiée pour ces écosystèmes que nous commencions à analyser dans la diversité de leurs potentialités. Sous les broussailles, nous décelions des bribes de flore révélant des milieux à vocations et à dynamiques très différentes, masquées par une évolution uniforme.

Un effort collectif.

J'ai alors décidé de rencontrer la chambre d'agriculture et le CERPAM, l'organisme régional chargé de soutenir l'élevage. Je leur ai proposé de concilier nos efforts sur ces territoires. Après un temps de suspicion, ils ont accepté de me faire confiance. Ensemble, nous avons rassemblé les connaissances et lancé des tests sur le pâturage en forêt et sur les techniques permettant aux troupeaux d'empêcher l'embroussaillement. Nous avons sensibilisé et formé des éleveurs ainsi que des forestiers à ces techniques. Nous avons montré l'intérêt d'entretenir un territoire. J'ai aussi formé les forestiers à reconnaître les plantes qui révèlent les écosystèmes en attente. Et j'ai réussi à en convaincre un certain nombre de ce que la meilleure protection de la forêt, c'était un milieu rural vivant associant l'apport de chacun.

Une « étiquette » de chrétien.

Même si ma conviction était enracinée dans ma foi pascale en la réconciliation, il s'agissait d'une action professionnelle, validée avec mes partenaires et sans affichage religieux. Mais il s'est trouvé qu'à l'époque, l'évêque de Digne m'avait appelé au diaconat. Il venait de célébrer une étape de mon cheminement vers ce sacrement et les journaux locaux en avaient rendu compte.

À quelque temps de là, je suis allé, avec un collaborateur, rencontrer un maire et son conseil qui s'opposaient à des aménagements sylvo-pastoraux que nous leur proposions. Le maire était connu pour son caractère difficile. Après une heure de réunion tendue, il dit soudain : « Monsieur Bartet, sortez avec moi deux minutes, j'ai à vous parler. » Mon collègue, inquiet pour moi, veut m'escorter. Je lui dis de rester calme et je sors avec le maire. Dehors, voilà qu'il me dit qu'il a lu le journal. Il sait sur quelles valeurs je m'appuie. Lui aussi est chrétien. Alors, s'il doit défendre durement ses positions, il sait que nous cherchons honnêtement une solution et que nous y arriverons. Puis nous rentrons, sous l'œil de mon collaborateur rassuré de me voir entier.

Une lente maturation.

Paradoxalement, c'est un projet de ski de fond qui a décidé une commune à lancer la première opération d'envergure pour un aménagement sylvo-pastoral. C'était bien la confirmation qu'il fallait unir les intérêts au lieu de les opposer.

Mais il s'est passé ensuite dix ans d'observation méfiante, de réunions publiques et de discussions informelles. Puis, « de conflits larvés en réconciliations officielles [1] », la commune voisine s'est décidée à son tour. Elle a développé une gestion sylvo-pastorale sur son territoire. Une publication a détaillé ces réalisations et les enseignements qui en ont été tirés [2].

Progressivement, une dynamique de réconciliation a rendu possible la germination de projets communs. Les acteurs de ces sociétés rurales ont pu développer et articuler leur activité. Ensemble, ils ont pris en charge l'évolution des territoires naturels qui les environnent.

Un enjeu important.

Les incendies de forêt de l'été 2003 ont montré que de vastes zones bien pâturées pouvaient ralentir ou arrêter le feu, alors que celui-ci se propage sans obstacle dans les friches et les forêts embroussaillées. Ainsi, ces projets communs sylvo-pastoraux, et d'autres qui se développent, contribuent à protéger contre les incendies. C'est toute la population locale et les vacanciers qui en bénéficient. Voilà une confirmation technique supplémentaire de l'intuition initiale de réconciliation.

JEAN-HUGUES BARTET.

---

1. « Sylvo-pastoralisme : l'expérience du Haut-Verdon » par Gérard DECAIX, *Les Dossiers forestiers*, n° 10, juin 2001, CERPAM-ONF, 124 p.
2. *Ibid.*

X

RETOUR SUR DIX ANNÉES DE COLLOQUES ÉCOLOGIQUES À BAYONNE

Vous avez dit écologie ?

« Quelle mouche a donc piqué le père Esponde ? » Voilà qui pourrait résumer la réaction de nombreux catholiques de Bayonne en 1992 en apprenant mon implication dans l'organisation d'un colloque sur le thème de... l'écologie. « Hors sujet ! Trop profane ! » s'indignèrent mes ouailles. Et pourtant, le commencement du livre de la Genèse n'avait-il pas quelque chose à nous dire au moment où le Sommet de la Terre à Rio occupait le devant de la scène médiatique ?

Même son de cloche du côté des écologistes et des élus de tous bords invités à s'associer à notre démarche, que d'aucuns n'hésitèrent pas à qualifier de prosélyte... Partagés entre la surprise et la méfiance, les uns et les autres se retrouvèrent à Anglet sous l'égide de plusieurs mouvements coordonnés par le Forum des communautés chrétiennes : notamment Pax Christi Bayonne, Emmaüs et l'AORC – l'Action œcuménique pour le respect de la création.

Au cours de ce premier forum, les témoignages se succédèrent, dessinant un espace de dialogue inédit sur la sauvegarde de l'environnement. En dépit de résistances et de préjugés encore tenaces, un pont avait été jeté entre deux rives, dont les fondations ne demandaient qu'à être consolidées.

Cap sur l'Espagne.

En 1995, un deuxième colloque fut organisé en la Maison diocésaine de Bayonne. À l'occasion de l'Année européenne de la conservation de la nature, nos regards s'élargirent à la situation de nos voisins espagnols. Ainsi, outre de nombreux acteurs locaux (ingénieurs, agronomes, élus de Bayonne et de Biarritz), nous avons eu la joie d'accueillir M. Epalza, directeur des questions environnementales de l'Euskadi (communauté autonome du pays Basque). Ce fut l'occasion de confronter nos expériences, de déplorer aussi le manque de coordination entre nos deux pays pour la sauvegarde de notre patrimoine commun, à savoir les Pyrénées et l'Atlantique.

Si l'écologie n'a pas de frontière, les problèmes de santé non plus. Nous avons pu en prendre la mesure lors du colloque organisé l'année suivante sur le thème « Vie et santé », auquel furent conviés des professionnels de santé publique venus d'Aragon, de Navarre et d'Euskadi. Le vieillissement de la population des deux côtés des Pyrénées, les préoccupations sanitaires relatives à l'usage des stupéfiants, les thérapies appliquées aux malades du sida ainsi que les questions de sécurité alimentaire nous ont convaincus de l'urgence de poser un acte public pour susciter de nouveaux comportements en matière de santé. Au final, tous les participants saluèrent l'intérêt de cette rencontre alors que les accords transpyrénéens dans le domaine de la santé étaient embryonnaires.

Tous sur le pont pour sauver l'océan.

De la pêche au thermalisme en passant par les sports nautiques, l'Atlantique est source d'une multitude d'activités économiques et de loisirs dans notre département. C'est ce patrimoine exceptionnel que nous avons placé au centre de notre troisième colloque en 1998, à l'occasion de l'Année internationale des océans.

Pêcheurs, armateurs, surfeurs, associations d'écologie marine, scientifiques, élus… les « hommes de la mer » de tous bords furent à l'honneur. Plusieurs questions mirent du sel dans les discussions, comme l'usage de filets pellagiques responsables de l'épuisement des ressources halieutiques, des directives européennes combattues par les uns, réclamées par les autres... Malgré des intérêts souvent conflictuels, les participants s'accordèrent sur la nécessité d'une gestion durable de l'océan. Une démarche prophétique sept ans avant le naufrage du *Prestige* sur nos côtes.

Les énergies renouvelables n'ont pas (encore) le vent en poupe.

Un vent de scepticisme souffla sur le colloque de mai 1998 consacré aux énergies renouvelables. La présentation par nos voisins de Navarre d'expériences réussies en matière d'énergies solaire et éolienne n'a pas produit l'effet boule de neige escompté. Il est vrai qu'à l'époque les expérimentations sur les énergies renouvelables étaient balbutiantes en France, alors que l'Espagne mettait les bouchées doubles dans ce domaine. Surtout, les participants ne perçurent pas l'intérêt de ces nouvelles sources d'énergie dans une région fortement marquée par le développement de l'énergie hydraulique. Pourtant, il va sans dire que notre situation géographique doublement privilégiée (ensoleillement et puissance des vents sur les côtes) plaide en faveur du développement de ces énergies. *A contrario*, les sécheresses que nous avons connues ces dernières années ont montré les limites de l'énergie hydraulique. Un sujet plus que jamais d'actualité, que nous serons certainement amenés à revisiter dans les prochaines années.

L'agriculture alimente le débat.

La promotion d'une agriculture compatible avec la gestion durable de l'espace naturel est-elle un vœu pieux ? Telle était la question posée lors du colloque « Pour notre terre » le 6 octobre 1999. Autour de Philippe Tabary, de la Direction générale de l'Agriculture à la Commission européenne, furent conviés de multiples acteurs locaux : agronomes, chercheurs, agriculteurs, responsables de la chambre d'agriculture et des coopératives agricoles du département, etc.

La gestion commune de l'eau dans les quatre départements limitrophes du sud aquitain, le bas niveau des revenus agricoles dans le département, ou encore les réformes imposées par la politique agricole commune... autant de sujets sensibles qui suscitèrent des débats aussi animés que constructifs.

« Pour notre terre » fut un rendez-vous important car la PAC et les aides européennes octroyées à notre région alimentent de nombreuses discussions parmi les professionnels et... les croyants. À quelques mois de l'ouverture du Jubilé, ce colloque résonna également comme un appel à la conversion pour concilier productivité et gestion responsable de la Terre.

Semer l'espérance après la tempête.

Lorsque nous nous retrouvâmes en octobre 2000 pour parler de la forêt et de l'espace rural, les ravages provoqués par la tempête de décembre 1999 étaient encore dans tous les esprits. Pourtant, c'est sous le signe de l'espérance que se déroula notre rencontre. Déplorant la prépondérance de la culture du maïs dans notre région, les participants – chercheurs à l'ONF et à l'INRA, directeurs de lycées agricoles – plaidèrent pour y repenser la place des forêts. Comme pour manifester concrètement ce désir, des élèves du lycée agricole de Saint-Palais plantèrent le « chêne de l'Europe » à Béhasque. Un « arbre du Millenium » que nous avons voulu signe d'espérance pour les générations futures.

Retour aux sources... de la spiritualité.

En 2002, l'eau fut une nouvelle fois au cœur de nos échanges. Le centre thermal de Cambo-les-Bains fut le théâtre de plusieurs interventions portant sur les fonctions complémentaires de l'eau dans notre département. Outre cette dimension « utilitariste », nous avons souhaité mettre en exergue une approche spirituelle de l'eau. C'est ainsi que Mgr Dupleix, directeur national du catéchuménat, présenta la symbolique de l'eau dans la tradition biblique et dans la vie sacramentelle de l'Église.

L'aventure continue !

En une décennie, huit colloques sur l'écologie ont donc été organisés à Bayonne sous la houlette de Pax Christi et avec le soutien de Mgr Molères, évêque de Bayonne. Des colloques qui furent autant de lieux d'échanges sur des thèmes en prise avec notre réalité locale, abordés dans une démarche de dialogue associant des acteurs de tous horizons, croyants ou non.

C'est peu dire que l'expérience ne fut pas un long fleuve tranquille : aller à contre-courant des résistances des uns et des autres fut un travail de longue haleine… qu'il nous faut poursuivre aujourd'hui.

Finalement, les préjugés ont surtout la vie dure chez… les croyants ! Car l'écologie, abusivement assimilée à une philosophie panthéiste, n'est pas vraiment en odeur de sainteté. Même si de l'eau a coulé sous les ponts depuis le premier colloque : inondations, tempêtes, catastrophes de l'*Erika* et du *Prestige* ont été pour de nombreux catholiques l'occasion providentielle de découvrir leur responsabilité à l'égard de la création à la lumière de leur foi.

François-Xavier Esponde,
Céline Larousse.

XI

« CEUX QUI SÈMENT DANS LES LARMES MOISSONNENT EN CHANTANT » (PSAUME 125) OU COMMENT CONCILIER RESPECT DE LA TERRE ET RESPECT DE L'HOMME

Anne et Jean Robin sont mariés depuis 1985 et ont quatre enfants. Ils sont installés depuis 1989 sur l'exploitation familiale dans le département des Deux-Sèvres (79). Ils y cultivent une soixantaine d'hectares de terre à vocation herbagère. Dans cette région de la Gâtine, les sols, très séchants en été, sont peu favorables à l'agriculture. Un corps de ferme traditionnel et un étang de dix hectares sont au cœur des nouvelles activités lancées par le couple.

Jean, avant de s'installer, prend soin de se former (il a un BTS de gestion en agriculture) et fait de nombreux stages en France et à l'étranger. De retour d'un long stage aux États-Unis, il décide avec son épouse Anne de partir deux ans en coopération avec la Fidesco (organisme catholique de coopération internationale) en Côte-d'Ivoire pour travailler dans un centre d'animation et de promotion du milieu rural.

Je souhaitais ardemment revenir sur la ferme familiale. L'agriculture est un métier, plus encore, une passion… Mon épouse travaillait en maternité et nous voulions, pour favoriser la vie de notre future famille, travailler ensemble sur l'exploitation. Pour cela, il fallait créer de nouveaux ateliers et trouver à chacun sa place. La question du rôle de la femme non issue du monde agricole reste d'ailleurs toujours un vrai problème !

Reprenant l'exploitation paternelle en 1989, nous avons choisi de poursuivre l'activité chèvre en augmentant le troupeau (200 laitières), de conserver les oies pondeuses et les cultures de vente. Les prévisions semblaient optimistes, mais la période était incertaine à l'aube de la réforme de la PAC. Le conseiller de la chambre d'agriculture qui nous suivait alors estimait qu'au moins 50 % d'entre nous ne seraient plus paysans d'ici à cinq ans !

De fait, nos premières années furent catastrophiques : deux sécheresses coup sur coup, effondrement des cours de la viande ovine, de la laine, des œufs d'oie, du lait de chèvre et des céréales… laissant place à une profonde déception et détresse ! Malgré des actions de soutien et de solidarité qui nous aidèrent à supporter la pression des banques et divers créanciers, nous étions prêts à abandonner lorsqu'un coup de téléphone retentit à 22 h 30 à la maison… Au bout du fil, Mgr Claude Dagens, alors évêque de Poitiers. « Tenez bon, ne partez pas, Dieu a besoin de vous… Qui va remplir la mission dans le monde rural si toutes les familles de paysans chrétiens s'en vont ? Je ne sais pas comment, mais vous vous en sortirez, tenez bon ! »

Cet encouragement fut capital ! Vivement interpellés, nous avons décidé de ne pas déposer notre bilan et de nous remettre au travail pour trouver des solutions avec encore plus d'espoir ! Mgr Dagens avait tout simplement rallumé la flamme ! Nous lui devons cela et ce n'est pas rien… Ce coup de téléphone nous a aidés à tenir bon et a continué à nous soutenir lors de nos engagements dans divers groupes professionnels et d'Église, par exemple à l'association SOS agriculteurs en difficulté dont j'ai été le secrétaire.

Il fallait faire des nouveaux choix. Nous aurions pu suivre la voie que beaucoup ont prise à l'époque, à savoir faire du maïs irrigué en monoculture par exemple, chercher à augmenter notre surface pour obtenir toujours plus de primes. Mais dans le souci de préserver la beauté du cadre naturel de notre exploitation, nous avons opté pour la transformation du lait de chèvres en fromage, vendu sur les marchés et grandes surfaces. Suivit le lancement de l'activité duvet d'oie : nos 4 500 oies furent mises à contribution pour réaliser des couettes et sacs de couchage avec un label « produit fermier ». Enfin, le tourisme à la ferme commença dès l'été 1993 avec la création d'un village « vacances à la ferme » : dix habitations légères de loisirs, piscine, canoë, vente de cartes de pêche sur l'étang (sur ces deux sites on voit bien ce que nous avons réalisé : www.lafermesaintmichel.com et www.duvetdupoitou.com).

Plus tard, à la retraite de mes parents, nous avons arrêté les chèvres et poursuivi la fromagerie, en achetant le lait pour une activité pédagogique destinée aux enfants en vacances à la ferme. Nous avons orienté les oies vers la production de chair et non plus d'œufs.

Nous avons souscrit alors un Contrat territorial d'exploitation (CTE) : orienté principalement vers l'activité tourisme, il nous a aidés à financer nos nouvelles infrastructures (chalets aux normes pour permettre l'accueil de personnes handicapées, etc.) et nous nous sommes inscrits dans une démarche agro-environnementale forte : plus aucun engrais autour de l'étang, réduction de moitié sur les parcelles en herbe, taillage des haies et entretien des arbres que nous avions délaissés depuis longtemps. Car ces activités coûtent très cher en mécanisation !

Désireux de vivre une autre expérience parallèle à mon métier d'agriculteur, je suis devenu à temps partiel professeur de comptabilité et gestion dans un établissement d'enseignement agricole après une formation complémentaire au CNAM (Conservatoire national des arts et métiers), où j'ai obtenu un DESE en économie. Une vraie passion que de pouvoir partager mon amour de la terre avec les jeunes ! Chaque année nous partons en voyage d'étude à l'étranger pour visiter des fermes européennes ou nord-américaines et chaque fois mon désir de servir les hommes par ce métier proche de la nature et de la création s'en trouve renforcé.

Et pourtant ! Si notre combat pour trouver des solutions à la crise agricole (solutions si possible non dépendantes des primes de la PAC) semble avoir porté ses fruits, ce ne fut pas sans difficultés, parfois importantes ! Nous avons eu de réelles tracasseries de la part de l'administration, sur bien de nouvelles activités lancées… sans parler des problèmes fiscaux posés par les « paysans multicartes » que nous sommes ! Car la limite entre bénéfice agricole et bénéfice industriel n'est pas toujours facile à faire dans toutes ces nouvelles activités que lancent les agriculteurs pour s'en sortir !

Il nous a fallu beaucoup discuter avec les services fiscaux dont les textes tardent à prendre en compte ces nouvelles problématiques.

Nous avons aussi cherché à communiquer de façon active par le moyen des médias, car, pour nous, c'était une manière de faire connaître, comprendre et apprécier notre métier. Nos initiatives furent à plusieurs reprises saluées par les médias : articles de presse et reportages dans la presse locale, sans oublier une intervention dans l'émission « Ça se discute ».

J'ai d'ailleurs toujours été en contact avec les médias, considérant que les agriculteurs ne devaient avoir aucun complexe à s'en servir pour la promotion de leurs produits et pour défendre leur art de vivre. C'est la raison pour laquelle je me suis très vite impliqué dans la radio locale du pays, où j'anime des émissions d'économie agricole avec mes élèves de terminale. Je suis également devenu président d'une radio locale, Radio Gâtine.

Les activités lancées ces dernières années, en particulier le tourisme, sont aujourd'hui un succès et encouragent à continuer.

ANNE ET JEAN ROBIN.

XII

CÉLÉBRER LA CRÉATION CÉLÉBRER LE CRÉATEUR

Célébrer : accomplir solennellement une cérémonie, une fête ; faire publiquement et avec force l'éloge, la louange de... ; chanter, exalter, glorifier, louer, prôner...

PETIT ROBERT.

Célébration (du latin celebris, *fréquenté) :*
Action de ceux qui se sont rassemblés pour une occasion festive.
Dans le langage liturgique, la célébration désigne une action liturgique, notamment la messe.

THÉO.

Célébrer, pour le chrétien catholique, évoque généralement la célébration d'un sacrement, plus particulièrement celui de l'Eucharistie. Mais les célébrations débordent aujourd'hui souvent le cadre des sacrements, pensons aux célébrations (ou temps de prière) pour la paix, pour les victimes de la guerre... sans oublier les grandes bénédictions qui peuvent quelquefois revêtir le caractère de célébrations. En célébrant, on met en évidence une cause, un objectif, une préoccupation en rendant grâce à Dieu ou/et en sollicitant le concours de son Esprit ; pensons à l'union de fiancés, à la célébration d'une ordination...

L'Église catholique a une longue pratique de célébrations mettant l'accent sur nos liens avec la création : pensons aux bénédictions pour obtenir la pluie, le beau temps, calmer les tempêtes, pour les fruits de la terre. Souvenons-nous des *rogations* célébrées avant l'Ascension, appelant aux bénédictions divines sur les cultures, les récoltes, les travaux des champs et toute vie, qu'elle soit matérielle ou spirituelle. De bon matin, avant de se rendre à l'école ou au travail, ces rendez-vous, abandonnés à l'heure actuelle, étaient des moments de fête où l'on *sentait* la nature.

De telles célébrations appartiennent au passé. Mais il n'en demeure pas moins que la création est présente dans plusieurs de nos célébrations classiques. Remarquons que la messe est rythmée par des références à la création : par exemple lorsque nous proclamons notre foi au Dieu Créateur dans le *Credo* ou surtout pendant la prière eucharistique (*Sanctus*, bénédiction du pain et du vin notamment). Dans son encyclique *Ecclesia de Eucharistia*, Jean-Paul II n'a d'ailleurs pas manqué de souligner le « caractère cosmique » des célébrations eucharistiques.

Alors est-il nécessaire d'amplifier, de modifier, d'adapter ce qui existe déjà ? Et dans quel but ? Ne suffit-il pas de le vivre plus intensément ? Non, estiment la majorité des chrétiens directement engagés dans la promotion d'une sauvegarde efficace de la création. Une célébration plus spécifiquement centrée sur la création permet en effet :

– de rendre grâces au Créateur pour la beauté de son œuvre, sa diversité, sa grande richesse en y associant la louange ;

– d'approfondir la responsabilité de l'homme, à qui le Créateur a confié son œuvre, en confessant nos comportements débouchant sur le pillage et la dégradation des ressources naturelles et en priant pour notre conversion personnelle, celle des autres responsables politiques, économiques…

C'est ainsi que le 2e Rassemblement œcuménique européen (Graz, 1997) a recommandé que l'on envisage « la célébration d'une fête commune de la création » (Rec. 5.1).

La Charte œcuménique, élaborée en vue d'une collaboration croissante entre les Églises d'Europe (Strasbourg, 2001), recommande, elle, « d'instituer une journée œcuménique de prière pour la sauvegarde de la création dans les Églises européennes (CCEE et KEK) ».

Rappelons enfin que le groupe œcuménique chargé de la préparation de la déclaration de la Commission sociale des évêques de

France sur « Le respect de la création » a recommandé, qu'à côté de programmes d'action concrets, les paroisses et autres mouvements encouragent des initiatives liturgiques, des méditations bibliques et s'efforcent de promouvoir des célébrations concernant la création.

Une grande expérience existe dans ce domaine en Suisse, en Allemagne et surtout en Autriche, où l'archevêque de Vienne préside la célébration du « Schöpfungstag » (Journée de la création).

Dans son encyclique *Ecclesia de Eucharistia*, Jean-Paul II souligne le caractère cosmique des célébrations eucharistiques (n° 8) : « Les cadres si divers de mes célébrations eucharistiques me font ressentir leur caractère universel et pour ainsi dire cosmique. Oui, cosmique ! » C'est que, explique-t-il, l'eucharistie l'est toujours sur « l'autel du monde ». Elle englobe et imprègne la création entière, car « le Fils de Dieu s'est fait homme pour [la] restituer [...] dans un acte suprême de louange, à Celui qui l'a tirée du néant ».

L'Église de France possède aussi à son actif une certaine expérience dans ce domaine, résumée dans une plaquette de Pax Christi, *Pour célébrer la création* (voir site internet : http//paxchristi-cef.fr), qui contient plusieurs exemples concrets. C'est surtout lors de journées d'information ou de formation dans le cadre d'un secteur pastoral ou d'un mouvement d'Église que ces célébrations ont été élaborées. Dans le cadre d'eucharisties, ont ainsi été valorisés :

– la démarche pénitentielle, mettant l'accent sur notre course au « toujours plus » avec ses répercussions, tant quantitatives (la destruction) que qualitatives sur les ressources de la création, cette étape étant illustrée quelquefois concrètement, comme à Libourne en 1998 ;

– les choix des lectures, tout spécialement lorsqu'il n'y a pas interférence avec la célébration dominicale ;

– l'homélie, qui doit valoriser l'importance et la beauté de la création, la responsabilité confiée par Dieu à l'homme de la gérer parcimonieusement ;

– les prières universelles se prêtent particulièrement bien à la mise en évidence de la responsabilité de l'homme face à la création, qu'il s'agisse des responsables politiques ou économiques ou tout spécialement de l'Église, de ses mouvements et communautés et surtout de chaque baptisé ;

– la présentation des offrandes, objet d'une procession importante, illustrant la beauté et la diversité de la création de Dieu : fleurs, plantes, mais aussi végétaux inférieurs, *tout* être vivant méritant respect ! et pas seulement ce qui est beau et spectaculaire. À Bordeaux, en 2003, ont également été apportés par l'aumônerie des animaux en peluche. À Nancy, en 1998, la prière d'offertoire s'est largement inspirée des réflexions du patron des écologistes avec procession intégrant aussi les éléments constitutifs de notre planète : la terre, l'eau, le feu ;

– *La Messe sur le monde* de Teilhard de Chardin peut être source d'inspiration, comme d'autres textes dans la même veine, tout en respectant bien entendu les fondements de la liturgie eucharistique.

Si la célébration met en exergue un thème plus précis, tel que l'eau – nous nous souvenons de la belle Eucharistie de 1992, à Orléans, avec Mgr René Picandet – la protection des animaux ou des récoltes, il est aisé d'adapter la conception au thème spécifique.

Les célébrations œcuméniques, voire interreligieuses, devraient être particulièrement encouragées, vu que les problèmes d'environnement concernent tous les hommes et que toutes les religions prônent la même approche de respect et de gérance sage de la nature. Plusieurs exemples ont été vécus, dont à Bayonne et plus spécialement à Bordeaux, où les représentants de sept Églises différentes coopèrent mensuellement pour préparer un Forum œcuménique annuel de la création, qui se termine toujours par une célébration. Inutile d'insister sur la belle dimension œcuménique de telles initiatives !

Dans le cadre des cinq symposiums de Klingenthal organisés entre 1995 et 2001, les célébrations de clôture ont dépassé le cadre œcuménique et le cadre interreligieux, pour prendre une dimension interculturelle, puisque participaient également des représentants des peuples autochtones : aborigènes d'Australie et de Sibérie, indiens du Canada et de l'Amazonie, animistes africains et… rationalistes, universalistes !

1er septembre, Journée de la création dans l'Église orthodoxe.

S'adressant aux orthodoxes du monde entier lors de son message de Noël en 1988, le patriarche Dimitrios Ier de Constantinople insistait sur la « responsabilité envers la Création et notre devoir de préserver l'environnement » et instituait une « Journée de la création » le 1er septembre de chaque année, début de l'année liturgique orthodoxe. Son successeur, Bartholoméos Ier, a lancé en juin 2002 un appel aux chrétiens du monde entier pour qu'ils intègrent cette Journée dans leur calendrier liturgique.

Ces célébrations étaient centrées sur le thème de la rencontre qui réunissait les participants autour d'un élément de la nature : l'eau, l'air, la terre, les arbres, la vie animale… Ainsi le symposium sur l'eau a-t-il été introduit et couronné par deux célébrations marquées par des gestes symboliques invitant les représentants des différentes cultures et spiritualités présents à remplir une cuve avec de l'eau rapportée de chez eux. Des eaux dormantes et des eaux de source, des eaux du Nil et du Jourdain, du Sénégal et de la Seine… des eaux claires et troubles qui se sont mélangées. À cette occasion, un Inca s'exprima ainsi : « Mère eau, je suis né grâce à toi. Je puis vivre grâce à toi… Mère eau, si tu me donnes à moi la vie, de grâce, donne également la vie à ma communauté, à mon pays, à l'humanité. » Geste premier de l'accueil, pour les chrétiens, l'eau est le symbole de l'Esprit de Dieu : « Je répandrai les eaux sur le sol assoiffé… je répandrai mon Esprit sur ta descendance » (Isaïe 44, 3). L'eau parle de vie éternelle et d'intimité avec Dieu : « Si quelqu'un a soif, dit Jésus, qu'il vienne à moi et qu'il boive, de lui couleront des fleuves d'eau vive. »

Ces célébrations interculturelles ont conforté les participants dans l'idée que les hommes ont besoin les uns des autres, besoin de ces points de vue parfois différents, besoin de connaître ce qui les différencie, ce qui fait leur originalité. Célébrer la création pour ressaisir et relire notre place dans celle-ci, pour mesurer la beauté du vivant et remémorer l'alliance de Dieu, pour prendre conscience de notre responsabilité et relier les personnes et les cultures. Le point d'orgue de cette rencontre sur l'eau a été l'aspersion avec cette eau venant des cinq continents d'un jeune ginkgo biloba, symbole de la force de la vie qui renaît des cendres d'Hiroshima.

Lors des célébrations des symposiums de Klingenthal, les participants ont été invités à entrer en contact physique avec des éléments naturels : écorces, pierres, galets, pommes de pin ou de sapin, noisettes, châtaignes, noix, glands, feuilles, herbes, céréales, mousses, plumes, chants d'oiseaux… des parfums de lavande, de romarin, de sauge, de bergamote… Admirer, toucher, écouter, humer, goûter ces fruits de la création… Permettre de redécouvrir de quelle symbolique des générations humaines ont chargé les animaux, tels le lion, le taureau, l'aigle, la colombe, l'ours, l'âne, le cerf, l'agneau, le poisson…

À l'heure des médias, de la communication, des échanges interculturels, les célébrations œcuméniques et interreligieuses devraient gagner en importance et devraient en conséquence être vivement encouragées. Il n'est pas question de perdre son identité, mais de rechercher l'enrichissement réciproque et l'effet synergide de telles initiatives. C'est également l'occasion de présenter ou préciser l'originalité de l'approche chrétienne, à une époque où les religions et spiritualités orientales connaissent un engouement certain.

Dans le christianisme, le sabbat est le couronnement de la création. Dieu créateur est aussi celui qui se repose et qui prend le temps de se réjouir. À côté des témoignages d'action en matière de développement durable, la liturgie invite les hommes à se percevoir comme une création de Dieu, à comprendre le monde comme un sacrement de la présence cachée de Dieu. « À travers l'homme, ce sont aussi les plantes et les animaux qui prient le créateur [1] » et chantent sa gloire.

JEAN-PIERRE RIBAUT,
JEAN-MICHEL STRUB.

---

1. Jürgen MOLTMANN.

CONCLUSION

POUR UN REGARD CHRÉTIEN SUR L'ÉCOLOGIE ET L'ENVIRONNEMENT

Expliquons tout de suite le sens du titre de cette conclusion. Qu'est-ce qu'un regard chrétien ? C'est, d'abord, un regard humain, car chrétiens que nous sommes, nous devons être des hommes ou des femmes qui s'efforcent de vivre pleinement leur humanité au milieu de leurs frères et sœurs humains et de partager avec eux les valeurs fondamentales de la vie en humanité : celles, notamment, que Jean XXIII avait mises en exergue de son encyclique *Pacem in terris* (1963) : la vérité, la justice, la charité (amour), la liberté.

Le regard chrétien, c'est le regard humain qui s'efforce de vivre la vie en humanité, à la lumière de l'Évangile, sur la base de la foi en Jésus Homme et Dieu, Sauveur de l'humanité, et au Dieu trinitaire, qu'il nous a révélé, ainsi que du sens qu'il a donné lui-même aux grandes valeurs humaines, notamment dans le Sermon sur la montagne.

Ce regard chrétien, dans la visée du livre dans son ensemble, nous l'appliquerons à la fois à l'écologie, en tant que *science de notre environnement terrestre et à sa prise en charge effective* : non seulement en faveur de sa sauvegarde, mais aussi de sa promotion de la plus grande qualité possible, car elle est indispensable pour l'avenir de l'humanité. Ce qui appelle des décisions politiques, économiques, sociales et culturelles, où interviennent la liberté des décideurs et leurs choix des valeurs de référence. Ce qui ne va pas de soi, en raison de la diversité des cultures et des valeurs de référence, mais aussi de la courte vue toujours possible, ainsi que de l'égoïsme personnel ou collectif.

Ajoutons qu'il faut penser au *développement* tout autant qu'à l'environnement lui-même, car il faut constamment penser aux générations futures. Il doit être non seulement durable, mais aussi humain au plein sens du terme : c'est-à-dire, un développement visant un développement intégral de l'homme et un développement solidaire de l'humanité, comme le demandait Paul VI dans l'encyclique *Populorum progressio* (1967) et « un développement humain intégral », suivant l'encyclique *Centesimus annus* (1991) de Jean-Paul II.

Notre conclusion comprendra deux parties : *Gérance, éthique et spiritualité de la création ; Soyons des jardiniers du Jardin de Dieu.*

Gérance, éthique et spiritualité de la création.

Le grand mérite, en ce qui nous concerne, de la troisième assemblée du Conseil œcuménique des Églises, qui s'est tenue à Vancouver, en 1983, a été de mobiliser les Églises et les chrétiens en faveur de ce qu'elle appelait « un processus conciliaire d'engagement mutuel (alliance) en faveur de la justice, de la paix et de la sauvegarde de toute la création ». C'était alors une idée neuve d'unir dans une même démarche la promotion de la justice, de la paix et de notre environnement terrestre. L'appel a été entendu par l'ensemble des Églises membres du Conseil œcuménique, ainsi que par l'Église catholique. Au niveau européen, les rassemblements œcuméniques de Bâle (1989) et de Graz (1997) ont été des grands moments, surtout le premier. Celui de Séoul (1990) au niveau mondial mérite aussi d'être mentionné. Si cette démarche œcuménique n'a pas donné tous les résultats qu'on aurait pu espérer, elle a cependant grandement contribué à éveiller et à promouvoir la conscience écologique des Églises. Elles ont commencé à prendre conscience de leur grande responsabilité dans ce domaine, qui vient fondamentalement de leur foi au Dieu créateur et de leur responsabilité devant lui.

Cette prise de conscience était d'autant plus nécessaire que le christianisme, ainsi que l'on a vu, était accusé d'avoir contribué à l'exploitation irresponsable de nos ressources terrestres, en prenant à la lettre les directives du premier récit de la création du livre de la Genèse, où l'on trouve – estiment les accusateurs (Lynn White, Carl Amery, etc.) – l'expression d'un anthropocentrisme qui fait de l'homme le maître absolu de notre planète : et, donc, un destructeur potentiel de son fragile équilibre. Telle était, en effet, l'interprétation qu'ils donnaient du commandement du Créateur à l'humanité naissante : « Soyez féconds, multipliez, emplissez la terre et soumettez-la ; dominez sur les poissons de la mer, les oiseaux du ciel et tous les animaux » (Gn 1, 28). Ils interprétaient les deux verbes du texte hébreu originaire : *kabas* = soumettre, et *radah* = dominer dans le sens commun qu'ils prennent aujourd'hui. En fait, ils commettaient un très grave contresens, car ils ne prenaient pas en compte le contexte où le texte biblique les emploie et qui en module profondément le sens. Son étude approfondie montre que, dans ce verset, ils n'ont aucunement cette signification, mais, au contraire, que *le commandement divin est un commandement de service et de sollicitude*, que le Créateur adresse à l'humanité concernant l'ensemble de nos ressources terrestres : qui suppose qu'on aime cette planète qui constitue notre habitat, qu'on veille sur elle avec soin, suivant l'exemple du Dieu qui a tout créé par amour et qui aime toute sa création, tout au long de son histoire (Gn 1, 31).

Que des chrétiens aient fait la même lecture erronée, depuis les débuts de l'ère industrielle, on le concédera volontiers, mais c'était, avant tout, parce qu'ils étaient influencés par la philosophie des Lumières, qui, à la suite de la lecture qu'elle faisait de la pensée de Descartes, s'était affranchie de la responsabilité humaine devant le Dieu créateur, que même ceux qui croyaient à son existence ne considéraient plus que comme un Dieu lointain. C'est ce courant philosophique qui, depuis trois siècles, marque profondément la culture occidentale, qui a le plus justifié – sans même se poser le problème – l'exploitation irresponsable de nos ressources terrestres, et non pas le christianisme en lui-même.

Le second récit de la création – qui est, en fait, le plus ancien – dans le livre de la Genèse renforce l'interprétation qu'il faut donner au premier, lorsqu'il nous dit que « le Seigneur Dieu prit l'homme et l'établit dans le jardin d'Éden pour cultiver le sol et le garder » (Gn 2, 15). Le symbole est très fort. *Notre planète Terre est vue, dans la foi, comme le Jardin de Dieu et l'homme est considéré comme son jardinier, responsable devant lui.* Le vrai jardinier est amoureux de son jardin et il ne cesse de l'améliorer et de le faire fructifier. Chaque fois que, dans les deux récits de la création, nous rencontrons le mot « homme », il faut lire « humanité ». La directive du Créateur concerne l'humanité entière, tout au long de son histoire.

À la suite de l'Appel de Vancouver et en le repensant avec toute la profondeur de la théologie biblique, *il faut parler de la gérance – ou de l'intendance – de nos ressources terrestres confiée à l'humanité par le Dieu créateur et dont elle est responsable devant lui* : une gérance au bénéfice de la planète entière, de l'ensemble des êtres humains sans exception et des générations futures. Le commandement vise à la fois l'humanité entière, ses composantes collectives, leurs responsables dans tous les domaines, et chaque être humain en particulier.

Les théologiens contemporains ont à penser *une dynamique théologie de la création*, et, comme le professeur Charles Birch, on peut légitimement parler d'une écologie de Dieu.

Ils ont à contribuer à l'élaboration d'*une éthique de la création*, qui permette aux chrétiens de promouvoir dans le dialogue avec toutes les tendances culturelles *une éthique dynamique de l'environnement et du développement.* Dans le sens de la promotion de la conscience écologique et de ses valeurs de référence, ainsi que du principe de la destination universelle de nos ressources terrestres et du principe du droit des générations futures. Ils plaideront pour la promotion de l'écologie humaine et de l'écologie sociale aussi bien que de l'écologie de la nature. Ils plaideront particulièrement pour la promotion, suivant la percutante formulation de François Perroux, d'« une économie de tout l'homme et de tous les hommes », ainsi que pour l'option préférentielle de l'Église pour les pauvres, qui est, d'abord, dans la Bible, une option préférentielle de Dieu en leur faveur : qui est justifiée par leur faiblesse relative face aux riches et aux puissants. Ils plaideront encore pour la promotion de « la paix avec toute la création », suivant la belle formule de Jean-Paul II pour la Journée mondiale de la Paix du 1er janvier 1990, ainsi que, comme il le fait lui-même dans le même document, pour la reconnaissance d'une esthétique de l'environnement et du développement. Car la Bible ne cesse de chanter la beauté de notre univers terrestre. Ainsi que le note l'auteur du livre de la Sagesse, « la grandeur et la beauté des créatures font, par analogie, contempler leur auteur » (13, 5).

Al Gore, lorsqu'il était vice-président des États-Unis, a publié un livre intitulé *Sauver la planète* (Paris, Albin Michel, 1993), où nous lisons la requête suivante : « Il s'agit, par exemple, de savoir comment nous pouvons conserver l'espérance et réduire l'angoisse que nous répandons dans nos vies. De retrouver la capacité d'émerveillement que nous possédions, enfants, lorsque nous découvrions le monde. D'employer la puissance de la technologie sans nous y adapter au point de nous comporter comme des machines, perdus dans leurs rouages, solitaires par manque d'amour de la vie, avides de l'excitation que donne l'expérience directe de la formidable intensité du moment toujours changeant » (p. 241). Il conclut en postulant une écologie de l'âme.

En langage chrétien, on parlera de *spiritualité* : un terme qui a, de nouveau, droit de cité dans la culture contemporaine. Or, précisément, la Bible promeut une *spiritualité de la création*, qui concerne la promotion de l'environnement et du développement. Il s'agit d'une spiritualité de la vie, qui trouve son couronnement dans le Nouveau Testament, à la lumière de la Résurrection du Christ ; et même une spiritualité de la vie en plénitude, où l'harmonie avec la nature est particulièrement soulignée. L'apprentissage du sens du gratuit en est l'une des composantes les plus importantes. L'amour de la nature et de ses beautés – œuvres du Créateur – est saisissant dans les Écrits sapientiaux. Je noterai qu'il est l'une des grandes traditions de la spiritualité du christianisme oriental et orthodoxe. Qu'on pense, par exemple, aux conseils du starets Zosime sur l'amour de toute la nature – où resplendit la Beauté du Créateur – dans *Les Frères Karamazov* de Dostoïevski !

La Bible préconise aussi *la prière et la liturgie cosmiques*. Rappelons-nous, du moins, les psaumes 104 et 148. Elle nous apprend une éducation du regard, qui, à travers la splendeur de l'univers visible, nous fait découvrir l'invisible : qui est la suprême Réalité et la suprême Beauté : le Dieu trinitaire lui-même. *La Messe sur le monde* du père Teilhard de Chardin est une géniale actualisation de la prière et de la liturgie cosmiques.

La spiritualité biblique est une spiritualité de sobriété et de joie. Elle nous enseigne que « le Règne de Dieu n'est pas affaire de nourriture et de boisson, [qu']il est justice, paix et joie dans l'Esprit Saint (Rm 14, 17) ». Il ne s'agit pas de la négation de nos nécessaires besoins matériels, mais de leur orientation vers l'essentiel. Incessamment, la Bible nous appelle à respecter et à aimer les pauvres concrètement, non seulement en étant justes envers eux, mais aussi en partageant avec eux et en les aidant à sortir de leur misère. Saint François d'Assise est l'un des plus purs héritiers de la spiritualité biblique de la création, mais aussi tous ceux et toutes celles qui, au cours des siècles, ont vécu intensément le Sermon sur la montagne.

Les apports de la seconde partie du livre sont importants pour l'éclairage de la foi chrétienne par rapport à l'environnement et au développement.

Notre plongée dans la Parole de Dieu ne pouvait être exposée que très schématiquement. Notre but était seulement de faire pressentir combien elle est éclairante et stimulante pour la prise en charge responsable de l'avenir de notre planète. (Pour une étude approfondie, nous renvoyons nos lecteurs à un de nos livres : *Dieu et l'écologie. Environnement, théologie, spiritualité*, Paris, éditions de l'Atelier, 1994.)

Soyons les jardiniers du Jardin de Dieu.

1. Nous n'hésitons pas à appeler notre planète le Jardin de Dieu, d'autant plus que, pour le moment, nous n'en connaissons aucune autre de la même qualité dans l'ensemble de l'univers. Qu'on n'objecte pas que le Paradis terrestre, d'après le récit biblique, ne correspondait qu'à une parcelle de notre Terre et qu'Adam et Ève en ont été chassés pour toujours (Gn 3) ! Malgré cela, les écrivains bibliques, comme nous l'avons déjà remarqué, n'ont cessé d'en chanter la beauté et de louer le Créateur pour l'avoir donnée à l'humanité (par exemple, le psaume 104). À leurs yeux, elle est tout entière le Jardin que Dieu a créé pour son bonheur et qu'il lui a donné pour qu'elle le fasse fructifier.

Certes, elle contient des déserts et des régions difficilement habitables (au moins dans l'état actuel de nos possibilités techniques), mais ce qui compte, c'est la complexité et la capacité de l'ensemble planétaire pour que des milliards d'êtres humains puissent y vivre (ce qui ne veut pas dire que la capacité de notre planète soit illimitée : c'est le contraire qui est évident). Mais n'est-ce pas en soi une réalité merveilleuse ? Et quelle admirable diversité de la vie animale et végétale !

Certes aussi, notre planète est extrêmement complexe, et même affectée d'une grande fragilité constitutive, qui peut se révéler terrible. Nous l'avons constaté récemment avec la terrible catastrophe du tsunami. Mais, du point de vue de la raison scientifique, c'est la conséquence du jeu extrêmement complexe d'une matière, déjà extrêmement complexe, reliée à l'ensemble de l'univers. L'humanité possède désormais des moyens techniques qui peuvent amortir considérablement les ravages des cataclysmes naturels. Leur prévision fait partie de notre responsabilité de gérance de nos ressources terrestres. Le tsunami aurait provoqué bien moins de destructions et de morts si on n'avait pas d'une façon irresponsable détruit les mangroves et mis en œuvre un sur-aménagement industriel et touristique des côtes, sans une protection suffisante des populations, surtout des plus pauvres. N'oublions pas non plus que le réchauffement de l'océan contribue à la destruction de la barrière de corail. Il est vrai que, malgré toutes ces précisions essentielles, la foi chrétienne au Dieu qui est Amour reste interrogée et elle doit y réfléchir intensément. La Parole de Dieu nous aide à trouver des éléments de réponse, proprement de l'ordre de la foi : le partage de la souffrance humaine par Dieu lui-même en Jésus-Christ par compassion, l'espérance de la résurrection, fondée sur sa Promesse, et son offre du salut à l'humanité entière. On peut aussi méditer la belle lettre apostolique *Salvifici doloris* de Jean-Paul II sur le sens chrétien de la souffrance (1984).

Le symbole du Jardin évoque la sobre beauté de nos jardins à la française, l'étonnante imagination qui a créé les jardins japonais, mais aussi les humbles et chers jardins des plus humbles demeures (quelle chance d'en posséder un de cette sorte !). *Que l'humanité fasse donc l'effort maximal pour préserver la beauté de notre planète et même, dans certains cas, pour la restituer et la promouvoir (à l'exemple du bon jardinier)* ! Comme Jean-Paul II l'a demandé, « on ne peut négliger… la valeur esthétique de la création. Le contact avec la nature, par lui-même, est profondément régénérateur, de même que la contemplation de sa splendeur donne paix et sérénité… Les villes elles-mêmes ont souvent une beauté spécifique qui doit inciter les hommes à protéger le milieu où ils vivent… En somme, il ne faut pas négliger la relation qui existe entre une formation esthétique appropriée et la préservation de l'environnement » (*Message pour la Journée mondiale de la paix 1990*, « La paix avec Dieu créateur, La paix avec toute la création », n° 14).

Plus généralement, ainsi qu'il le demande dans ce même document, c'est « une conception de l'univers en harmonie » qu'il faut promouvoir (n° 9). L'harmonie est une valeur très prisée dans les cultures asiatiques traditionnelles. Les évêques catholiques d'Asie en préconisent le renouveau dans la culture contemporaine. Il est souhaitable qu'elle devienne (ou redevienne) l'une des composantes de la culture esthétique de la société occidentale. N'est-elle pas l'une des composantes essentielles de la beauté, qui est, en elle-même, l'une des grandes exigences éthiques de la promotion de l'environnement et du développement ? Y est-on vraiment suffisamment attentif ? La concrétisation de la Parole de Dieu nous le demande.

2. Les études scientifiques de la première partie du livre convergent dans la même constatation : *notre planète, dans son état présent, doit faire face à des risques d'une ampleur considérable et certains appellent une prévention urgente, qui doit être assumée sur une grande échelle. Et cela, au niveau mondial.* Depuis un certain nombre d'années, la grande majorité des scientifiques tirent la sonnette d'alarme. Mais nombre de responsables politiques hésitent encore à penser et à concrétiser les mesures qui s'imposent. C'est que certaines iraient à l'encontre d'intérêts économiques personnels et collectifs immédiats et qu'on n'hésite pas à créer des lobbies pour les faire prévaloir dans l'opinion publique et auprès des gouvernements. Dans l'ensemble, l'opinion

publique est insuffisamment éveillée à la gravité des problèmes et des enjeux.

Il y a donc une responsabilité partagée sur le plan mondial : celle des dirigeants politiques et économiques, celle des scientifiques, celle des médias, celle des religions, celle des simples citoyens, car chacun doit être un élément actif de l'opinion publique. Les problèmes fondamentaux de notre environnement terrestre sont des problèmes mondiaux. Il faut donc que la prise de conscience soit mondiale et que des décisions lucides et courageuses soient prises à temps à ce niveau, où nous retrouvons le commandement du Créateur, qui demande à l'humanité entière de gérer les ressources de notre planète pour le bien de tous et des générations futures.

Tous nos contemporains devraient être conscients de cette indispensable solidarité mondiale en ce qui concerne la raison et ils devraient en accepter de bon cœur les exigences éthiques et les mesures concrètes qui en découlent. C'est leur propre intérêt qui le leur demande, au moins sur le long terme. En tout cas, c'est celui de leurs enfants et des générations futures. Ceux qui croient au Dieu unique et créateur (juifs, musulmans et chrétiens) doivent prendre conscience que c'est leur foi elle-même qui les appelle à une telle solidarité et qui les invite ainsi à s'en faire les pionniers : *« Les chrétiens, notamment, savent que leurs devoirs à l'intérieur de la nature et du Créateur font partie intégrante de leur foi »* (Jean-Paul II, dans le même document, n° 16). Tous les chrétiens en sont-ils réellement suffisamment conscients ? La publication de ce livre a pour but de les y aider et de susciter leurs réflexions et leurs initiatives.

Les chrétiens sont notamment appelés par leur foi en l'option préférentielle de Dieu pour les pauvres – que les Églises contemporaines leur rappellent avec insistance – à contribuer à promouvoir la solidarité mondiale à l'égard des plus pauvres de la planète. Sur cette base, il est urgent que l'opinion publique et les dirigeants politiques et économiques perçoivent enfin le fait qu'il y ait actuellement environ un milliard de nos frères et sœurs humains vivant dans une extrême pauvreté comme un *scandale intolérable* et qu'on prenne des mesures adéquates pour qu'il cesse au plus vite.

3. *La mission de l'Église* (des Églises), en ce qui concerne l'objet de notre réflexion, est d'éveiller les consciences à la gravité de ces problèmes, à la lumière de la Parole de Dieu, et d'encourager les communautés et les personnes à les assumer, à l'écoute de l'Esprit Saint.

Sa mission est aussi de célébrer communautairement le Dieu créateur et d'éveiller les chrétiens à sa louange personnelle, dans le sillage des psalmistes.

La promotion de l'environnement et du développement est un champ d'activités où la collaboration œcuménique et interreligieuse peut amplement se concrétiser, d'autant plus qu'elle est étroitement liée à celle de la justice et de la paix.

Le renouveau récent de la théologie de la création a été stimulé par la prise de conscience écologique. Elle a permis de mieux découvrir les incomparables richesses de la Parole de Dieu à ce sujet. La spiritualité de la création commence à se constituer et à se répandre et elle devient une précieuse source d'inspiration pour notre temps. De la sorte, la foi au Dieu créateur devient plus vivante et plus stimulante.

La troisième partie du livre contient des informations d'un grand intérêt sur les initiatives en cours des Églises et des communautés ecclésiales.

4. *Chacun de nos contemporains est interpellé personnellement. Chaque chrétien, à la fois sur le plan de la raison et sur le plan de la foi.* La troisième partie du livre est particulièrement suggestive à ce sujet.

Avec Jean-Paul II, nous insisterons sur *la révision du style de vie* (qui concerne à la fois les personnes et l'ensemble de la société dite de « consommation ») : « La société actuelle ne trouvera pas de solution au problème écologique, si elle ne révise sérieusement son style de vie. En beaucoup d'endroits, elle est portée à l'hédonisme et à la consommation, et elle reste indifférente aux dommages qui en découlent… L'austérité, la tempérance, la discipline et l'esprit de sacrifice doivent marquer la vie de chaque jour, afin que tous ne soient pas contraints de subir les conséquences de l'incurie d'un petit nombre » (même document, nº 13).

Ces dernières paroles sont fortes. Elles donnent à réfléchir. Elles ne doivent pas faire peur, comme si elles appelaient à une ascèse inhumaine. La simplicité de vie et la sobriété préconisées par le Nouveau Testament permettent l'épanouissement personnel, en même temps que l'ouverture et la disponibilité à l'égard du prochain. Nous ne devons jamais oublier que l'éthique et la spiritualité du Sermon sur la montagne sont proposées à tous les chrétiens (et même à tous ceux qui sont ouverts à la Parole du Christ) comme l'accomplissement d'une vie imprégnée par l'amour de Dieu et du prochain.

L'ascèse chrétienne authentique n'est en rien inhumaine. C'est la maîtrise de soi. C'est l'orientation concrète vers les valeurs humaines et chrétiennes les plus authentiques. Elle n'est pas un but en soi. Elle est un chemin pratique et elle est loin de réclamer l'uniformité des pratiques. Son objectif est de nous rendre vraiment disponibles au service de Dieu et du prochain, et, par là, de réaliser notre plus grand accomplissement personnel. Saint Paul aimait comparer l'ascèse chrétienne à celle du sportif. Ce qu'on admet pour ce dernier – et même qu'on réclame de lui –, pourquoi ne pas l'admettre de la vie chrétienne ? Comme le remarquait encore l'Apôtre, sa récompense en sera incomparablement plus grande (1 Co 9, 24-27).

On a dit que saint François d'Assise était devenu « l'icône » des mouvements écologiques. Il s'enthousiasmait pour les beautés de la création et nous savons qu'il a admirablement chanté les louanges du Créateur. Comme le note Jean-Paul II, il « donne aux chrétiens l'exemple d'un respect authentique et sans réserve de l'intégrité de la création. Selon le témoignage du Pauvre d'Assise, en étant en paix avec Dieu nous pouvons mieux nous consacrer à bâtir la paix avec toute la création, inséparable de la paix entre les peuples » (même document, n° 16). Faisons preuve de créativité pratique, en nous mettant à son école. Soyons de bons jardiniers du Jardin de Dieu.

RENÉ COSTE, p.s.s.

Ont collaboré à cet ouvrage

Jacques Arnould, dominicain, ingénieur agronome, docteur en histoire des sciences et en théologie, collaborateur au Centre national d'études spatiales (CNES).

Jean-Hugues Bartet, ingénieur général du génie rural, des eaux et des forêts, diacre permanent du diocèse de Digne, membre de l'antenne « Environnement et modes de vie » (Pax Christi France).

Patrick Blandin, professeur au Muséum national d'histoire naturelle, membre de l'antenne « Environnement et modes de vie » (Pax Christi France).

Jean-Pierre Chaussade, ingénieur, expert en énergie, diacre permanent du diocèse de Paris, membre de l'antenne « Environnement et modes de vie » (Pax Christi France).

René Coste, prêtre de Saint-Sulpice, ancien président de Pax Christi France.

Maguelonne Dejeant-Pons, chef de la Division de l'aménagement du territoire et du paysage, Conseil de l'Europe.

François-Xavier Esponde, prêtre du diocèse de Bayonne, membre de la commission « Création et développement durable » (Pax Christi France).

Yves Froissart, ingénieur agronome, consultant-formateur dans l'agriculture et l'environnement, membre de l'antenne « Environnement et modes de vie » (Pax Christi France).

Gilles François, prêtre du diocèse de Créteil, curé des paroisses du Réveillon (Val-de-Marne).

Nicolas Hulot, président de la Fondation Nicolas-Hulot pour la nature et l'homme.

Alexandre Kiss, président du Conseil européen du droit de l'environnement et directeur de recherche émérite au CNRS.

Céline Larousse, attachée de presse, membre de l'antenne « Environnement et modes de vie » (Pax Christi France).

Monastère de la Pierre-qui-Vire.

François Périllon, urbaniste spécialiste des questions de transports, membre de l'antenne « Environnement et modes de vie » (Pax Christi France).

Jean-Pierre Raffin, ancien maitre de conférences en écologie et responsable du DESS Espace & Milieux de l'Université Paris-VII-Denis Diderot, vice-président de l'antenne « Environnement et modes de vie » (Pax Christi France).

Jean-Pierre Ribaut, ancien chef de la Division de l'environnement, Conseil de l'Europe ; président de la commission « Création et développement durable » et vice-président de l'antenne « Environnement et modes de vie » de Pax Christi-France ; diacre permanent du diocèse de Bordeaux.

Anne et Jean Robin, agriculteurs dans les Deux-Sèvres.

Pascal Roux, physicien de formation, ancien élève de l'école Polytechnique de Paris, prêtre, enseignant à l'Institut catholique de Paris.

Marc Stenger, évêque de Troyes, président de Pax Christi France.

Jean-Michel Strub, prêtre du diocèse de Strasbourg.

André Talbot, prêtre, docteur en théologie, enseignant au Centre théologique de Poitiers et à la Faculté de sciences sociales et économiques (FASSE) de l'Institut catholique de Paris.

Pierre Thévenin, ingénieur agronome, membre de l'antenne « Environnement et modes de vie » (Pax Christi France).

Jacques Turck, prêtre du diocèse de Nanterre, secrétaire général de la Commission sociale de la Conférence des évêques de France, membre de l'antenne « Environnement et modes de vie » (Pax Christi France).

René Valette, professeur de démographie et de géopolitique, ancien président du CCFD, ancien vice-recteur de l'Université catholique de Lyon, président de DIAL (Diffusion d'Informations sur l'Amérique latine).

Joseph-Marie Verlinde, prêtre, enseignant en philosophie de la nature à l'Université catholique de Lyon, engagé depuis 1991 au sein de la Fraternité monastique de la Famille de Saint-Joseph.

Kurt Zaugg-Ott, docteur en théologie, responsable du secrétariat de la Communauté œcuménique de travail Église et environnement (COTE) en Suisse depuis 1997.

TABLE DES MATIÈRES

PREMIÈRE PARTIE

UNE PLANÈTE À RISQUES

DEUXIÈME PARTIE

RÉFLEXION THÉOLOGIQUE

TROISIÈME PARTIE

AGIR POUR LA CRÉATION

Les Églises d'Europe en action

Un enjeu pour les fidèles

Témoignages

Composition : Facompo, Lisieux

Achevé d'imprimer en juin 2005
dans les ateliers de Normandie Roto Impression s.a.s.
61250 Lonrai
N° d'imprimeur : 051597
N° d'éditeur : 13694
Dépôt légal : juin 2005